を任される機会があり、その際に見聞きした経験を存分に本書に生かすことができた。したがって、本書の記述は新幹線の当事者と利用客との間に立つ公平な見方となったと自負している。不十分な理解のまま記すことのないように努めたが、それでも至らぬ点があることと思う。お手数ではあるが、そうした点をご教示いただければ幸いである。

本書の制作に際し、ＪＲ各社をはじめ、関係省庁、自治体、団体、関連する企業各社にはさまざまな疑問点を快く回答していただくなど多大な協力を得ることができた。また、結解学《けっけまなぶ》氏からは写真をご提供いただいている。厚く御礼申し上げます。

最後に、本書は執筆あるいは編集に携わった草町義和氏と合資会社鳳梨舎《ほうりしゃ》、同文舘出版株式会社の竹並治子氏のご尽力の賜物である。改めて感謝の意を表したい。

２００７年９月

梅原　淳

もくじ

ビジュアル図解
まるごと！新幹線

1章 新幹線とは

2章 車両のしくみ

3章 車両のメカニズム

4章 新幹線を支える人々

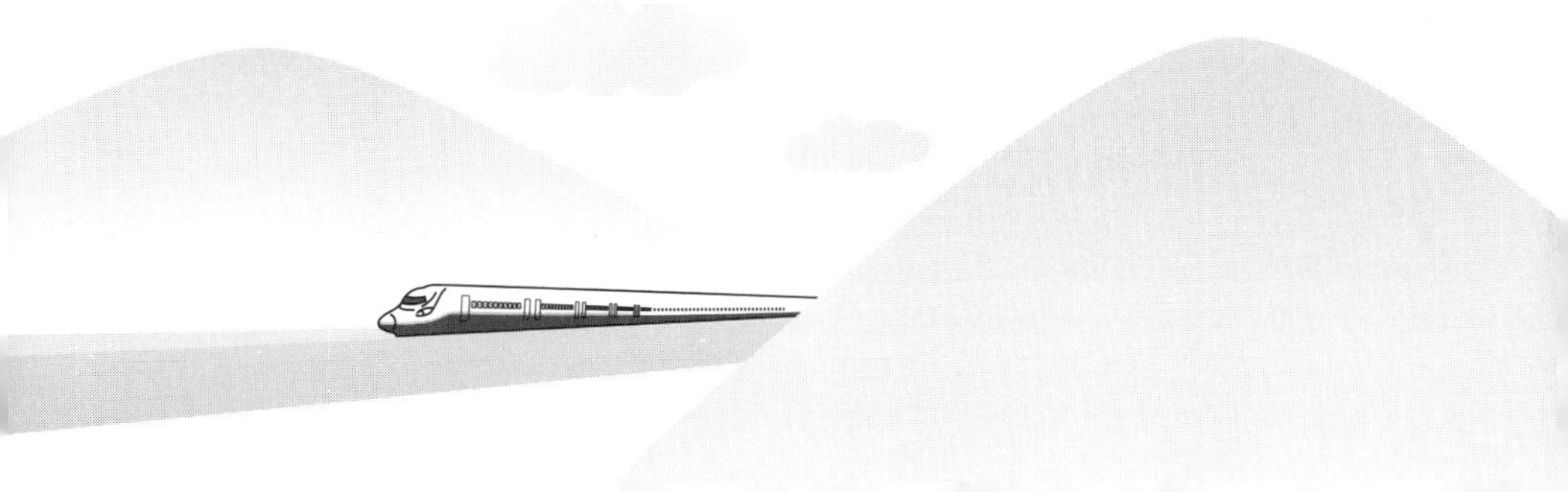

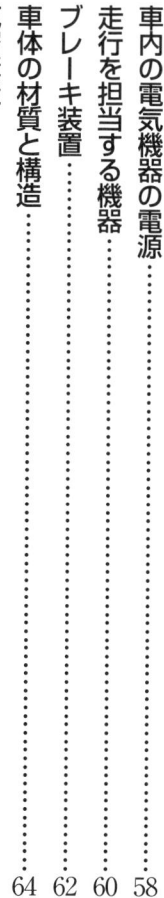

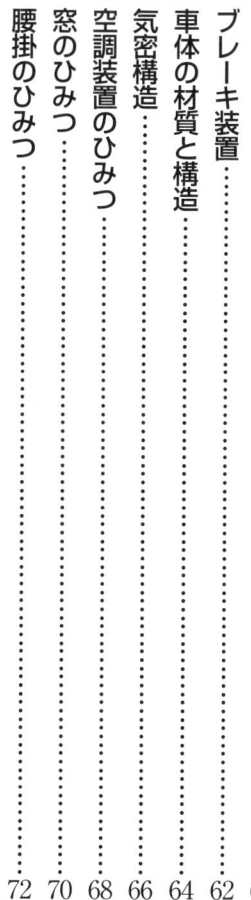

5章 駅と線路のひみつ

6章 架線・トンネル・橋りょうのひみつ

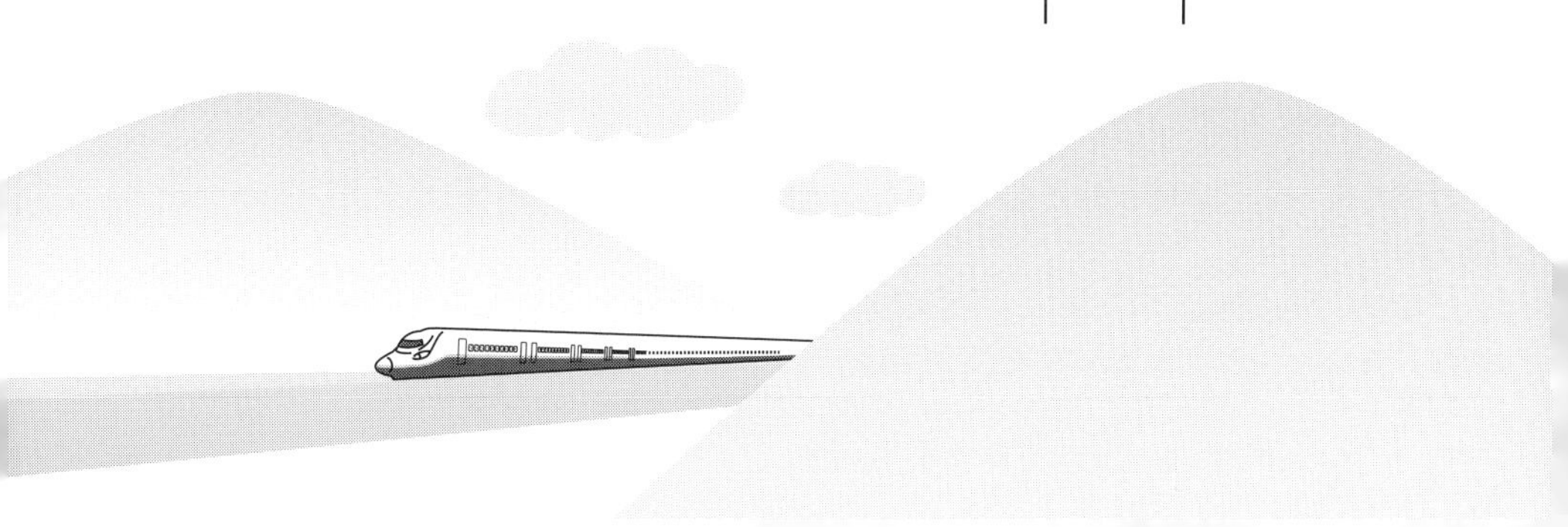

7章 運行のしくみ

8章 安全と環境を守るしくみ

9章 メンテナンス

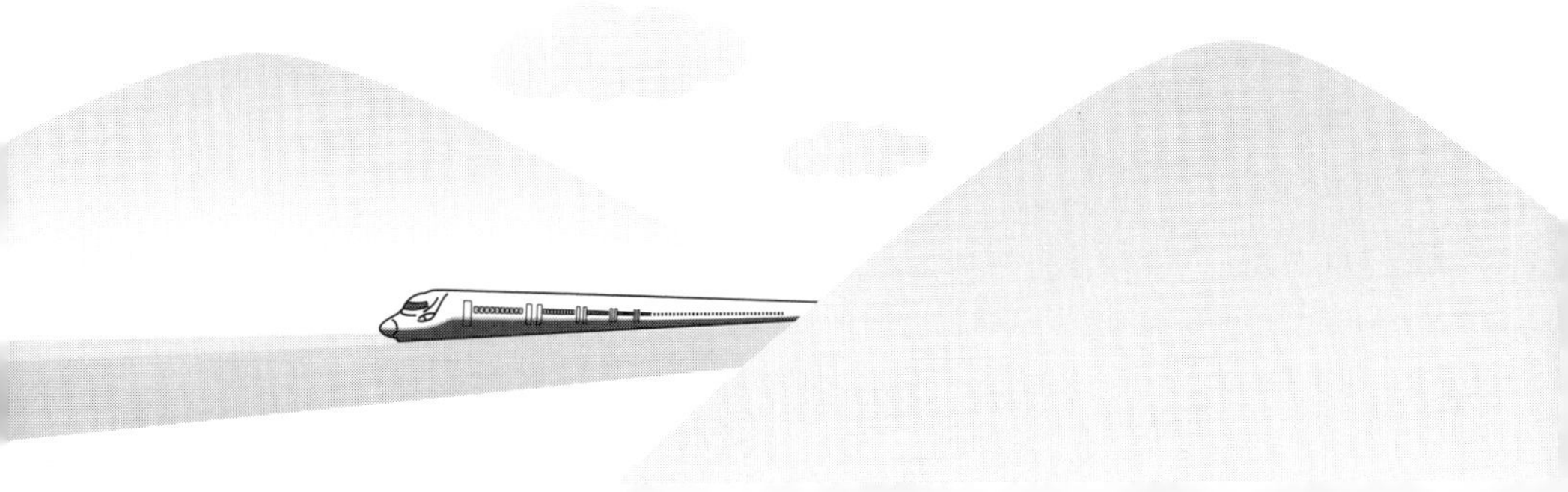

10章 新幹線の各種サービス

カバーデザイン◎新田由起子
カバー写真◎結解学
本文DTP◎ムーブ（川野有佐）
イラスト◎繁田周造
執筆・編集協力◎草町義和、合資会社鳳梨舎

1章

新幹線とは

01

新幹線の特徴

新幹線とは一般的で特別な存在

新幹線とは本来、ＪＲの在来線や民鉄の各線と同じように鉄道の路線を指す名称です。路線だけでなく、車両や施設、運行システムなど鉄道全体を示すには正式には新幹線鉄道といいます。でも、いまでは新幹線というだけで認識されるようになりました。いかに新幹線が身近な存在となっているかがおわかりになるでしょう。

また、鉄道の一種であるにもかかわらず、新幹線は独立した交通機関としての地位を確立しました。よく耳にする「新幹線通勤」という言葉について考えてみましょう。たとえ新幹線を利用して勤務先に通っていたとしても、行為自体は在来線や民鉄の列車を利用するのと変わりはありません。しかし、「新幹線」と付くだけで特別な意味合いをもつのは、一般的な鉄道とは異なる交通機関としてとらえられているからだといえます。

超高速で走行できる点が最大の特徴

新幹線がこのような存在となった理由は、だれが見てもすぐに理解できる特徴をもっているからです。何といっても、２００km／hを超える速度で列車が走行できる点が他の鉄道とは決定的に異なります。一般に広く知られ、独立した交通機関と見なされているのはこのような特徴をもっているからなのです。

法律上の定義も見ていきましょう。全国新幹線鉄道整備法の第二条では、「『新幹線鉄道』とは、その主たる区間を列車が二百キロメートル毎時以上の高速度で走行できる幹線鉄道をいう。」とありました。やはり、超高速で走行可能な点が新幹線と他の種類の鉄道との相違点となっています。もしも、在来線や民鉄の路線を２００km／h以上で運転される列車が現れた場合は法律を改めなければなりません。裏を返せば新幹線以外では不可能だからこそ、このように定義されているのです。

さて、新幹線にはもう一つ種類があります。それは超高速で運転される新幹線と直通運転を行っている路線です。新幹線の列車が乗り入れできるように改良した在来線を指し、ミニ新幹線という名で知られていますが、法律上は新幹線鉄道直通線といいます。

新幹線とは

本来は路線の名前

新幹線を走る列車をはじめ、超高速で走行する鉄道のシステム全体を指す用語となる

法律による定義（全国新幹線鉄道整備法）

新幹線鉄道（第二条）

「その主たる区間を列車が二百キロメートル毎時以上の高速度で走行できる幹線鉄道をいう。」

新幹線鉄道規格新線（附則第六項第一号）

「その鉄道施設のうち国土交通省令で定める主要な構造物が新幹線鉄道に係る鉄道営業法(明治三十三年法律第六十五号)第一条の国土交通省令で定める規定に適合する鉄道」

新幹線鉄道直通線（附則第六項第二号）

「既設の鉄道の路線と同一の路線にその鉄道線路が敷設される鉄道であつて、その鉄道線路が新幹線鉄道の用に供されている鉄道線路に接続し、かつ、新幹線鉄道の列車が国土交通省令で定める速度で走行できる構造を有するもの」

新幹線の分類

新幹線鉄道規格新線

東海道新幹線、山陽新幹線、東北新幹線、上越新幹線、長野新幹線(正式名称は北陸新幹線)、九州新幹線

新幹線鉄道直通線

山形新幹線(正式名称は奥羽線)、秋田新幹線(同田沢湖線、奥羽線)

新幹線鉄道規格新線の例外

博多南線、上越線越後湯沢-ガーラ湯沢間

「主たる区間を列車が二百キロメートル毎時以上の高速度で走行」していない

02

社会に貢献する新幹線

日本人が1年に平均3回は利用する新幹線

いまや日本では新幹線は人々の暮らしに欠かせない乗り物となりました。２００５（平成18）年度に新幹線を利用した人の数は３億３７００万人です。同じ年度に行われた国勢調査では日本の人口は１億２７７６万７９９４人でしたから、日本人は１年に３回近く新幹線に乗っているといえます。

もともと新幹線は多数の利用客が見込まれる地域に建設されました。したがって、どの新幹線も開業前から大勢の利用客でにぎわっていたのですが、開業後はさらに増えています。超高速で走る新幹線によって便利になったことから、新たな需要を生み出したのです。

新幹線によって都市間の関係が変わる

東海道新幹線が開業するまで、東京と大阪とは遠く離れた大都市で、往復するには最低でも１泊２日を要していました。東海道本線の特急列車は片道６時間30分もかかっていたことから、両都市の間を日帰りで往復しようと考える人はあまり多くはいなかったのです。

ところが、新幹線によって東京と大阪との間は気軽に日帰りできるようになり、いまでは多くの人々が行き交います。この結果、両都市の結び付きは強固なものとなりました。大阪で開催された日本万国博覧会に首都圏から大勢の観客が押し寄せたのも、上方演芸が全国に広まったのも東海道新幹線のおかげだといえます。

もう一つは大都市と地方の中核都市との関係に変化が生じたという点です。従来は大都市から１００km程度離れていれば独立した都市圏を形成していました。しかし、新幹線によって１時間以内で結ばれるようになると、こうした都市の多くは大都市圏内に組み込まれたのです。たとえば、東海道新幹線の三島や東北新幹線の宇都宮、上越新幹線の高崎といった都市は東京の衛星都市となり、ビジネス客や観光客だけでなく、通勤、通学客までもが新幹線を利用するようになりました。

新幹線が通っていなかったり、駅が設置されていない地域では熱心な誘致活動が展開されています。それだけ、新幹線のもつ力に期待を寄せているのです。

新幹線の利用客数の変遷

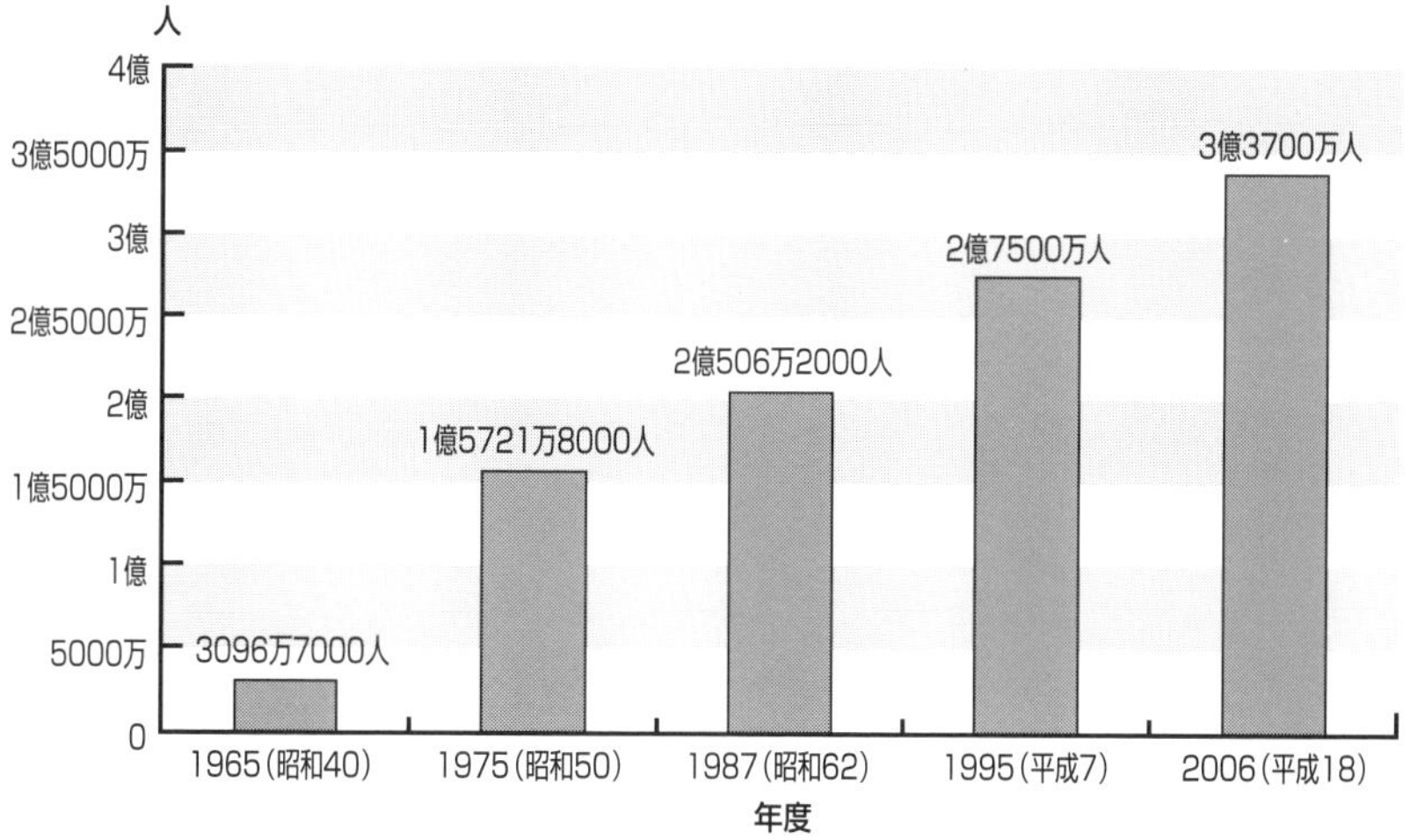

東京-大阪間の利用客数の変遷

▶1962（昭和37）年度	1046万4400人（このうち928万4000人が東海道本線を利用）
▶2004（平成16）年度	4434万6000人（このうち3386万4000人が東海道新幹線を利用）

JR東日本の新幹線の輸送人キロの変遷

▶1987（昭和62）年度	121億人キロ（うち定期利用者は1億人キロ）
▶1995（平成7）年度	162億人キロ（同10億人キロ）
▶2005（平成17）年度	188億人キロ（同16億人キロ）

※人キロとは利用客数に利用客それぞれの乗車距離を乗じて求めたもの

03 環境に優しい新幹線

鉄道は効率の高い乗り物

鉄道は省エネルギー性に富んだ乗り物だといわれます。金属製のレールの上を金属製の車輪が通過するため、摩擦が少なく、効率よく車両を動かすことができるからです。電化すればブレーキを作動させる際にモーターを発電機として使用し、発電された電力を架線に戻す回生ブレーキ装置を車両に搭載することも可能です。

超高速で走行するので新幹線はエネルギーを大量に消費すると思われていますが、実際にそうですが、新幹線は鉄道の一種ですから効率も高く、省エネルギー性にも富んでいるともいえるのです。

航空機との比較でも新幹線は圧勝

東海道新幹線のデータをもとに検証してみましょう。２００３（平成15）年度に東海道新幹線を走るすべての列車が消費した電力は16億２５１８万７０００kWhでした。列車の総走行距離は４６０６万２５００kmだったので、列車が１km走行するために消費する電力は３５３kWh。東京―新大阪間の実際の距離は５１５・35kmですから、１万８１９２kWhとなります。東海道新幹線の１列車の定員は１３２３人です。全員が東京―新大阪間を利用した場合、利用客１人当たりの電力消費量は13・８kWhとなります。

この数値を航空機と比べてみましょう。米国ボーイング社の資料では同社の７７７―３００形機は17万１１６０リットルの燃料を搭載し、１万１０２９km飛行可能です。つまり、１km当たりの燃料として15・５リットルを要し、４５０・61kmある羽田空港―伊丹空港間では６９８４・５リットルを消費します。定員は最大で５５０人ということですから、利用客１人当たりの燃料消費量は12・７リットルです。

経済産業省のデータによると、１kWh発電するのに必要な燃料は０・22リットルとなります。つまり、東海道新幹線の利用客１人当たりの電力を発電するには3リットルの燃料があればよいのです。航空機と比べるとわずか４分の１の燃料消費量で済み、省エネルギー性に優れていることが証明されました。

新幹線に採用された省エネの工夫

1 車両の軽量化→車両が軽ければ消費する電力が減る

2 空気抵抗の低減→走行抵抗の少ない先頭形状の開発や前方投影面積の少ない低い車体、突起の少ない車体構造の採用で消費電力を減らす

3 効率的な走り方→運転支援システムやデジタル式ATC、車体傾斜システムの導入で無駄な加速、減速を減らし、消費電力を削減

4 回生ブレーキ装置の導入→ブレーキを作動させた際に発電される電力を他の車両の走行エネルギーとして活用する

1人を1km運ぶのに消費するエネルギー消費量

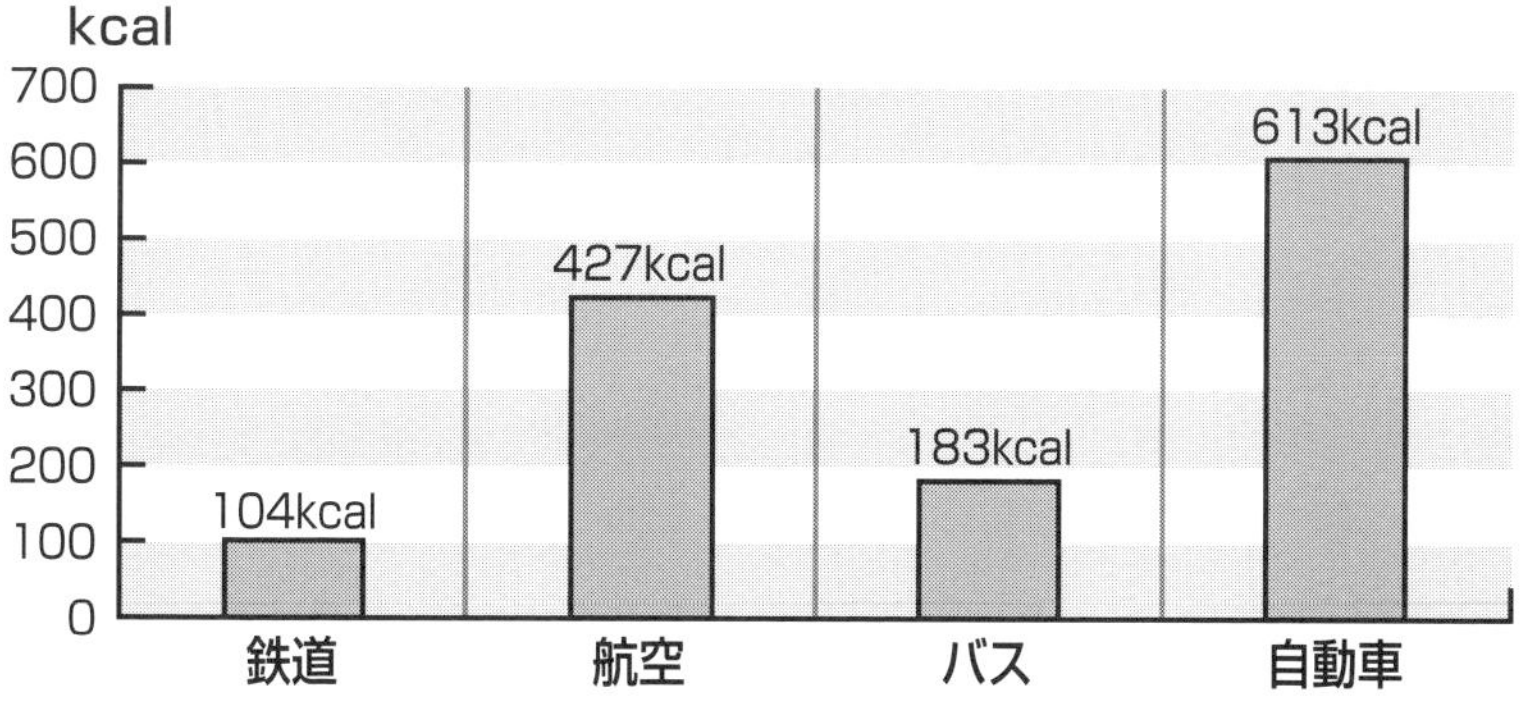

出典：政府・与党整備新幹線検討委員会ワーキンググループ

04

新幹線はなぜつくられたか　国鉄編

東海道新幹線と山陽新幹線がつくられた理由

新幹線の最大の特徴は超高速で走行可能であるという点です。しかし、ただ単に速く走らせたいからという理由だけで建設されたのではありません。

最初につくられた東海道新幹線から見ていきましょう。１９５０年代に入ると東海道本線の輸送力は限界に達し、日本国有鉄道（以下国鉄）は新たな線路が必要だと考えます。計画された当初、従来の東海道本線と同じ規格の線路を敷く案が優勢でした。しかし、超高速で走らせることで航空機や高速道路との競争に打ち勝つことができるようにし、さらには輸送力を増やすためにより大きな車両を走らせたいとの考え方に変わり、線路の幅を従来の１・０６７ｍから１・４３５ｍへと広げたのです。東海道新幹線の線路は従来の国鉄のものとは何の互換性もないため、お互いの路線を直通して運転することはできません。

新大阪と博多との間を結ぶ山陽新幹線も東海道新幹線と同じ理由で建設されました。東海道新幹線をそのまま西に延ばしていった路線だとも考えられます。

東北新幹線と上越新幹線がつくられた理由

東海道新幹線は非常に好評でした。連日多くの利用客でにぎわい、沿線の各都市は急速に発展を遂げたのです。

これを見て、全国各地から新幹線の誘致運動が起こります。政府は１９７０（昭和45）年6月18日に全国新幹線鉄道整備法を施行し、全国各地に新幹線網を構築することとしました。

最初に着工となったのは東北新幹線と上越新幹線です。これらの新幹線と並行する東北本線や高崎線、上越線、信越本線といった各線も輸送力が限界に近づき、新たな線路が必要となっていたこともあり、建設されました。

ところが、東北新幹線と上越新幹線を建設した国鉄は多額の債務を抱え、１９８７（昭和62）年4月1日に分割、民営化を余儀なくされてしまいます。莫大な新幹線の建設費もその一因です。このため、ＪＲとなってからは政府主導で新幹線がつくられるようになります。

新幹線建設の背景

1 在来線の輸送力が限界に達したため

▶どの路線も1日中平均6分程度の間隔で列車が運転されていた

2 在来線は列車の速度が遅く、輸送量を増やすことが困難

▶東海道新幹線が計画された当時、在来線の最高速度は95km/h

在来線の輸送力を増やすために考えられた案

1 在来線の線路と同じ線路幅(1.067m)の複線を在来線に併設させる

▶用地取得に多額の費用がかかるため、非常に困難

2 在来線の線路と同じ線路幅(1.067m)の複線を新たな場所に敷設する

▶部分的に開業しても在来線と乗り入れ可能なため、輸送力増強の効果が現れやすい。そのいっぽうでスピードアップには限界があり、投資額に対してあまり効果があるとはいえない

3 在来線よりも広い線路幅(1.435m)の複線を新たな場所に敷設する

採用!

▶全線を一気に開業させないと輸送力増強の効果が現れない。しかし、スピードアップが可能なうえ、在来線の考え方にとらわれない効率的な鉄道の構築が可能となる

05

新幹線はなぜつくられたか　ＪＲ編

ＪＲ東日本によってつくられた新幹線

　ＪＲが発足してからも新幹線の建設は活発に進められました。このうち、最初に開業したのは東北新幹線東京―上野間です。工事費が高額なため、この区間の工事は途中まで行われましたが、国鉄時代にいったん打ち切られました。しかし、東京いや日本を代表するターミナル駅である東京駅に東北新幹線を乗り入れさせれば増収につながるとＪＲ東日本が考えた結果、工事が再開され、開業にこぎ着けています。

　続いて開業したのは山形新幹線と秋田新幹線です。首都圏と山形、秋田方面との利用客もかなりいると見込まれ、全国新幹線鉄道整備法でも奥羽新幹線として計画されていました。

　ところが、ＪＲ東日本は莫大な工事費を負担することができません。そこで、在来線の線路を活用し、レールの幅を広げるなどの改良工事を施し、超高速で走行可能な東北新幹線と乗り入れが行えるように整備しました。

　このおかげで建設費は通常の形態の新幹線をつくるよりも安価なものとなり、沿線自治体が費用の大半を負担したこともあってＪＲ東日本の負担は軽減されています。とはいえ、両新幹線とも基本的には在来線のままのつくりですから、２００km／hを超える速度で列車が走ることはできません。

日本鉄道建設公団によってつくられた新幹線

　１９９０年代後半以降、長野新幹線（正式には北陸新幹線）、東北新幹線盛岡―八戸間、九州新幹線が相次いで開業しました。これらの新幹線と並行する在来線にも利用客が多く、新幹線が開業すればさらに便利となると見込まれたことからつくられたのです。

　ただし、どの新幹線に並行する在来線も、新幹線をすぐに建設しなければならないほど輸送力は行き詰まってはいませんでした。こうした状況ではＪＲ各社が新幹線を建設することはできません。そこで、政府が設立した日本鉄道建設公団（現在の独立行政法人鉄道建設・運輸施設整備支援機構）が建設を担当し、建設費は26ページで説明するように用意されることとなりました。

整備新幹線の現状

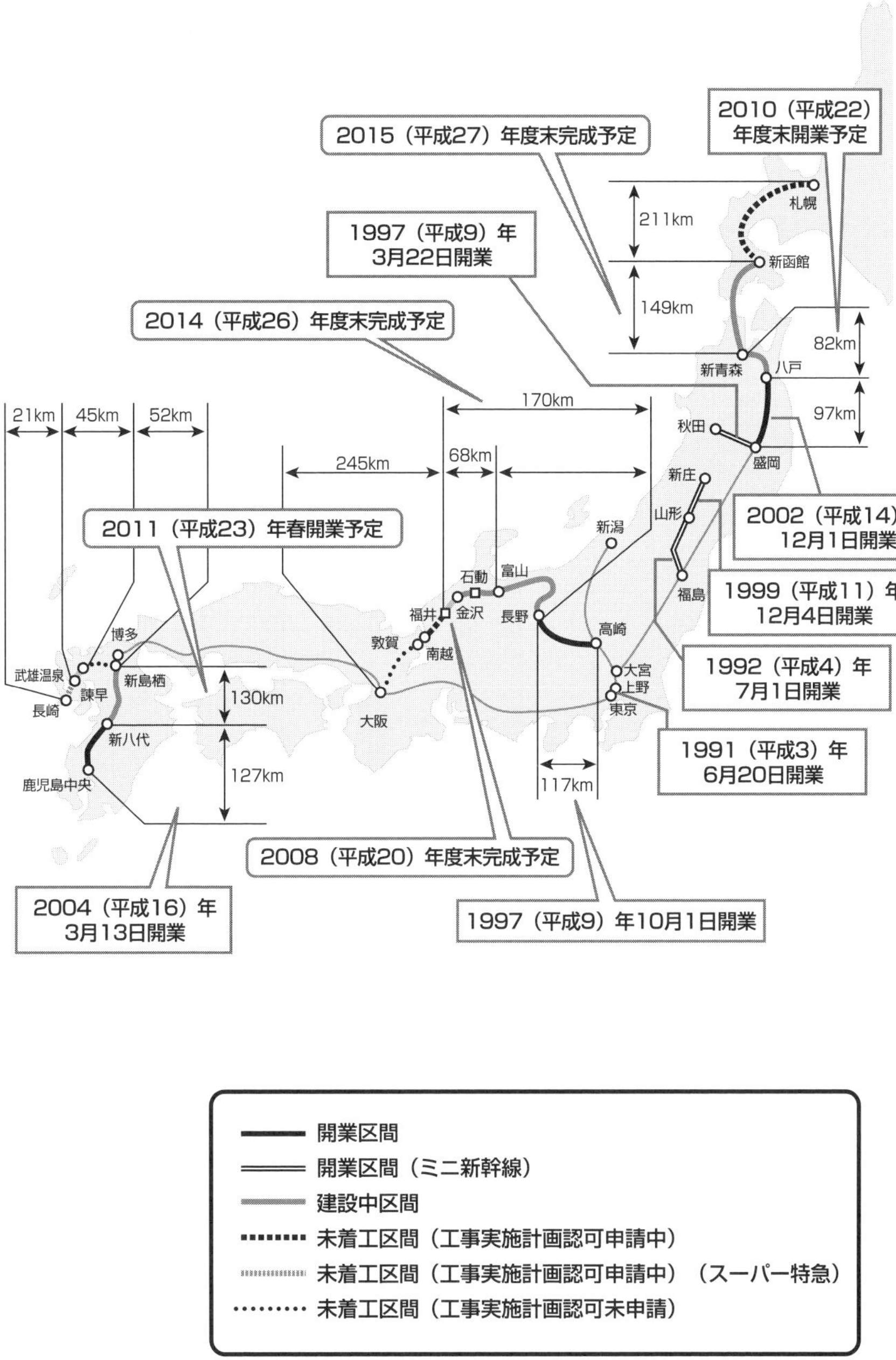
2010（平成22）
年度末開業予定
2015（平成27）年度末完成予定
1997（平成9）年
3月22日開業
2014（平成26）年度末完成予定
札幌
211km
新函館
149km
82km
新青森
八戸
97km
秋田
盛岡
170km
21km
45km
52km
245km
68km
新庄
2002（平成14）年
12月1日開業
2011（平成23）年春開業予定
新潟
山形
石動
富山
福島
1999（平成11）年
12月4日開業
福井
金沢
長野
博多
高崎
敦賀
南越
1992（平成4）年
7月1日開業
武雄温泉
新鳥栖
大宮
諫早
上野
長崎
130km
大阪
東京
新八代
1991（平成3）年
6月20日開業
127km
鹿児島中央
117km
2008（平成20）年度末完成予定
2004（平成16）年
3月13日開業
1997（平成9）年10月1日開業
開業区間
開業区間（ミニ新幹線）
建設中区間
未着工区間（工事実施計画認可申請中）
未着工区間（工事実施計画認可申請中）（スーパー特急）
未着工区間（工事実施計画認可未申請）

出典：国土交通省、「整備新幹線の現状」より

新幹線に使われている技術

新幹線の技術に求められる条件とは

新幹線に採り入れられているさまざまな技術は三つの部門に大別することができます。車両が走行するための技術である「車両部門」、線路や駅、橋りょう、トンネルなどを建設、維持管理する技術である「施設部門」、電力を供給したり、信号や通信といった保安設備に関する技術が含まれる「電気部門」です。

車両部門の技術に求められているのは、２００km／hを超える速度で走行できるように強大な力を発生させることと、超高速域で生じる大きな振動に耐えるよう強固な構造をもつという点です。同時に小型で軽量でなくてはなりません。さらには、できる限りメンテナンスフリーであることも必要です。

施設部門に採り入れられる技術には十分な耐久性と信頼性を備えていることが求められます。特に新幹線の電車を支える線路に新たな技術を導入する際は慎重のうえにも慎重を期して行われるため、保守的に見える場合もあるほどです。

電気部門に求められる技術の特徴も車両部門や施設部門とあまり変わりはありません。耐久性や信頼性に富み、地上に設置するものにしても車両に搭載するものにしても、小型軽量であることなどです。安全の要である信号装置には何よりも信頼性が重要で、二重、三重のバックアップ体制が構築されるケースも見られます。

試験を繰り返した後、採用へ

これらの技術の詳細については後ほど紹介するとして、どのようにして採用されてきたのかを見ていきましょう。新幹線に用いることを主眼として開発された技術はすぐに実用化とはなりません。在来線やときには民鉄向けとして導入される例がままあります。また、新幹線で使用するにしても試作品を用意して試験を繰り返すケースが大多数です。

海外の技術も積極的に採り入れられました。特に施設部門では東海道新幹線の開業以来、効率的なメンテナンスの方法と機械がヨーロッパを中心とする各国のメーカーから導入されています。

JR東海総合技術本部技術開発部で行われている新技術の開発

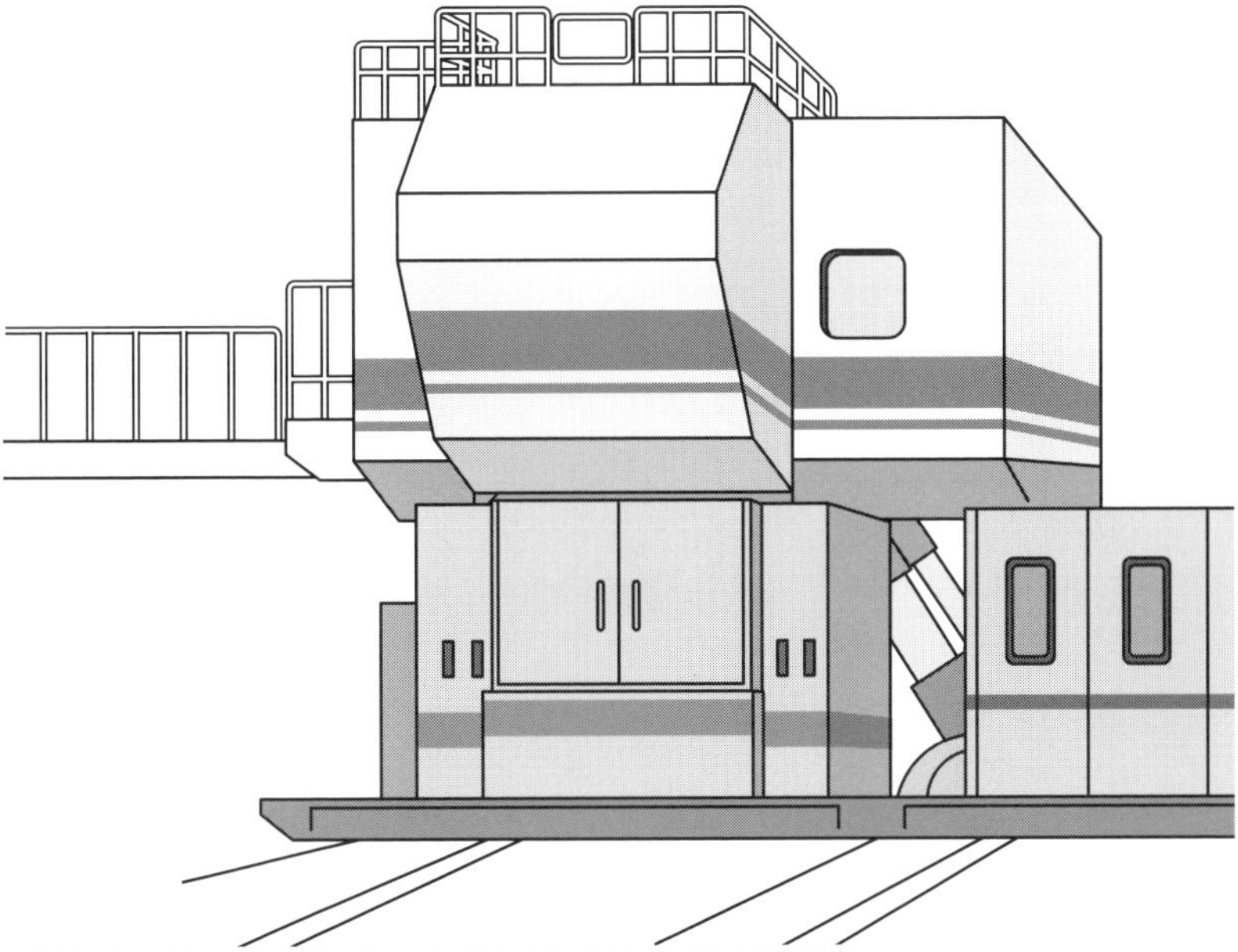

乗り心地を研究するために設けられた車両
運動総合シミュレーター

新しい車両を開発する際につくられた
モックアップ(実物大の模型)

07

新幹線の発展

40年余りの歴史を積み重ねてきた新幹線

新幹線の歴史は東海道新幹線が開業した１９６４（昭和39）年10月１日に始まり、40年余りが経過しました。その歩みは10年ごとに区切ると理解しやすくなります。

１９６４年から１９７４（昭和49）年までの10年間は新幹線の黎明期といえるでしょう。新幹線は世界初の超高速運転を開始し、貴重な経験を積み重ねました。また、車両や施設、電気設備の信頼性が低く、故障による混乱が生じたり、天災に見舞われ、対策が講じられました。

新幹線が曲がり角に差しかかったのは１９７４年から１９８４（昭和59）年までの10年間です。１９７５（昭和50）年には山陽新幹線岡山―博多間、１９８２（昭和57）年には東北新幹線大宮―盛岡間と上越新幹線が開業しました。そのいっぽうで新幹線が引き起こす騒音や振動が社会問題となり、反対運動や訴訟が起こります。

ネットワークの拡充と技術革新とを続ける

１９８４（昭和59）年から１９９４（平成６）年までの10年間は地道な研究や改良の努力が実を結び、新幹線が変化を遂げていった時期です。１９８５（昭和60）年３月の東北新幹線上野―大宮間の開業と同時に最高速度は２１０km／hから２４０km／hへと引き上げられています。最高速度はさらに向上し、１９９０（平成２）年には上越新幹線で部分的に２７５km／hに、１９９２（平成４）年には東海道新幹線の「のぞみ」が２７０km／hで走行するようになりました。

新幹線のネットワークが広がりを見せ、技術向上が頻繁に行われるようになったのは１９９４年以降の特徴です。この間、１９９７（平成９）年には秋田新幹線と長野新幹線、１９９９（平成11）年には山形新幹線山形―新庄間、２００２（平成14）年には東北新幹線盛岡―八戸間、２００４（平成16）年には九州新幹線新八代―鹿児島中央間が開業を果たしています。また、山陽新幹線を３００km／hで走行可能な５００系の誕生をはじめ、騒音や振動を抑え、省エネルギー性や車内の快適性も向上させた新型車両が相次いで登場した点も特筆されるでしょう。

新幹線の歩み

年	月日	出来事
1964年	10月1日	東海道新幹線東京―新大阪間が開業。「ひかり」「こだま」が運転を開始
1972年	3月15日	山陽新幹線新大阪―岡山間が開業。「ひかり」「こだま」が運転を開始
1975年	3月10日	山陽新幹線岡山―博多間が開業。「ひかり」「こだま」が運転を開始
1982年	6月23日	東北新幹線大宮―盛岡間が開業。「やまびこ」「あおば」が運転を開始
	11月15日	上越新幹線大宮―新潟間が開業。「あさひ」「とき」が運転を開始
1985年	3月14日	東北新幹線上野―大宮間が開業。「やまびこ」「あおば」と「あさひ」「とき」が運転を開始
	3月14日	東北新幹線の最高速度が210km／hから240km／hとなる
1986年	11月1日	東海道、山陽新幹線の最高速度が210km／hから220km／hとなる
1987年	4月1日	国鉄が分割、民営化され、東海道新幹線はJR東海、山陽新幹線はJR西日本、東北、上越新幹線はJR東日本に引き継がれる
1990年	3月10日	上越新幹線上毛高原―浦佐間（下り）で一部の「あさひ」が最高速度275km／hで運転を開始
	4月1日	博多南線博多―博多南間が開業し、「特急」が運転を開始
	12月20日	上越新幹線（正式名称は上越線）越後湯沢―ガーラ湯沢間が開業（原則として冬季のみの季節営業）。「あさひ」「とき」が運転を開始
1991年	6月20日	東北新幹線東京―上野間が開業し、「やまびこ」「あおば」と「あさひ」「とき」が運転を開始
1992年	3月14日	東海道新幹線に「のぞみ」が運転を開始し、最高速度270km／hで運転される
	7月1日	奥羽線福島―山形間の改良工事が完成し、山形新幹線として開業する。「つばさ」が運転を開始
1993年	3月18日	山陽新幹線にも「のぞみ」が運転を開始し、最高速度270km／hで運転される
1994年	7月15日	E1系が登場し、東北新幹線の「Maxやまびこ」「Maxあおば」、上越新幹線の「Maxあさひ」「Maxとき」としてそれぞれ運転を開始
1995年	12月1日	東北新幹線東京―那須塩原間に「なすの」「Maxなすの」が運転を開始
1997年	3月22日	山陽新幹線に500系が登場。「のぞみ」として最高速度300km／hで運転を開始
	3月22日	田沢湖線大曲―盛岡間と奥羽線大曲―秋田間の改良工事が完成し、秋田新幹線として開業する。「こまち」が運転を開始
	3月22日	東北新幹線の最高速度が240km／hから275km／hとなる
	10月1日	長野行新幹線（正式名称は北陸新幹線）高崎―長野間が開業。「あさま」が運転を開始。長野行新幹線は現在の長野新幹線
	10月1日	東北新幹線の「あおば」「Maxあおば」を廃止
	10月1日	上越新幹線の「とき」「Maxとき」を廃止し、「たにがわ」「Maxたにがわ」が運転を開始
1999年	12月4日	奥羽線山形―新庄間の改良工事が完成し、山形新幹線として開業する。「つばさ」が運転を開始
2002年	12月1日	東北新幹線盛岡―八戸間が開業し、「はやて」が運転を開始
	12月1日	上越新幹線の「あさひ」「Maxあさひ」を廃止し、「とき」「Maxとき」が運転を開始
2004年	3月13日	九州新幹線新八代―鹿児島中央間が開業し、「つばめ」が運転を開始

新幹線をつくるための予算と手続き

総工費1兆円、一企業には建設はとても困難

新幹線の建設費は莫大な額に上ります。一つの新幹線をつくるにはざっと1兆円を用意していなければ、開業にこぎ着けることはとてもできません。たとえば、ＪＲ東日本の新幹線のように東北、上越、長野の3新幹線を合わせても年間の運輸収入はようやく４７２１億円（２００５年度）です。東海道新幹線ならば年間の運輸収入が１兆３０４億円（同）もありますが、このようなドル箱路線は全国を探しても他に見当たりません。となると、ＪＲという一企業だけの力では新幹線を建設することは事実上不可能だといえます。

いっぽう、いまや新幹線は国土の発展に欠かせない交通機関であると認識されるようになりました。新幹線はＪＲの都合でつくるものではなく、全国新幹線鉄道整備法に挙げられている路線のなかから、政府が必要であると認めた順に着工されるようになったのです。

新幹線は国と沿線自治体とによってつくられる

新幹線をつくるためにどのような手続きが行われているのかを説明しましょう。まず、建設費はすべて国と沿線の自治体が負担し、その割合は前者が2、後者が1となるよう定められました。これらの財源は全額が税金ではありません。国が負担する金額のうち、年間７２４億円分は東海道、山陽、東北（東京―盛岡間）、上越の各新幹線をＪＲ各社に売却した際の資金の一部からまかなっています。

新幹線の建設を担当するのはＪＲではなく、独立行政法人鉄道建設・運輸施設整備支援機構（以下鉄道・運輸機構）という組織です。完成後の新幹線は鉄道・運輸機構が保有し、ＪＲ各社に貸し付けます。貸付料はその新幹線の運輸収入を超えない範囲までと決められていますので、ＪＲが損をすることはありません。

こうした新幹線の場合、開業によって並行する在来線の収支状況が悪化すると見込まれるケースが増えてきました。これではＪＲが新幹線の運行を引き受けるはずがありません。そこで、政府はこのような在来線をＪＲから切り離してもよいと定めています。

全国新幹線鉄道整備法とは

「高速輸送体系の形成が国土の総合的かつ普遍的開発に果たす役割の重要性にかんがみ、新幹線鉄道による全国的な鉄道網の整備を図り、もつて国民経済の発展及び国民生活領域の拡大並びに地域の振興に資することを目的とする。」

(全国新幹線鉄道整備法第一条)

現在建設中の新幹線

東北新幹線盛岡-新青森間	2010(平成22)年度末開業予定
九州新幹線博多-新八代間	2011(平成23)年春開業予定
北陸新幹線長野-金沢間	2014(平成26)年度末完成予定
北海道新幹線新青森-新函館間	2015(平成27)年度末完成予定

JRからの貸付料	既設新幹線譲渡収入（724億円）	公共事業関係費	地方公共団体（注）

負担割合　2　：　1

（注）所要の地方交付税措置を講ずる。

出典：国土交通省、「新幹線鉄道の整備」

09

海外の新幹線――日本の技術を用いた台湾新幹線

台湾高速鉄道の７００Ｔ系は日本製の「新幹線」車両

日本の新幹線は40年以上の歴史を積み重ねてきましたが、その技術がそっくり海外に転用されるケースは長い間ありませんでした。しかし、日本製の新幹線電車がついに海外を走ることになったのです。

その場所とは台湾。台北と左営（高雄市）との間、約３４５㎞を結ぶ台湾高速鉄道です。２００７（平成19）年1月に開業したばかりのこの鉄道を走る７００Ｔ系という車両は日本でつくられ、台湾へと渡っていきました。

７００Ｔ系は東海道新幹線と山陽新幹線で活躍している５００系という車両と７００系という車両の技術を参考につくられています。そのせいか、外観は７００系とそっくりです。

12両編成中、1両は日本のグリーン車に相当するビジネス車、残る11両は普通車が連結されています。双方とも座席は日本の７００系とほぼ同じ。便所や洗面所などの設備もやはり似ています。

７００Ｔ系の最高速度は３００㎞／ｈ。台北―左営間を最短で1時間30分で結んでいます。

車両以外の技術はほとんどが欧米のもの、その理由は

実は、台湾高速鉄道には日本の新幹線のシステムはあまり採用されていません。７００Ｔ系の技術以外では信号保安設備や線路の一部にとどまります。大多数はフランスとドイツの技術が導入されているのです。

当初、台湾高速鉄道はすべてヨーロッパの技術だけで建設される予定でした。しかし、１９９８（平成10）年にドイツ版の新幹線ともいえるＩＣＥが死者１０１人を出す大事故を起こし、さらに翌１９９９（平成11）年には台湾で大地震が発生します。この結果、安全性がきわめて高く、しかも地震国である日本の新幹線が評価され、急きょ採り入れられることとなったのです。

本来は互換性のないシステムを導入したため、建設工事は手間取り、その後の試験走行にも影響を及ぼします。本来は２００５（平成17）年10月開業の予定でしたが、その後3度も延期となり、ようやく開業することができたのです。

台湾高速鉄道の700T系

日本製の新幹線電車が初めて海外を走るケースとなった700T系。JR東海とJR西日本の700系を基本につくられている。高温多湿な台湾の気候を考慮して空気調和装置の能力が高められているほか、防災対策も強化された。各車両には平均3枚の避難用の窓が設置され、備え付けのハンマーで窓を割ることで容易に脱出できるという。

写真：結解学

Column

弾丸列車と新幹線

東海道新幹線は1964（昭和39）年に新幹線の第1号として東京—新大阪間に開業しました。これは戦後に計画されたものですが、実は戦前にも弾丸列車と呼ばれた新幹線の建設計画がありました。

弾丸列車の構想が浮上したのは1930年代のこと。1931（昭和6）年の満州事変と翌年の満州国成立、そして1937（昭和12）年に日中戦争が始まると、日本と大陸を行き交う人や物の動きが活発になりました。このため、大陸への玄関口となる下関（当時は下関と朝鮮半島の釜山とを結ぶ国鉄連絡船が運航されていた）へ向かう輸送量が急増し、このままでは東海道、山陽線の輸送力が限界に達するのではないかと危惧されるようになりました。

そこで当時の国鉄（鉄道省）は、東海道・山陽線に並行する標準軌（軌間1.435m）の高速鉄道を東京—下関間に建設し、増え続ける大陸への輸送需要に対処しようと考えたのです。当時の国鉄線は狭軌（軌間1.067m）でしたが、線路の幅が広い方が輸送力やスピードを大幅にアップできます。さらに将来は海底トンネルを掘って大陸まで延伸し、標準軌で敷設されている大陸の鉄道との直通化を図りたいという思惑もあったため、標準軌を採用することが考えられたのです。

この構想は1938（昭和13）年、鉄道省が鉄道幹線調査分科会を設置して本格的な検討が始まり、2年後の1940（昭和15）年には帝国議会で工事予算が成立。翌1941（昭和16）年から本格的な用地買収とトンネル工事が始まりました。当時の計画によれば、最高速度は200km/hで東京—大阪間を約4時間半、東京—下関間を約9時間で結ぶものとし、総額5億6000万円（現在の物価で1兆5000億円）の巨費を投じて1954（昭和29）年に完成させる予定でした。しかし、太平洋戦争が激化してくると建設費が捻出できなくなり、1943（昭和18）年にはついに事実上の工事中止に追い込まれてしまいました。

時は流れ、東京—大阪間に再び標準軌高速鉄道の建設の気運が高まり、1959（昭和34）年に東海道新幹線として着工。5年後の1964年に開業を迎えることになります。500kmもの長さの鉄道をわずか5年で建設できたのは、弾丸列車計画の際に確保した建設用地を転用することができたためです。現在の東海道新幹線日本坂トンネルも、もともとは弾丸列車計画で完成したものです。

2章

車両のしくみ

01 車両の種類――「～系」とは

新幹線の営業列車にはすべて電車が使用される

新幹線の線路上を営業列車として運転される車両はすべて旅客電車です。車体には旅客を乗せるための設備をもち、床下には動力装置を搭載しています（一部の車両には搭載していません）。電車というくらいですから、動力装置が電力によって作動することはいうまでもありません。

車両を連結して運転する際、動力装置を分散して搭載できる点が電車の特徴として挙げられます。機関車のように1両だけで巨大な出力を発生させるよりも線路に与える負担が小さくなり、加速や減速が機敏に行えるという利点をもっているのです。

電車の各形式が集まって系列を形成する

何両も連結して運転される新幹線の電車の各車両にはそれぞれ役割があります。これらは動力装置や運転室の有無、そして普通車やグリーン車といった客室の設備の違いなどによって細かく分類される、形式と呼ばれるしくみです。

新幹線の電車の場合、各形式が集まって一つの単位を形成しています。この単位を系列といい、他の系列と区別するために「～系」と呼ぶしくみが採用されました。

通常、「～」の部分には数字が入り、０、１００、２００……と１００単位で大きくなっていきます。なお、ＪＲ東海とＪＲ西日本にはＮ７００系という系列がありますが、これは両社にすでに７００系が存在するため、区別のために「New」などの意味をもつアルファベットを付けた結果、誕生したのです。また、近年登場したＪＲ東日本の新幹線電車は同社の「East」から取った「E」を頭に付け、その後に1けたの数字を付けて系列名とするようになりました。

新幹線では車体や装置を大きく変えたり、投入される路線が異なるといったモデルチェンジが行われると新しい系列が登場します。異なる系列どうしの車両を連結しても運転することはできません。また、同じ系列でも途中で改良が加えられた結果、改造工事などを施さないと走行できないものも数多く存在します。

電車とは？

「原動機に電動機を用いる旅客車及び貨物車並びにこれに連結する制御車及び付随車の総称。」（JISE4001の番号11109）

日本の鉄道会社各社に在籍する車両の総数は6万9580両
(2005年3月31日現在)

↓

電車は68.9%に当たる4万7796両(同)を占めている(日本は世界有数の電車大国)。なお、新幹線電車の在籍両数はJR東海に1959両、JR西日本に804両、JR東日本に1144両、JR九州に36両の合わせて3943両
(2005年8月1日現在)

新幹線の系列

0系	JR西日本　山陽新幹線
100系	JR西日本　山陽新幹線
200系	JR東日本　東北・上越新幹線
300系	JR東海・JR西日本　東海道・山陽新幹線
400系	JR東日本　山形新幹線
500系	JR西日本　東海道・山陽新幹線
700系	JR東海・JR西日本　東海道・山陽新幹線
N700系	JR東海・JR西日本　東海道・山陽新幹線
800系	JR九州　九州新幹線
E1系	JR東日本　上越新幹線
E2系	JR東日本　東北・長野新幹線
E3系	JR東日本　山形・秋田新幹線
E4系	JR東日本　東北・上越新幹線

東海道新幹線を走る車両

「のぞみ」「ひかり」「こだま」が活躍

東京と新大阪との間を結ぶ東海道新幹線には「のぞみ」「ひかり」「こだま」と3種類の列車が運転されています。「のぞみ」は東京―新大阪間の所要時間が最短で2時間30分と、東海道新幹線で最も速い列車で、「ひかり」は主要駅に停車する列車です。どちらも多数の列車が山陽新幹線に乗り入れています。

「こだま」は各駅停車の列車です。東京―名古屋間などの区間列車も多く、東海道新幹線と山陽新幹線とを直通する列車はありません。

東海道新幹線を走る車両は4車種

東海道新幹線で使用されている車両は３００系、５００系、７００系、Ｎ７００系の4車種で、すべて16両編成を組んでいます。東海道新幹線を運行するＪＲ東海が所有しているのは３００系と７００系、Ｎ７００系の3車種です。また、山陽新幹線を運行するＪＲ西日本からも３００系、５００系、７００系、Ｎ７００系の4車種が乗り入れています。

３００系は「のぞみ」の運転開始に伴い、ＪＲ東海が開発した車両です。モーターの出力を上げ、車体の重心を下げるなどの工夫で最高速度を２２０km／hから２７０km／hへと引き上げました。一部の「のぞみ」と多数の「ひかり」「こだま」に用いられています。

５００系はＪＲ西日本が開発した車両で、丸みを帯びた車体が特徴です。最高速度は東海道新幹線では２７０km／h、山陽新幹線では３００km／hを出すことができます。東京―博多間の「のぞみ」の一部で活躍中です。

７００系はＪＲ東海とＪＲ西日本との共同開発によって誕生しました。３００系や５００系の改良版といえ、高速性能はもちろん、快適な車内空間や省エネルギー性にも配慮されています。「のぞみ」「ひかり」「こだま」に用いられ、東海道新幹線の主力車種です。

最新型の車両はＮ７００系です。ＪＲ東海とＪＲ西日本によって開発され、カーブで速度を落とさなくてもよいよう、車体を傾ける装置が取り付けられています。今後、「のぞみ」を中心に投入が進められる予定です。

▲300系は主に「ひかり」「こだま」として活躍中だ。旅客の多い季節には「のぞみ」にも使用される。

▲2007（平成19）年7月1日から営業を開始したN700系。「のぞみ」として用いられているが、将来は「ひかり」「こだま」での活躍も見ることができそうだ。

山陽新幹線を走る車両

東海道新幹線と同じ列車が直通運転

新大阪と博多との間を結ぶ山陽新幹線には「のぞみ」「ひかり」「こだま」と3種類の列車が運転されています。大多数の「のぞみ」と「ひかり」の一部が東海道新幹線に乗り入れている点が特徴です。

「ひかり」には山陽新幹線内だけを運転する列車と、東海道新幹線から直通する東京―岡山間の列車の2種類が運転されています。前者は山陽新幹線内の主要駅に停車し、後者は各駅に停車する列車です。各駅停車の「こだま」は新大阪―博多間のほか区間列車も多数運転されています。

山陽新幹線の専用車両はゆったりとした腰掛が特徴

山陽新幹線で使用されている車両は０系、１００系、３００系、５００系、７００系、７００系７０００番台、Ｎ７００系の７車種。このうち０系と１００系、７００系７０００番台の３車種は山陽新幹線の専用車両です。これらは普通車だけで編成を組み、腰掛は通路をはさんで両側とも2列とゆったりとしています。

０系は東海道新幹線の開業時から走る車両です。6両編成を組み、最高速度は２２０km／hで、「こだま」に使用されています。

１００系は０系をもとに車内設備を改良した車両で、最高速度は２２０km／hです。以前は二階建のグリーン車や食堂車もありましたが、現在は普通車だけで4両または6両編成を組み、０系同様、「こだま」に使用されています。

７００系７０００番台は７００系の車内設備を山陽新幹線向けに改良した車両で、「ひかりレールスター」という愛称が付けられました。パソコン用の電源を設置した腰掛やグループ向けの個室などのユニークな車内設備が特徴です。新大阪―博多間の「ひかり」として活躍しています。

ちなみに、博多―博多南間を10分で結ぶ博多南線は、博多駅と山陽新幹線の車両基地との間を結ぶ回送線を活用した通勤路線です。車両も０系や１００系、７００系７０００番台がそのまま使用されています。

▲0系は東海道新幹線の開業に備えてつくられ、1985（昭和60）年度に製造が打ち切られるまでの間、3216両が製造された。

▲「ひかりレールスター」という愛称をもつ700系7000番台。サイレンスカーや「旅指南」と呼ばれる情報サービスなど、ユニークな設備が特徴だ。

下段写真：結解学

04

東北新幹線を走る車両

運転区間ごとに定められている列車名

東京と八戸を結ぶ東北新幹線では、途中の駅で分岐するほかの新幹線に乗り入れる列車を除くと、「はやて」「やまびこ」「Ｍａｘやまびこ」「なすの」「Ｍａｘなすの」が運転されています。このうち「Ｍａｘやまびこ」「Ｍａｘなすの」は二階建車両が用いられていることを示す列車名です。

東北新幹線を含むＪＲ東日本の新幹線では、運転区間ごとに列車の名前が決められました。「はやて」は東京―八戸間を結ぶ最速の列車で、所要時間は最短2時間56分です。「やまびこ」「Ｍａｘやまびこ」は東京―盛岡間や東京―仙台間で運転されている列車で、主要駅または各駅に停車します。「なすの」「Ｍａｘなすの」は東京―郡山間や東京―那須塩原間で運転されている列車で、各駅停車の列車です。

高速性能に優れたＥ2系と輸送力重視のＥ4系

東北新幹線では２００系、４００系、Ｅ２系、Ｅ２系１０００番台、Ｅ３系、Ｅ４系の６車種が使用されていますが、このうち４００系とＥ３系は山形、秋田新幹線に乗り入れる列車に使われています。また、２００系とＥ２系、Ｅ４系は上越新幹線や長野新幹線でも用いられる車両です。

Ｅ２系は長野新幹線の開業に合わせて開発された車両で、最高速度は２７５km／h。東北新幹線では10両編成を組んでいます。Ｅ２系１０００番台はＥ２系を東北新幹線向けに改良した車両で、盛岡―八戸間の延伸開業に合わせて開発されました。センサーで車体の揺れを検知すると、圧縮空気でシリンダーを動かして強制的に揺れを抑えるシステムを導入し、乗り心地の改善を図っています。どちらも「はやて」と一部の「やまびこ」と「なすの」とで使用されています。

Ｅ４系は、新幹線初の全車二階建車両となったＥ１系の改良版です。車体をアルミニウム合金製にしたため、Ｅ１系より軽くなり、最高速度は２４０km／h。８両編成を組んでいますが、２本つなげて16両編成で運転することもできます。

▼JR東日本のE2系1000番台

東北新幹線だけで活躍する車両はE2系1000番台だ。揺れを強制的に抑えるシステム、アクティブサスペンションを搭載している。「はやて」「やまびこ」「なすの」として活躍中で、「こまち」と連結される列車も多い。

写真：結解学

05

上越新幹線を走る車両

冬季はスキー場に連絡する列車も運転

大宮と新潟を結ぶ上越新幹線では、「とき」「Ｍａｘとき」「たにがわ」「Ｍａｘたにがわ」と4種類の列車が運転されています。このうち「Ｍａｘとき」「Ｍａｘたにがわ」は二階建車両が用いられている列車です。一部の区間運転列車を除き、すべての列車が東北新幹線に乗り入れ、東京から発着しています。

「とき」「Ｍａｘとき」は東京―新潟間を結ぶ列車です。このほか、越後湯沢―新潟間や長岡―新潟間に運転される列車もあります。停車駅は主要駅のみ停車、一部の駅に停車、各駅停車の3種類です。「たにがわ」「Ｍａｘたにがわ」は東京―高崎間や東京―越後湯沢間で運転されていて、各駅に停車します。

なお、冬季には越後湯沢とガーラ湯沢とを結ぶ支線が営業を行います。これは保守基地まで延びる線路を活用するものです。普段、東京―越後湯沢間で運転されている「たにがわ」「Ｍａｘたにがわ」の一部はガーラ湯沢スキー場へのアクセス列車となります。

雪に強い車両が活躍

上越新幹線では２００系とＥ１系、Ｅ２系、Ｅ４系の4車種が使用されています。このうち上越新幹線だけで使用されているのはＥ１系です。それ以外は東北新幹線や長野新幹線でも用いられています。

２００系は東北新幹線と上越新幹線との開業に合わせて国鉄が開発した車両です。積雪の多い地域を走るため、通常は床下に設置されている機器をカバーですっぽり覆うなど、雪への対策が強化されました。いまでは外観、車内ともリニューアルされ、10両編成を組み、「とき」「たにがわ」として用いられています。

Ｅ１系はすべての車両が二階建となった新幹線初の車両です。12両編成を組むＥ１系の定員は１２３５人（普通車１１３３人、グリーン車１０２人）で、10両編成の２００系の定員７５５人（普通車７０３人、グリーン車52人）と比べて約１・６倍もの利用客を載せることができます。現在、「Ｍａｘとき」「Ｍａｘたにがわ」として活躍中です。

▼JR東日本のE1系

上越新幹線で活躍するE1系。朝、夕のラッシュ時だけでなく、利用客の多い列車にも用いられている。

写真：結解学

長野新幹線を走る車両

列車は「あさま」１種類だけ

高崎と長野を結ぶ長野新幹線で運転されている列車は、「あさま」の１種類だけです。

「あさま」は東京―長野間で運転されており、東京―軽井沢間や軽井沢―長野間の区間列車もあります。東京―大宮間は東北新幹線、大宮―高崎間は上越新幹線にそれぞれ乗り入れ、高崎を始発や終点とする列車はありません。停車駅は主要駅のみの停車と、各駅停車の二つのパターンがあり、主要駅のみ停車する列車は東京―長野間を最短１時間23分で結んでいます。

車種もＥ２系の１種類

長野新幹線の「あさま」に使用されているのはＥ２系の１車種だけです。それ以外の車両は通常用いられません。

Ｅ２系は長野新幹線の開業に合わせて開発されました。車体をアルミニウム合金製にして軽くしたり、重心を下げて安定性を高めるなどして高速化を図っており、最高速度は従来の２４０km／hから35km／h引き上げられ、２７５km／hです。ただし、長野新幹線は最高速度を２６０km／hとして建設されたので、Ｅ２系もこの速度を超えて運転することはできません。

長野新幹線ならではの特殊な条件にも対応しています。架線に供給されている電力の電源周波数は高崎―軽井沢間では東北新幹線や上越新幹線と同じ50Hzですが、軽井沢―長野間は60Hzです。このため、Ｅ２系は双方の電源周波数に対応した構造となりました。冷却用のファンや換気装置など、電源周波数が変わると不具合が生じるものは補助電源装置を用いて常に60Hzへの変換を済ませてから供給する構造となっています。

また、高崎―軽井沢間は急勾配が続いているため、モーターやブレーキ装置が強化されて坂を上り下りできるようになりました。特に、下り坂を安全に走行できるよう、Ｅ２系は抑速ブレーキを備えた回生ブレーキ装置をもっています。この結果、２１０km／hの速度を保ったままで勾配を下り続けることが可能となりました。万一、２１０km／hを超えてしまった場合は即座に非常ブレーキが作動して安全を確保するしくみです。

E2系は東北新幹線の列車にも用いられているが、両者は全く独立して使用されている。したがって、長野新幹線用のE2系が東北新幹線用として走ることはなく、その反対もない。

▲JR東日本のE2系

写真：結解学

07

九州新幹線を走る車両

在来線に新幹線が接続

博多と鹿児島中央を結ぶ新幹線として計画されている九州新幹線（鹿児島ルート）は、末端の新八代—鹿児島中央間が先に開業し、ほかの新幹線と接続していません。以前は在来線の特急「つばめ」が博多—西鹿児島（現在の鹿児島中央）間を直通していましたが、部分開業によって「つばめ」は新八代—鹿児島中央間に運転される新幹線の列車となりました。いっぽう、在来線の博多—新八代間では「つばめ」に連絡する特急「リレーつばめ」が運転され、列車の分断による不便をできるだけ少なくするため、新八代駅では「リレーつばめ」と「つばめ」とが同じホームで乗り換えできるようになっています。

「つばめ」は新八代—鹿児島中央間の運転が基本です。早朝や深夜には新水俣—鹿児島中央間や川内《せんだい》—鹿児島中央間の区間運転もあります。停車駅はノンストップ、一部の駅に停車、各駅停車の3パターンがあり、所要時間はノンストップの列車が最短で34分です。全線開業時には博多—鹿児島中央間を1時間強で結ぶと見られます。

日本の伝統美を表現した車内

「つばめ」に使われている車両は８００系の１車種だけです。普通車だけで6両編成を組んでいます。

８００系は東海道・山陽新幹線の７００系を九州新幹線向けに対応させた車両です。新八代—鹿児島中央間は急勾配が多いため、すべての車両をモーター付きにして坂を上る能力を上げています。先頭部分のデザインは７００系と比べて鋭角的なので、あまり面影はありません。

車内は山陽新幹線と同じく2列の腰掛が通路をはさんで両側に配置されました。腰掛の表地に西陣織の生地を使用し、壁面には鹿児島産のクスノキを用いるなど、日本の伝統美を表現して個性を出しています。

全線開業時には山陽新幹線からの乗り入れが考えられていますが、九州新幹線は急な勾配が多いため、現在の山陽新幹線の車両がそのまま乗り入れるのは困難だといわれています。８００系と同じ性能を持つ直通運転用の車両が、新たに導入されることになるでしょう。

九州新幹線用の800系は700系を参考につくられた車両だが、先頭形状やパンタグラフなど、いくつかの点が異なる。鹿児島中央駅付近には急勾配があるため、E2系同様、抑速ブレーキを備えた回生ブレーキ装置をもつ。

▲JR九州の800系

写真：結解学

山形・秋田新幹線を走る車両

東北新幹線から直通する「つばさ」「こまち」

福島―山形―新庄間を結ぶ山形新幹線と盛岡―秋田間を結ぶ秋田新幹線は、レールの幅を広げて東北新幹線からの乗り入れを可能にした在来線の一種です。一般には「ミニ新幹線」と呼ばれています。

東北新幹線から山形新幹線に乗り入れる東京―新庄間の列車は「つばさ」、秋田新幹線に乗り入れる東京―秋田間の列車は「こまち」です。「つばさ」は東北新幹線東京―福島間で「Ｍａｘやまびこ」と連結して走り、東京―新庄間を最短3時間15分で結びます。いっぽう、「こまち」は東京―盛岡間で「はやて」と連結して走り、東京―秋田間の所要時間は最短3時間49分です。

在来線の大きさに合わせた車両を使用

「フル規格」と呼ばれる通常の新幹線では、輸送量を増やすために在来線より大きな車両を使っています。そのため、レールの幅を合わせても、フル規格新幹線の車両をミニ新幹線で走らせることはできません。車輪の幅はフル規格に合わせつつ、車体の大きさは在来線に合わせた専用の車両でなければ直通運転は不可能です。山形・秋田新幹線ではこのような専用の車両が開発され、４００系、Ｅ3系、Ｅ3系１０００番台の3車種が活躍しています。

４００系は山形新幹線福島―山形間の開業に合わせて開発されたミニ新幹線用車両の第1号です。7両編成を組み、最高速度は東北新幹線が２４０km／h、山形新幹線が１３０km／hです。東北新幹線ではＥ4系などと連結して運転することができ、いまでも「つばさ」に使われています。

Ｅ3系は秋田新幹線の開業に合わせて開発された車両です。6両編成を組んでおり、連結して運転するＥ2系に合わせて東北新幹線内の最高速度は２７５km／hに引き上げられていますが、秋田新幹線では１３０km／hに抑えられています。Ｅ3系１０００番台は山形新幹線山形―新庄間の開業に合わせてつくられた車両です。7両編成を組んで「つばさ」として用いられているほかは「こまち」用のＥ3系と変わりません。

▲山形新幹線を行くE3系1000番台。新幹線鉄道規格新線専用の車両が長さ25m、幅3.38mであるのに対し、400系やE3系は在来線に乗り入れるため、長さ20m、幅2.95mとしてつくられた。

写真：結解学

営業運転に就かない車両

新幹線のお医者さん「ドクターイエロー」

新幹線では乗客を目的地まで運ぶ営業用車両のほかに、施設の点検や技術開発試験などに用いる事業用の車両も存在します。

施設点検に使用される事業用車両は「電気・軌道総合試験車」といい、線路を高速で走行しながらレールや架線の状態などを調べる車両です。東海道・山陽新幹線では９２３形、東北・上越・長野・山形・秋田新幹線ではＥ９２６形と呼ばれる試験車が使われています。

９２３形は７００系をベースに開発された試験車です。車体の形は７００系とそっくりですが、黄色い塗装をまとっていることから「ドクターイエロー」と呼ばれています。車内には腰掛の代わりに試験用の機材が積み込まれています。

Ｅ９２６形はＥ３系をベースに開発された試験車で、「イースト・アイ」という愛称が付けられました。在来線の車両並みの小さな車体を持ち、長野新幹線を走行するため、電源周波数の変換や抑速ブレーキといった機能も備えています。車内に試験用の機材が積み込まれている点は９２３形と変わりありません。

最高速度３６０ｋｍ／ｈを目指す試験車両

このほか、ＪＲ東日本では技術開発を目的とした試験車としてＥ９５４形とＥ９５５形の２車種を保有しています。東北新幹線の延伸や北海道新幹線の開業を視野に、最高速度３６０ｋｍ／ｈで営業運転を行うためのデータ収集のためにつくられ、「ファステック３６０」という愛称が付けられました。小型で出力の大きいモーターや、扇状の板を広げて空気抵抗で列車の動きを止める空力ブレーキが特徴です。

Ｅ９５４形とＥ９５５形との主な違いは車体の大きさで、Ｅ９５５形は山形・秋田新幹線を走行できるよう小型の車体を採用しています。

これ以外にも、車輪の幅を変えて在来線と新幹線を直通する軌間可変電車（フリーゲージトレイン）の試験車や、線路工事の際に道具や材料の運搬に用いる工事用車両など、さまざまな事業用車が存在します。

▲923形は東海道・山陽新幹線の軌道、架線、信号、無線の状態を測定する事業用の車両。JR東海とJR西日本がそれぞれ1編成ずつ保有し、1カ月に3回、多くて4回全線を走行している。

▲最高速度360km/hでの営業運転を視野に入れて開発されたE954形。試験の結果、最高速度320km/hで走行できる営業用の車両の製造が決まった。

Column

ビュフェと食堂車

東海道新幹線が開業したとき、東京―新大阪間は4時間で結ばれていました。多くの列車が1回は食事時に運転されることから、国鉄は車内に食事施設を用意します。これが軽食メニューを中心としたビュフェです。

ビュフェはカウンタータイプの調理室と、窓側に向かって1人がけのいすが並ぶ食事スペースとなっています。2等車（現在の普通車）との合造車となっている点が特徴で、その割合はだいたい半々です。

山陽新幹線の全線開業に際し、食堂車が登場しました。東京―博多間は約7時間を要し、食事時が2回となるため、本格的な食事設備が必要だと考えられたのです。

食堂車は1両すべてが食堂にあてられました。1両のうちおよそ3分の1が厨房で、残る3分の2に2人がけと4人がけのテーブルが合わせて42人分並ぶ食事スペースとなっています。

食堂車は好評で営業成績も良好だったことから、多いときで5社が参入し、味を競っていました。その後登場した100系では食事スペースが2階に設けられたこともあり、いっそう人気を博すこととなったのです。

しかし、1990年代に入るとビュフェと食堂車は曲がり角を迎えます。航空機の発達で長距離の利用客が減り、またスピードアップによって食事時にかからない列車が増え、食堂車の必要性が薄れてきたのです。食堂車自体はにぎわっていましたが、長時間営業できなくなったために利用客の回転率が下がり、売上が落ちたことから撤退する業者が相次ぎます。こうして2000（平成12）年3月を最後に食堂車は姿を消してしまったのです。

いっぽう、車内販売の充実により、ビュフェの利用客も減少します。すでに1980年代半ばからビュフェは車内販売の基地としての用途が強くなり、本来の目的を見失ってしまいました。それでも細々と営業を続けていましたが、2002（平成14）年5月いっぱいで営業が打ち切られています。

3章

車両のメカニズム

車両の役割

メカニズム的には4種類ある車両

新幹線の車両はすべて電車です。モーターといった動力装置やモーターを作動させるための制御装置をもち、当然のことながら利用客を乗せるための客室も備えています。

車両は4、6、7、8、10、12、16両にまとめて連結され、編成を構成するしくみです。これらの編成を単独で用いるかあるいは二つを組み合わせ、列車として運転しています。

搭載されている機器面から見た車両の役割を説明しましょう。新幹線の車両には動力装置付きの電動車、運転室付きの制御車、運転室と動力装置付きの制御電動車、何も付いていない付随車の4種類があります。

連結には規則がある

当然のことながら、編成中に電動車または制御電動車が連結されていなければ走行できません。新幹線の場合、電動車または制御電動車が編成中に占める割合は最低でも50%。最大で１００%、つまり全車両にモーターが搭載されています。電動車または制御電動車の比率が低い編成では各車両が搭載しているモーターの出力が高められているので、出力不足となることはありません。

先頭あるいは最後尾となる車両には制御車または制御電動車が必要です。中間には電動車または付随車を連結します。

制御電動車は最も重く、制御車と電動車は同程度、最も軽いのは付随車です。線路の負担を和らげ、また騒音や振動を抑えるため、編成を組む際には各車両の重量がなるべく均等となるように4種類の車両を配置することが理想ですが、なかなかうまくはいきません。そこで、機器の配置方法を工夫しています。

機器のなかでも制御装置は重く、部品の点数も多くなっています。電動車または制御電動車2、3、4両を1ユニットにまとめ、制御装置を共用したり、分散して搭載するしくみが採用されました。また、付随車にも制御装置の一部を積んでいる車両も見られます。したがって、電動車または制御電動車1両だけでは走行できません。

機器面から見た各車両の役割

電動車

「主電動機をもつ電車」（同番号11122）

制御車

「運転室を備え列車の運転制御ができ原動機をもたない車両」
（同番号11123）

制御電動車

「主電動機をもち、かつ、運転室を備えて列車の運転制御を
行うことができる電車」（同番号11124）

付随車

「原動機及び運転室をもたないで、電動車又は内燃動車にけん引される車両」
（同番号11126）

E2系の編成の組み方

←東京　　　　長野→

1号車	2号車	3号車	4号車	5号車	6号車	7号車	8号車
制御車	電動車	電動車	電動車	電動車	電動車	電動車	制御車
普通車	普通車	普通車	普通車	普通車	普通車	グリーン車	普通車

□ は電動車のユニットを示す

車両ができるまで

新技術の開発によってモデルチェンジが行われる

近年、新幹線の車両は大体10年前後の周期でモデルチェンジが実施されます。新たな技術が日々開発され、高速性能はもちろんのこと、省エネルギー性に富み、騒音や振動が少なく、より快適な車両をつくることができるようになったからです。

これらの技術は通常、ＪＲ各社が独自に開発します。しかし、新幹線の車両の技術のなかには非常に高度な技術が多々含まれているので、1社だけでできるとは限りません。そこで、他のＪＲ各社と協力したり、もともとは国鉄の技術開発部門であった鉄道総合研究所に委託して実施されたり、車両の製造を担当する車両メーカーの協力を仰ぐケースも見られます。

新規開発の技術を導入する目途が立ったら、次は車両の設計です。この作業もＪＲ各社の担当者が行います。近年はコンピューターを用いて解析できるようになったため、複雑な形状をもつ先頭部分の設計も比較的容易に行えるようになりました。

車両メーカーで車両は製造される

設計書ができあがればいよいよ製造工程に入ります。この作業を担当するのは通常は車両メーカーです。車両メーカーではＪＲ各社が作成した設計書どおりに製造します。現在、新幹線の車両の製造を担当しているのは五十音順に川崎重工業、近畿車輌、東急車輛製造、日本車輛製造、日立製作所の5社です。

車両づくりはまず、車体の土台となる台枠をつくり、そこに車体の側面となる側《がわ》、妻面となる妻を溶接し、屋根を乗せます。車体が完成すると内装作業に入り、ガラスをはめこみ、内装材で覆っていくのです。同時に床下では艤装《ぎそう》といって機器の取り付けが行われます。機器の大多数は電機メーカー製です。内装作業と艤装が終われば車体は塗装され、車両メーカー製や台車メーカー製の台車を履いて完成となります。

設計から完成まで、車両をつくるには3年ほどの期間が必要です。また、車両メーカーで1両の車両ができあがるまでにはおよそ半年ほどかかります。

車両の製造工程

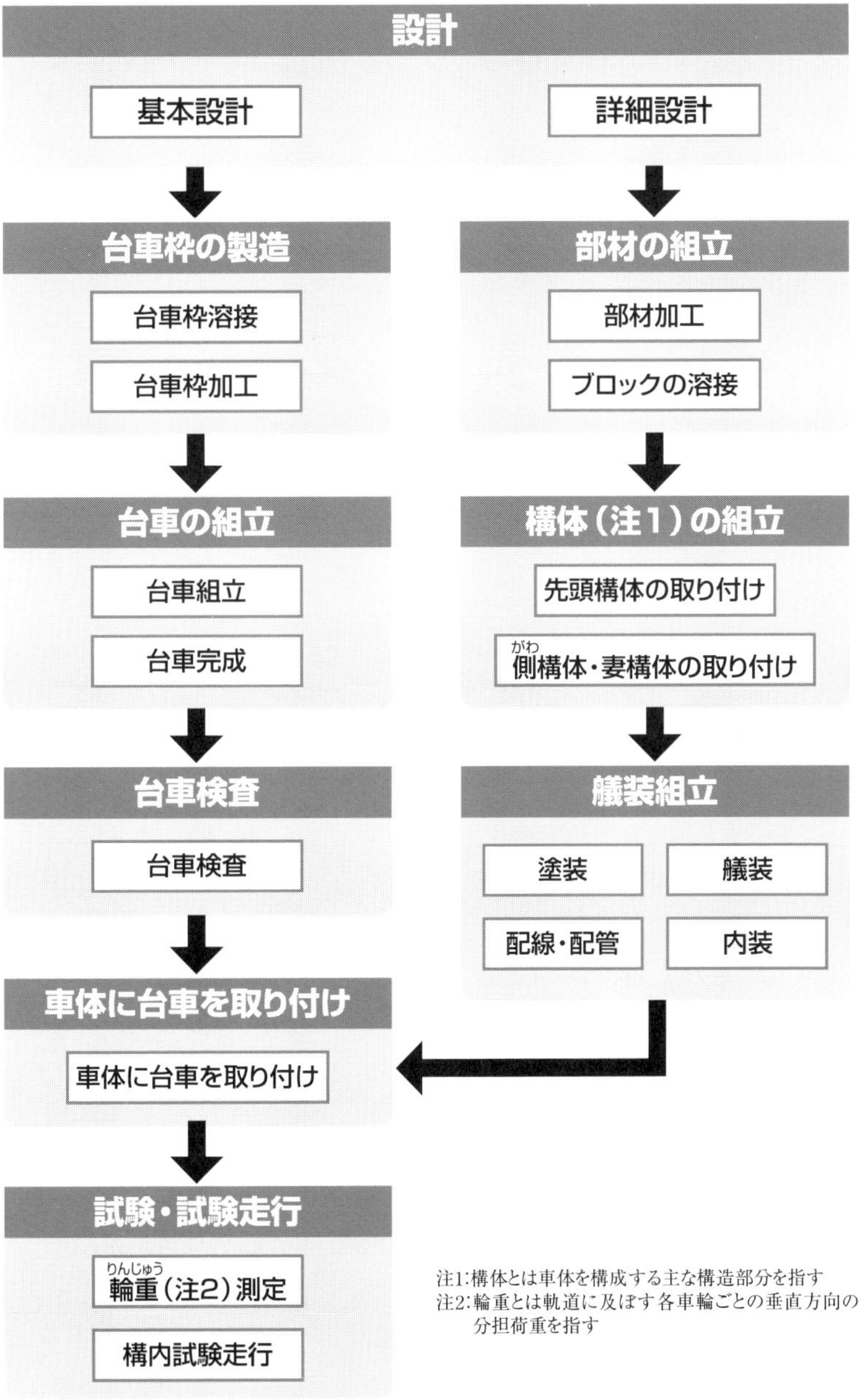

注1：構体とは車体を構成する主な構造部分を指す
注2：輪重とは軌道に及ぼす各車輪ごとの垂直方向の分担荷重を指す

出典：日本車両製造のパンフレット『Toyokawa Plant』より

電力を取り入れて送るしくみ

架線から取り入れた電力はまず電圧を落とす

新幹線の電車にはさまざまな種類がありますが、走るしくみは皆同じです。線路の上空に張られた架線から電力を取り入れ、その電力がモーターへと伝わり、車輪を駆動します。

架線から電力を取り入れるために用いる機器はパンタグラフです。かつては菱形のものが一般的でしたが、現在は騒音を少なくするようにと、くの字形のものやＴ字形のものが主流となりました。

パンタグラフから取り入れられた単相交流（以下交流）２万５０００Ｖ、50または60Hzの電力はケーブルによって車両の床下に搭載された主変圧器へ導かれます。ここで２万５０００Ｖの電力は交流１０００Ｖ程度まで下げられます。これほど高い電圧はモーターには不要だからです。ならば架線の電圧を下げておけばいいように思えますが、新幹線の電車は大量の電力を消費します。架線の電圧を高くしておかないと大きな電流が生じて危険ですし、送電ロスも生じるからです。

交流→直流→三相交流と変換してモーターへ

主変圧器からモーターまでの間の電力の流れ方は制御装置の方式によって異なります。ここでは、近年登場した新幹線の電車が採用しているＶＶＶＦインバータ制御方式を紹介しましょう。

単相交流の電気は主変換装置へと向かいます。ＶＶＶＦインバータ制御方式で用いられるモーターは三相交流電動機です。主変換装置は単相交流の電力を一度直流の電力に変え、その後、三相交流の電力に変換します。単相交流から直流への変換にはコンバータを、直流から三相交流への変換にはインバータを用いるしくみです。

インバータによって変換された三相交流の電圧や周波数は一定ではありません。モーターが必要とする回転数とトルクは速度や負荷によって異なっているため、電圧と周波数をきめ細かく変化させて制御する必要があるからです。電動車や制御電動車に乗車すると、床下からやや甲高いうなり音が聞こえることがあります。これはインバータが忙しく作動している音なのです。

電力の流れ

走行するとき

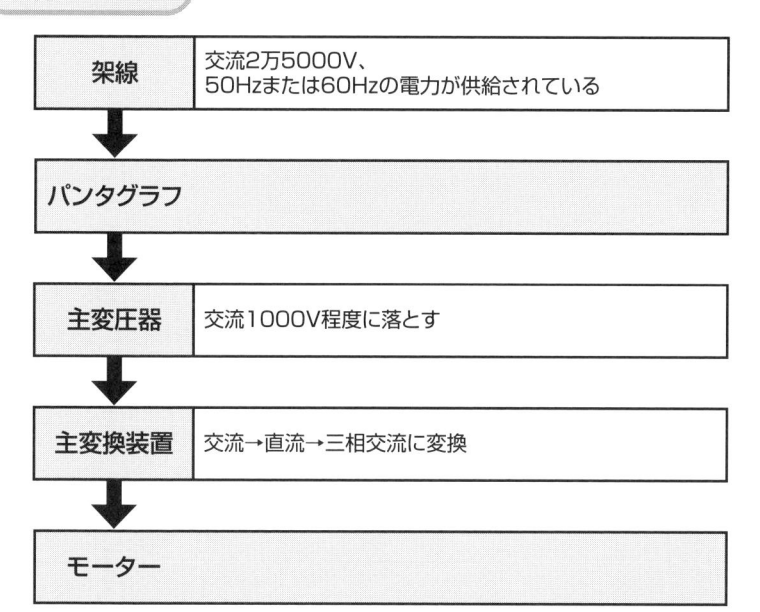

架線	交流2万5000V、 50Hzまたは60Hzの電力が供給されている

↓

パンタグラフ	

↓

主変圧器	交流1000V程度に落とす

↓

主変換装置	交流→直流→三相交流に変換

↓

モーター	

ブレーキをかけるとき

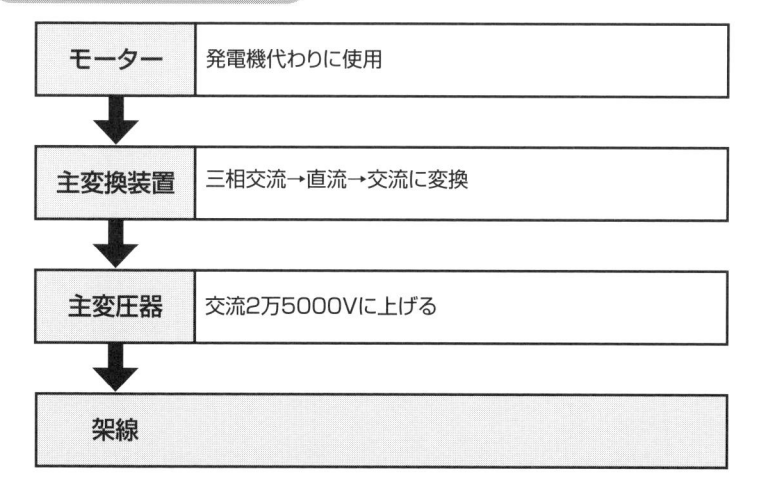

モーター	発電機代わりに使用

↓

主変換装置	三相交流→直流→交流に変換

↓

主変圧器	交流2万5000Vに上げる

↓

架線	

04

車内の電気機器の電源

モーター以外の電力もパンタグラフから取り入れる

新幹線の電車に装備されている照明装置や空気調和装置（空調装置）などの電力もモーターと同様にパンタグラフから取り入れた電力を使用している点は変わりません。ただし、交流１０００Ｖでは電圧が高すぎるため、モーターとは系統を分け、主変圧器で交流４００Ｖに降圧して用いています。

交流４００Ｖは空調装置や電動空気圧縮機などに使用される電力です。車内の照明装置などではこの電圧でもまだ高いため、補助電源装置に取り込み、ここから低い電圧の電気を供給します。

補助電源装置から得られる電力は1種類だけではありません。家庭用のコンセントに供給されている交流１００Ｖ、そして直流１００Ｖの2種類の電力をつくり出しています。

客室内や洗面所のコンセント、暖房用のヒーター、洗面所の温水器などに供給されている電力は交流１００Ｖです。いっぽう、直流１００Ｖは車内の照明装置や運転室の計器類、ヘッドライトやテールランプなどの電力として供給されます。案内放送装置や文字ニュース、音楽などを提供する装置は補助電源装置でつくられた直流１００Ｖをさらにインバータによって交流１００Ｖに変えて用いているのです。

バックアップ電源がある電力、ない電力

新幹線の列車は数10kmに設けられている変電所の境界付近でおよそ０・３秒と、ごくわずかな時間ながら架線からの電力の供給が断たれてしまいます。停電が発生しても、直流１００Ｖの電力はすぐにバッテリーから供給されるしくみです。このため、直流１００Ｖ、そして直流１００Ｖから交流１００Ｖに変換された電力を用いている機器は停電が発生しても作動を続けます。

主変圧器で降圧された三相交流４００Ｖや補助電源装置でつくられた交流１００Ｖの電力にはバックアップ電源がありません。新幹線の列車に乗ると、空調装置の音が一瞬聞こえなくなることがありますが、これはごく短い間、停電が発生しているからなのです。

車内の電気機器に電力を送るしくみ

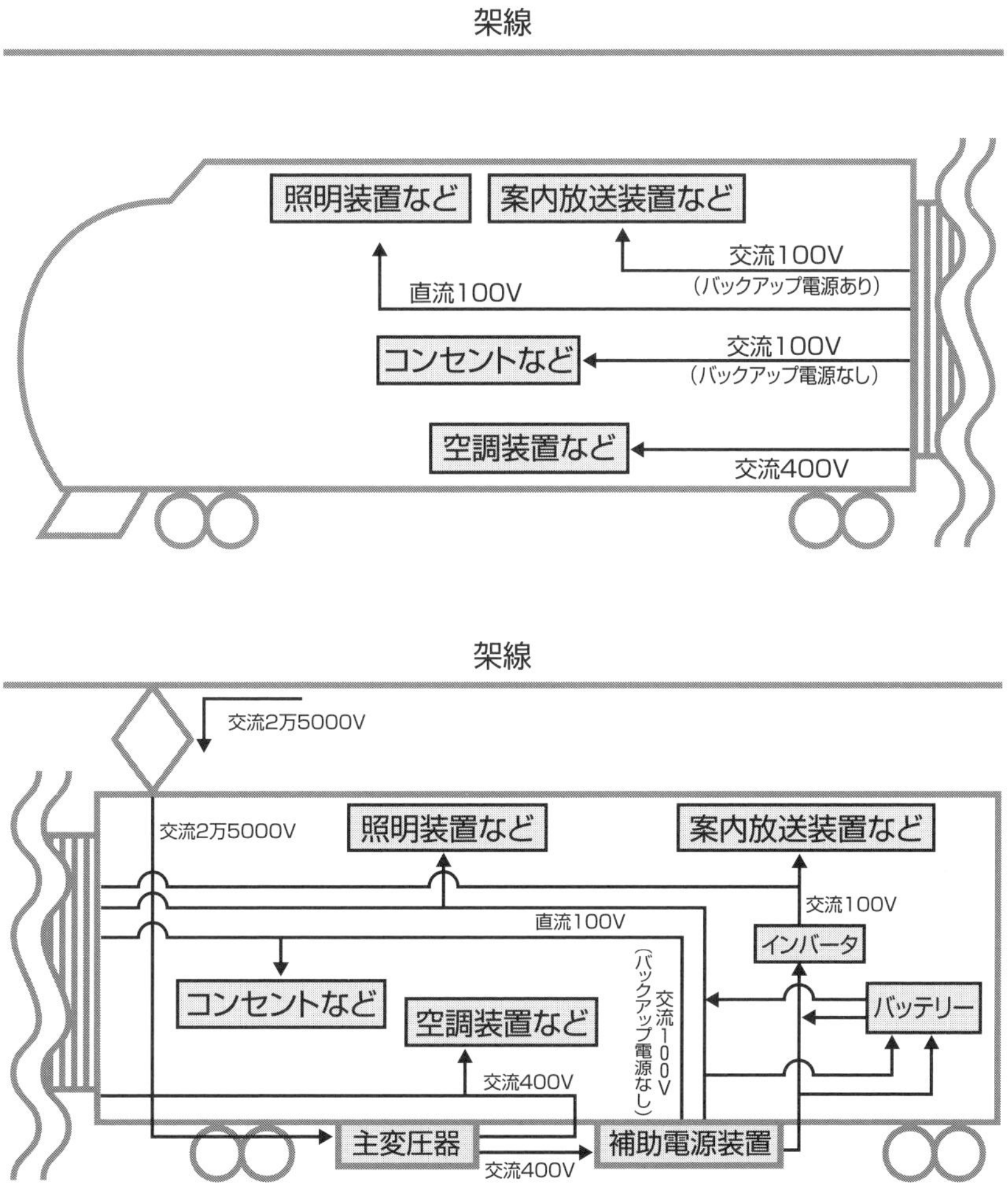

新幹線の電車の車内にはさまざまな種類の電力が供給されている。
車両と車両との間には電線が引き通されているので主変圧器や補助電源装置をもっていない車両でも電気機器を使用することが可能だ。

05

走行を担当する機器

車体を支え、走行を受け持つ台車

レールと車体との間には車体の端に車輪が見えていることでしょう。左右の車輪は車軸で結ばれ、輪軸を構成します。2個の輪軸が1組となって組み立てられたものが台車です。2基の台車で一つの車体を支え、車両の走行を受け持ちます。

線路から伝わる衝撃を和らげるため、台車にはばね装置が欠かせません。ばね装置は2カ所に装着されています。車軸を支える軸受が収められた軸箱と台車との間に設けられた軸ばね装置、そして台車と車体との間に設けられたまくらばね装置です。

軸ばね装置とは軸箱と台車枠との間に生じる衝撃を緩和するためのばね装置です。新幹線の電車の台車にはすべて金属製のコイルばねが採用されています。軸ばねは一つの車輪に対し、上側に1基かあるいは左右両側に2基装着されるしくみです。いっぽう、まくらばね装置は左右に2カ所設置されており、空気ばねを用いて細かな振動を取り除きます。

衝撃を緩和し、乗り心地を向上させるための工夫

乗り心地をさらに向上させるため、アクティブサスペンションシステムやセミアクティブ制振制御装置と呼ばれる装置を搭載する台車も増えてきました。これは、台車と車体との間にダンパを取り付け、揺れを察知すると作動するしくみをもっています。

最新式の車両には車体傾斜装置付きの台車が採用されました。カーブに差しかかると、この装置はカーブ外側のまくらばねを瞬時に膨らませます。すると、車体がカーブの内側に傾き、車両が受ける遠心力を打ち消してしまうので、速度の向上にも役立つのです。

走行を受け持つ部品も見ていきましょう。モーターは台車に取り付けられ、その出力は継手と歯車とを介して車軸に伝達されます。ただし、直接つなぐと車軸が受ける衝撃でモーターが破壊されかねません。継手に歯車や板を取り付けてたわませ、ショックを吸収します。

台車は最も大切な機器の一つです。メンテナンスは専門の部署が担当します。

台車のしくみ

JR東海の300系が履くTDT203形台車の例

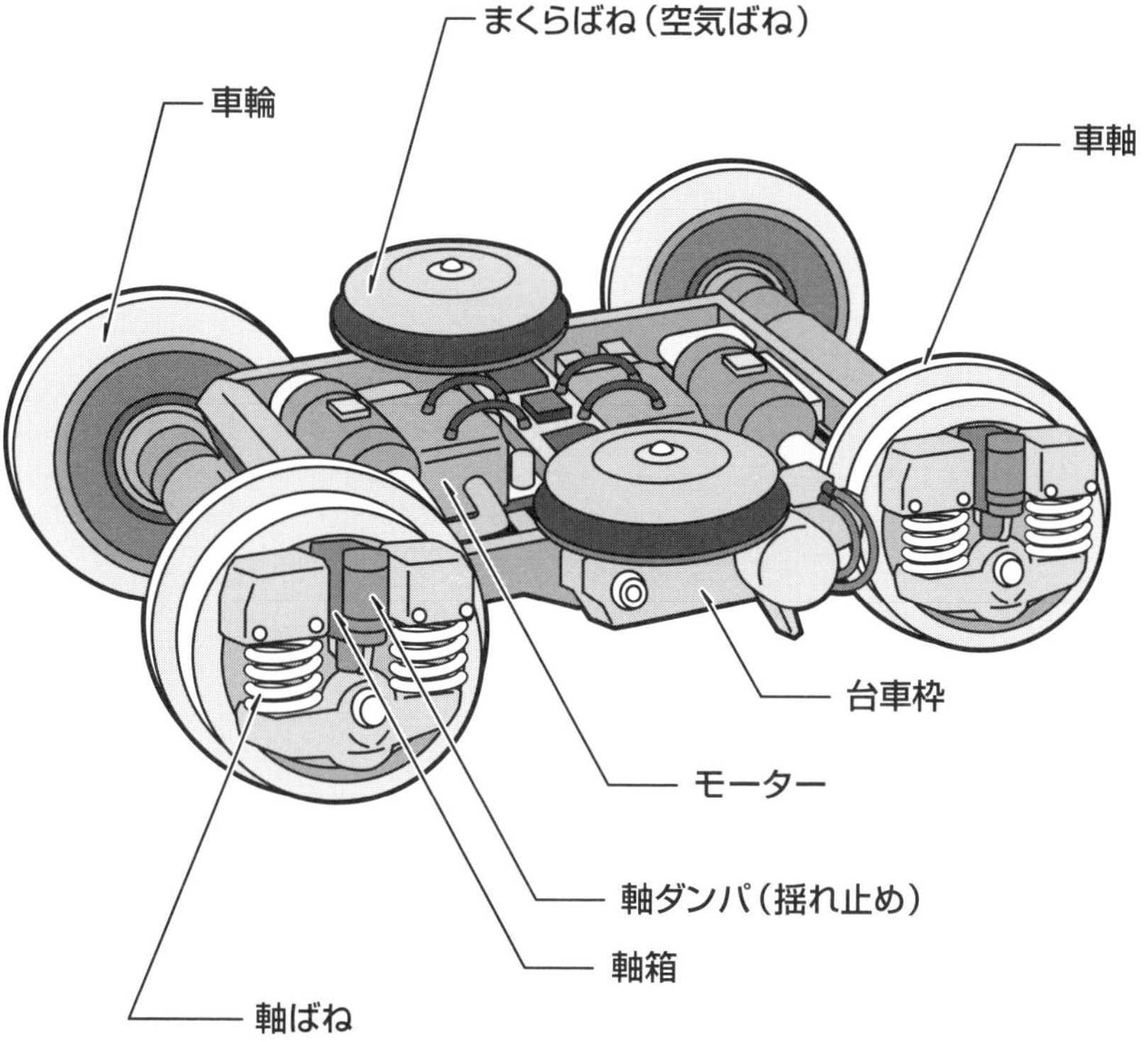

出典:『新幹線の30年』、東海旅客鉄道株式会社新幹線鉄道事業本部、1995年2月、505ページ

ブレーキ装置

新幹線のブレーキの主役は電気ブレーキ装置

列車を止めたり、スピードをコントロールする目的で用いられる装置といえばブレーキ装置です。新幹線の電車には何種類ものブレーキ装置が搭載されています。

２００km／h以上の超高速から30km／h程度までの速度で使用するブレーキ装置は電気ブレーキ装置です。モーターを発電機とすると、車軸には強い抵抗が加えられ、この力を制動力とします。

電気ブレーキ装置には2種類あり、モーターが発電した電力を熱として消費するのは発電ブレーキ装置、架線に返して電気を再利用するのは回生ブレーキ装置です。現在の車両の大多数は回生ブレーキ装置を搭載して省エネルギーに役立てています。

新幹線の電車のなかにはモーターのない車両も多く、これらの車両は発電ブレーキ装置を搭載することができません。そこで、台車に金属製の円盤と電磁石を取り付け、円盤に発生する電力によって制動力を得る渦電流ブレーキを搭載した車両も一部に見られます。

機械ブレーキをはじめ、さまざまなブレーキも搭載

30km／h以下の低い速度で活躍するブレーキ装置は機械ブレーキです。車軸に装着した円盤を台車側のパッドが締め付けて止めるディスクブレーキで、パッドを作動させるために空気圧と油圧とを用いています。

２００km／h以上の超高速から停車する場合、通常は4kmほどの距離が必要です。しかし、緊急時には少しでも早く止まらなくてはなりません。このため、さまざまな方策が考えられました。

一つは車輪とレールとの間にセラミックの粒子を噴射して摩擦力を高め、制動力を得ようというアイデアです。増粘着材噴射装置と呼ばれ、一部の車両に搭載されています。

もう一つは空気抵抗増加装置です。こちらは車体に格納された金属板を出すことで得られる空気抵抗を制動力とするしくみで、航空機の翼に取り付けられているスポイラーと原理は同じです。現在、ＪＲ東日本の試験電車に搭載されてテストを行っています。

さまざまなブレーキ装置

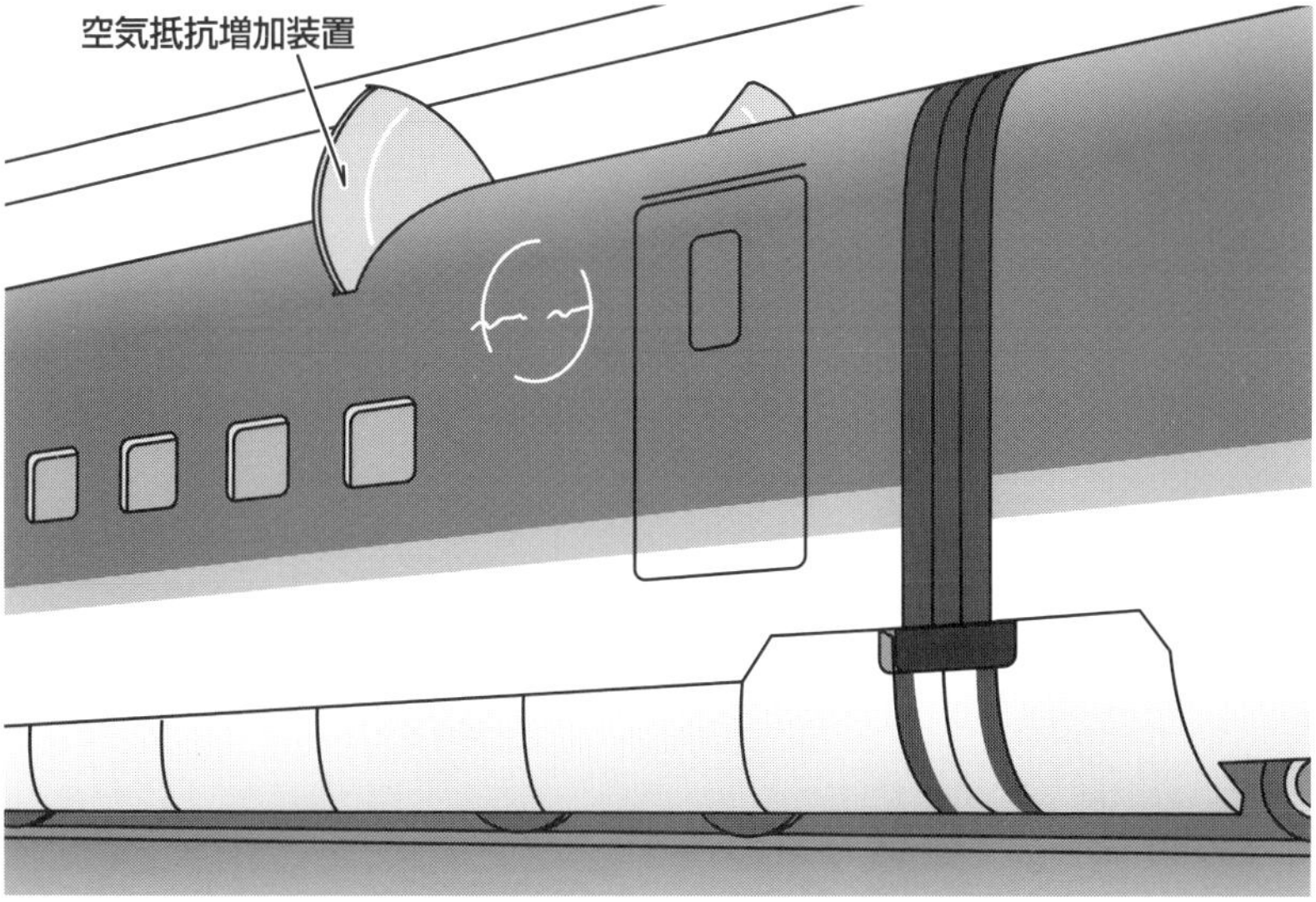

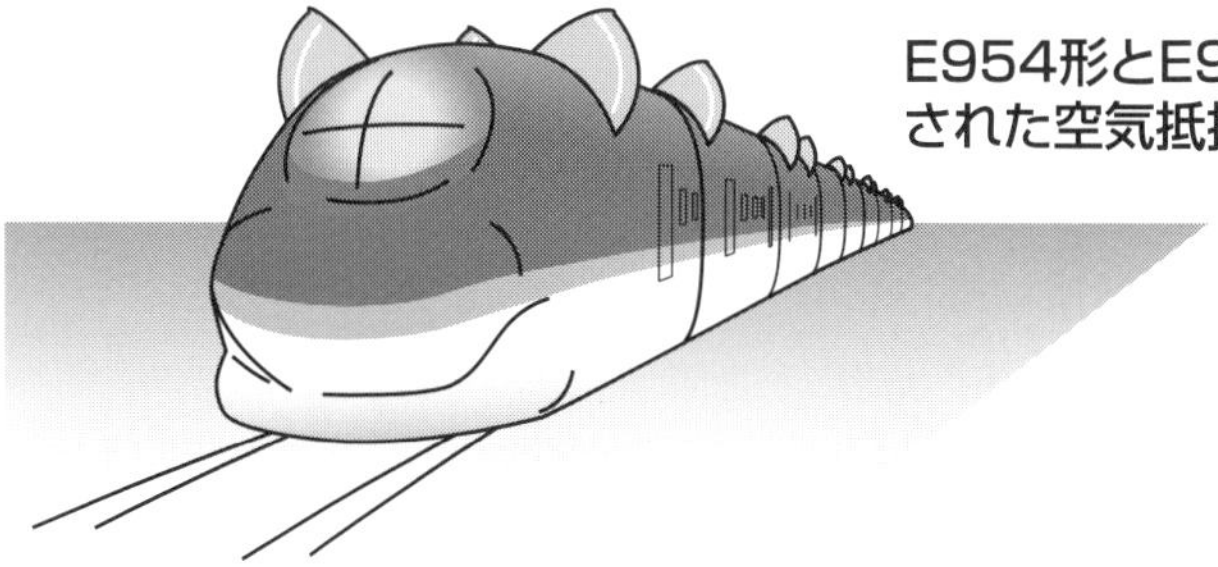

E954形とE955形とに搭載された空気抵抗増加装置

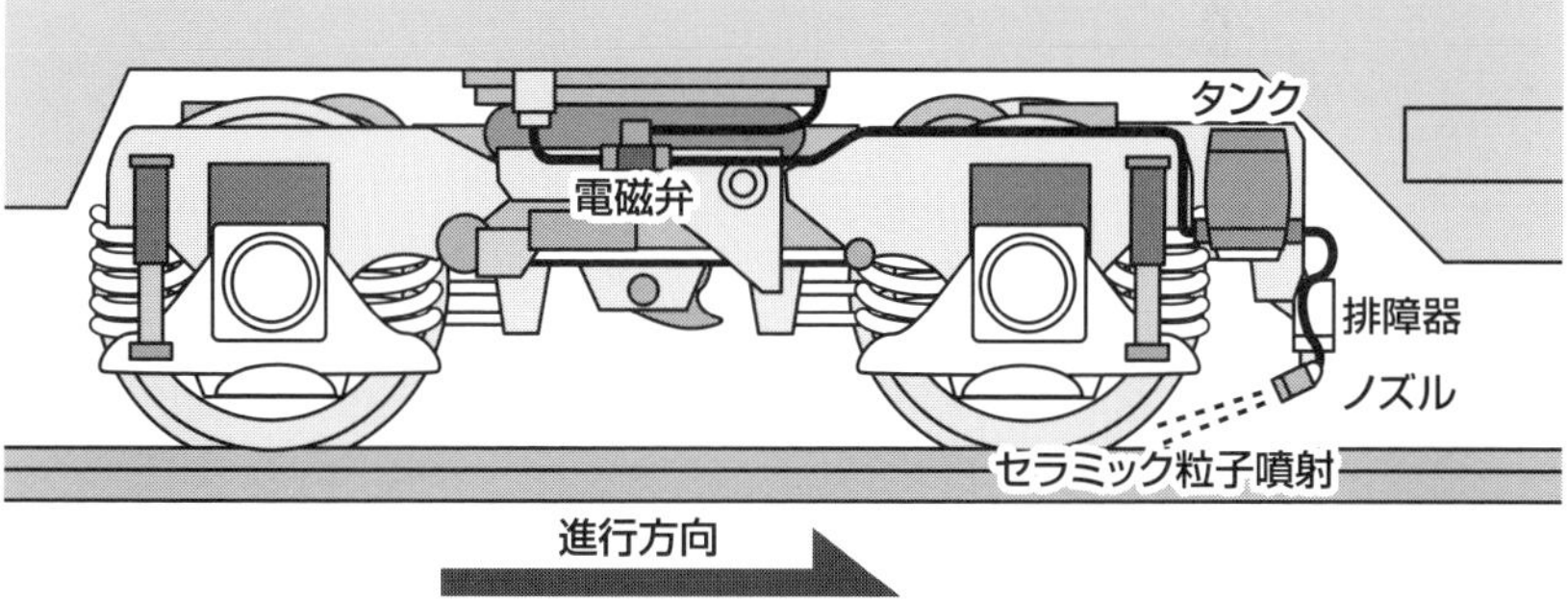

増粘着材噴射装置は500系、700系、N700系、800系の一部の車両に装備されている。

車体の材質と構造

新幹線の車体は鋼鉄製またはアルミニウム合金製

新幹線の車体の大きさは山形新幹線や秋田新幹線用のものを除き、長さは25m、幅は3・4m、高さは3・7mです。在来線の電車の車体と比べると、高さは変わらないものの、長さで5m、幅で0・5mそれぞれ拡大されました。しかし、超高速で走るため、至るところに軽量化の工夫が施されています。

車体は金属製です。その材質を大別すると鋼鉄またはアルミニウム合金となります。

鋼鉄は頑丈な金属で価格も安いため、新幹線に限らず、鉄道車両の材料として広く使われてきました。新幹線の場合、少しでも軽くするため、腐食に強い耐侯性鋼板を用いて外板の厚さを1・2㎜程度と極限まで薄くしています。車体を組み立てたときの重さは10t程度です。

アルミニウム合金製の車体には3種類の構造がある

現在はアルミニウム合金製の車体が主流となりました。アルミニウム合金は鋼鉄と比べて軽く、速度向上に適しているからです。

アルミニウム合金製の車体の構造は3種類あります。採用順に見ていきましょう。

一つは鋼鉄製の車体と同様、柱を建て、外板を溶接する方法です。溶接時にひずみが出やすく、加工しにくくなります。車体の重量は7・5tほどです。

続いて登場した方法はシングルスキン構造と呼ばれます。外板と骨組みとが一体化され、ここに柱を溶接して組み立てるしくみです。骨組みがあるので薄い板でも十分な強度があり、車体の重さは約6tしかありません。残念ながら、板が薄いことから車内に騒音が伝わりやすく、また断熱性能もやや劣るため、冷暖房が効きにくいという欠点があります。

近年の主流はダブルスキン構造です。外板と内側の板、そしてこれら2枚の板にはさまれた骨組みとが一体となって車体を構成します。この結果、遮音性や断熱性に優れ、突起の少ない車内となりました。車体の重さはおよそ7tと、シングルスキン構造の車体と比べて少々重いのが難点です。

ダブルスキン構造のしくみ

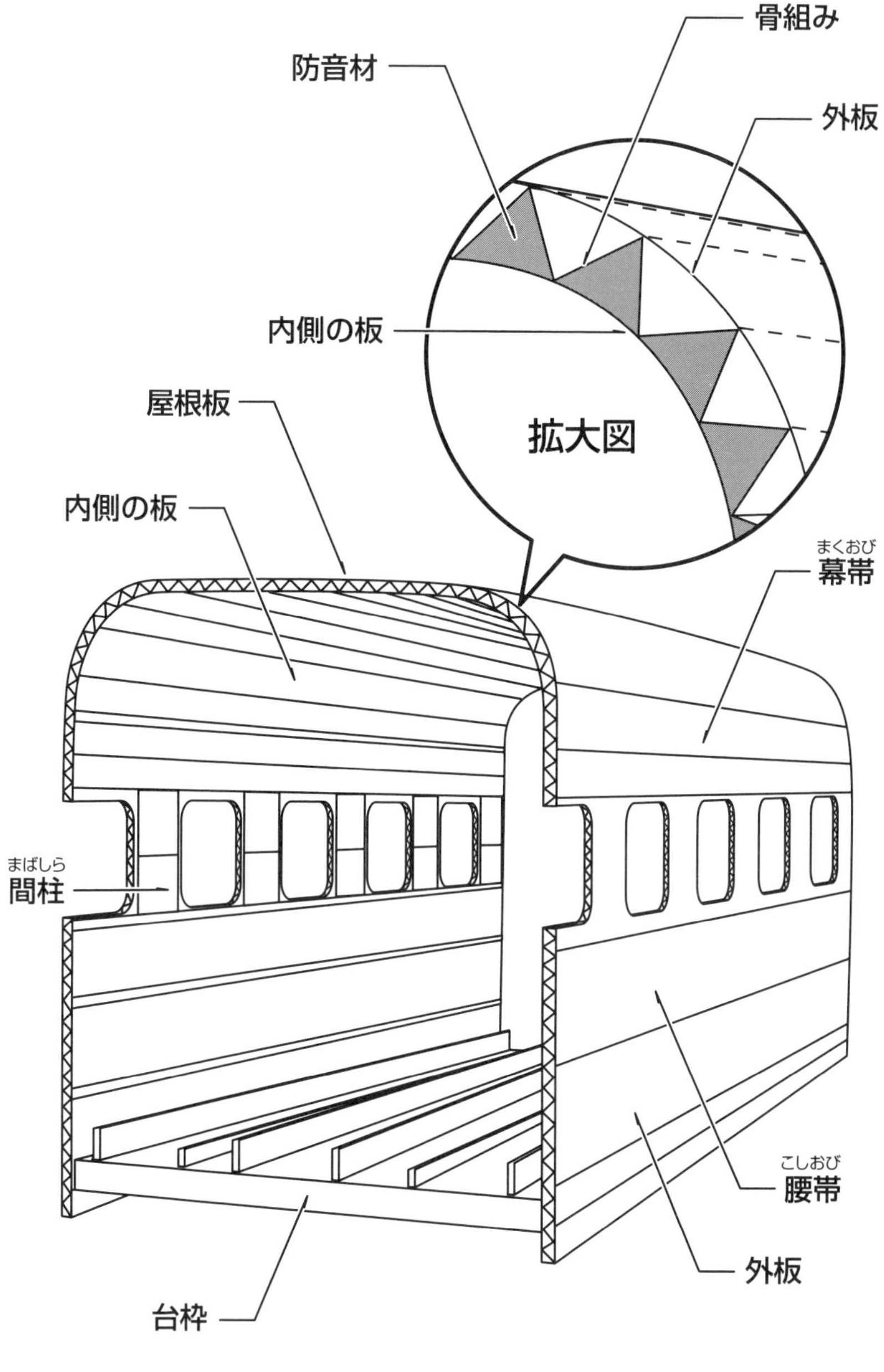

気密構造

新幹線で「耳ツン」が起きない理由

在来線や民鉄の列車に乗ってトンネルに入ると耳がツンとなって、詰まったような感覚や痛みを覚えた経験はありませんか。列車が高速でトンネルに入ると、気圧が上昇します。人間の耳は急激な気圧の変化には耐えられないため、不快な現象が発生してしまうのです。

新幹線の車両は耳がツンとならないよう、車内を密閉しました。これを気密構造と呼び、車両の外の気圧が変わっても影響を受けることはありません。

車両は徹底的に密閉されています。客室内はもちろんのこと、デッキや便所、洗面所、車両と車両との間のほろの内側、果ては電気機器の電線類を収めた配管、洗面所や空調装置の排水管に至るまで気密構造が施されています。

ホームに面している戸であるとか、運転室や車掌室の窓のように、開閉させる必要があるものに対しても抜かりはありません。車体にゴムを張り付け、引戸や窓を閉めた際に強く押し付けて外の空気が入らないようにしています。また、引戸には錠が付いていますが、鍵穴にもシール材やゴムなどが装着されました。外気が侵入するすき間はないといえるでしょう。

密閉しながら換気を行う装置とは

密閉度が高いと車内が息苦しくなるので、換気が必要です。東海道新幹線開業前の試験走行では常に車両の通気孔を開けていましたが、トンネルに入ると耳がツンとなったため、開業後しばらくの間、トンネルでは通気孔を閉じていました。しかし、トンネルばかりの区間が増えたことから、いまではどの車両にも気密状態を保ったまま換気が可能な連続換気装置が搭載されています。

連続換気装置は1両に1基搭載され、給気ファンと排気ファンとで構成される装置です。４０００～８０００回転／分のファンを用いて1分間に約１００㎥もの空気を換気するので、車内の気圧が変動することはありません。騒音や振動がとても大きいので、近年では速度や外気温に応じてファンの運転回数を変える工夫も施されるようになりました。

連続換気装置のしくみ

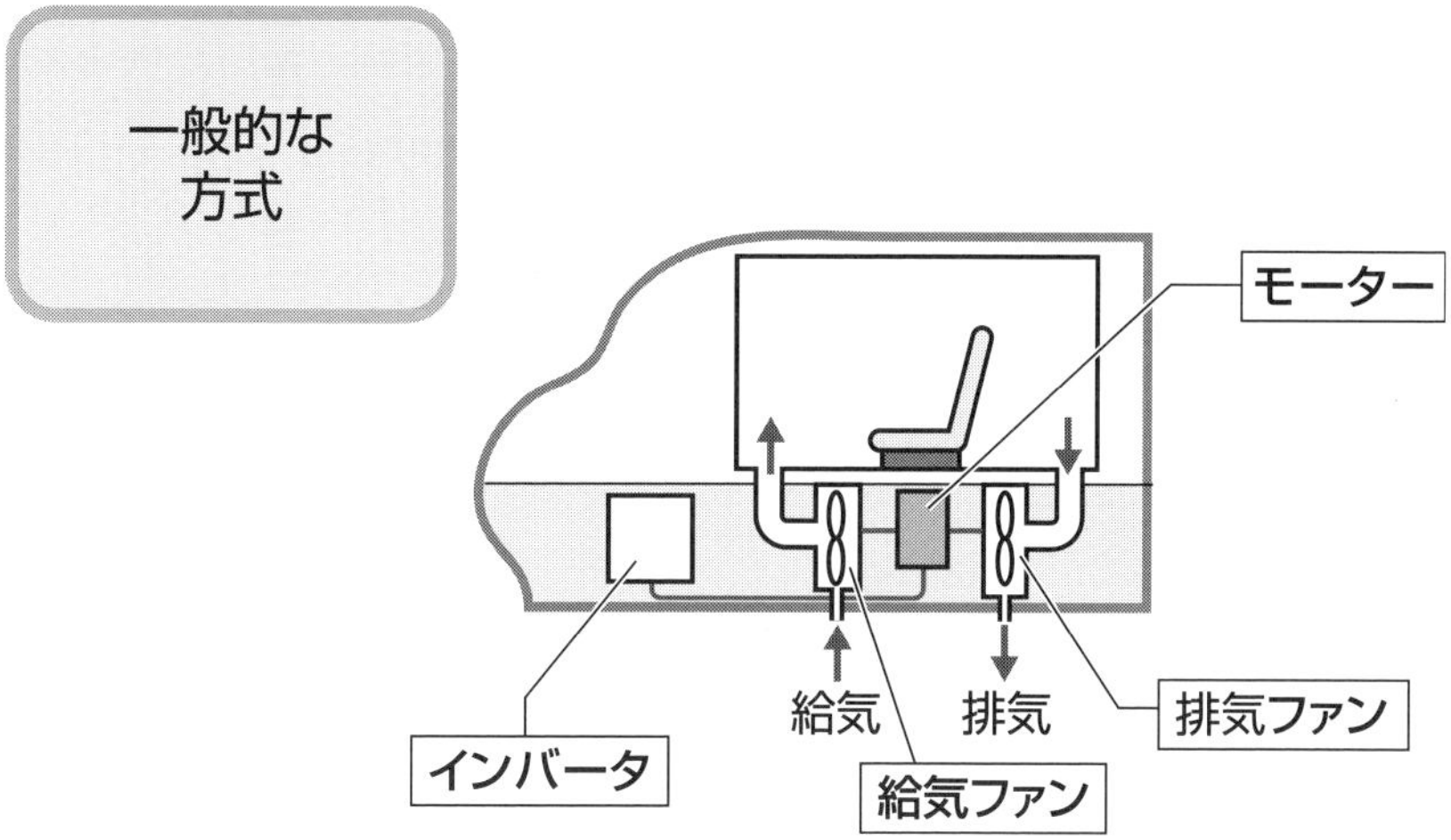

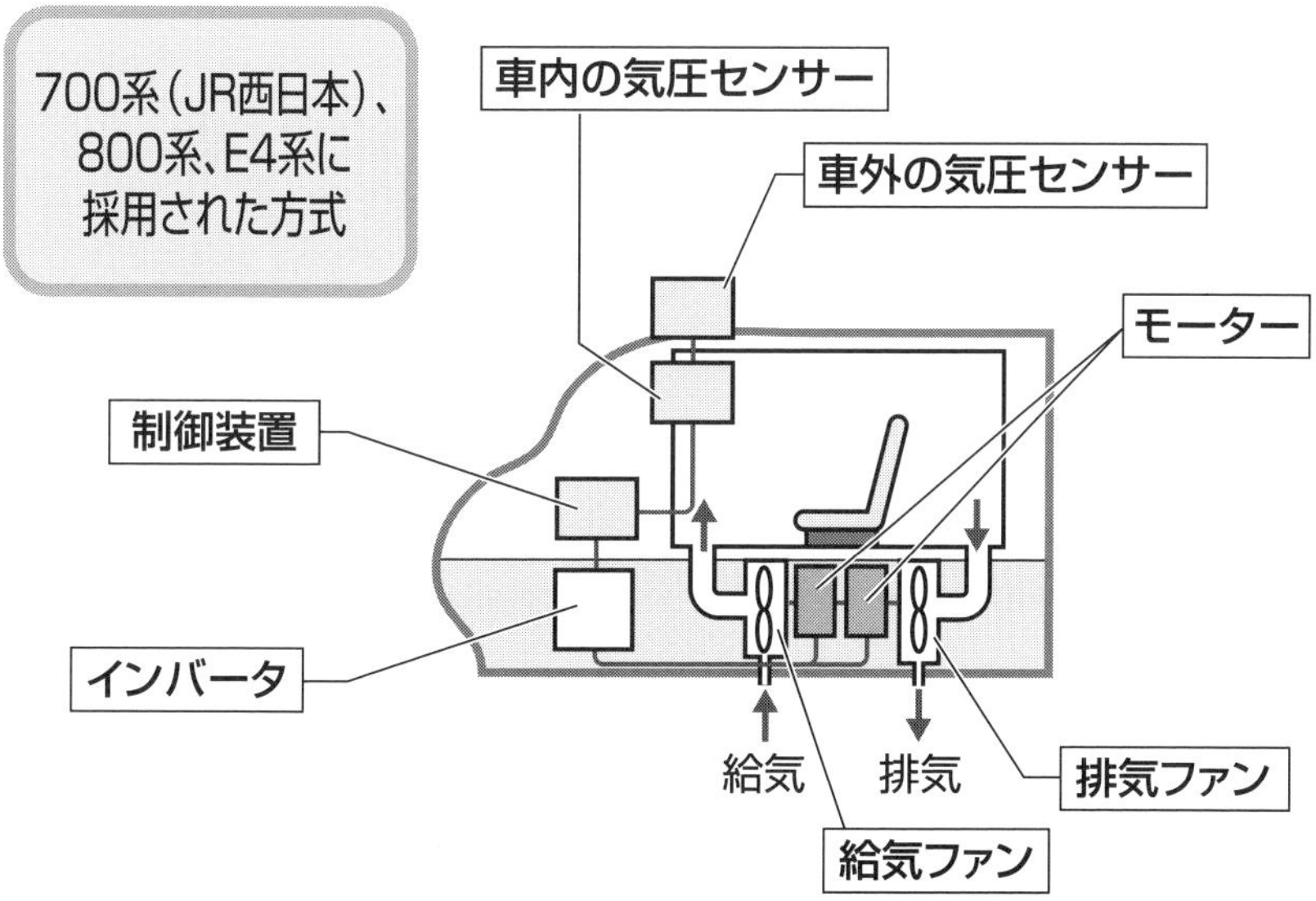

給気ファンと排気ファンそれぞれにモーターを付けることで車内の気圧を自在にコントロールすることができる方式で、KHI方式ともいう。耳ツンを起こしにくいうえ、騒音や消費電力も抑えられる。

出典:川重テクノサービスのホームページより

空調装置のひみつ

新幹線の冷房はヒートポンプ方式

新幹線の全車両には空気調和装置（空調装置）が取り付けられ、夏は冷房、冬は暖房を働かせ、車内の温度は真夏でも25℃程度、真冬でも20℃程度に保たれています。ＪＲ各社の新幹線車両を見ると、冷房の方式はすべて同じです。いっぽう、暖房の方式は寒冷地を走行するＪＲ東日本の車両とそれ以外のＪＲ各社の車両とでは異なっています。

冷房から説明しましょう。新幹線の車両はヒートポンプ方式といって、外から取り入れた空気を電動空気圧縮機を用いて熱を高温から低温に移動させることによって冷やしています。これは特に珍しい方式ではなく、家庭や事務所でも一般的に見られるものです。

近年登場した車両の冷房装置は二階建車両を除いて床下に設けられています。冷風はダクトを通じて運ばれ、室内の上部から吹き出すしくみです。ダクトは外気の影響を受けやすいため、天井まで延ばすと効きが悪くなることもありました。そこで、最新型の車両では冷風の吹き出し口を荷棚の下まで下げて効きを高めています。

ヒートポンプ方式と電熱器とが用いられる暖房

それでは暖房の方式を説明しましょう。ＪＲ東海、ＪＲ西日本、ＪＲ九州の車両はやはりヒートポンプを用いて暖房運転を行っています。こちらも会社や家庭のものとしくみは変わりありません。いっぽう、ＪＲ東日本の車両の場合、ヒートポンプ方式ではなかなか暖かくならないので、電熱器を用いて室温を上げています。

新幹線の空調装置の能力は強大です。１両に３００人ほどが乗車する通勤電車と同程度の22万１７５２kJもの容量をもつ空調装置を搭載している車両も見られます。これは、連続換気装置によって常に車内の空気が入れ換えられているからです。

かつて、結露が原因で鉄バクテリアが発生してダクトを埋め尽くし、吹き出し口から水が漏れるトラブルが多発していました。現在は殺菌消毒液のハイアミンをダクトに投入して鉄バクテリアの発生を抑え、水漏れを防いでいます。

空調装置による車内の空気の流れ

JR東海の300系の例

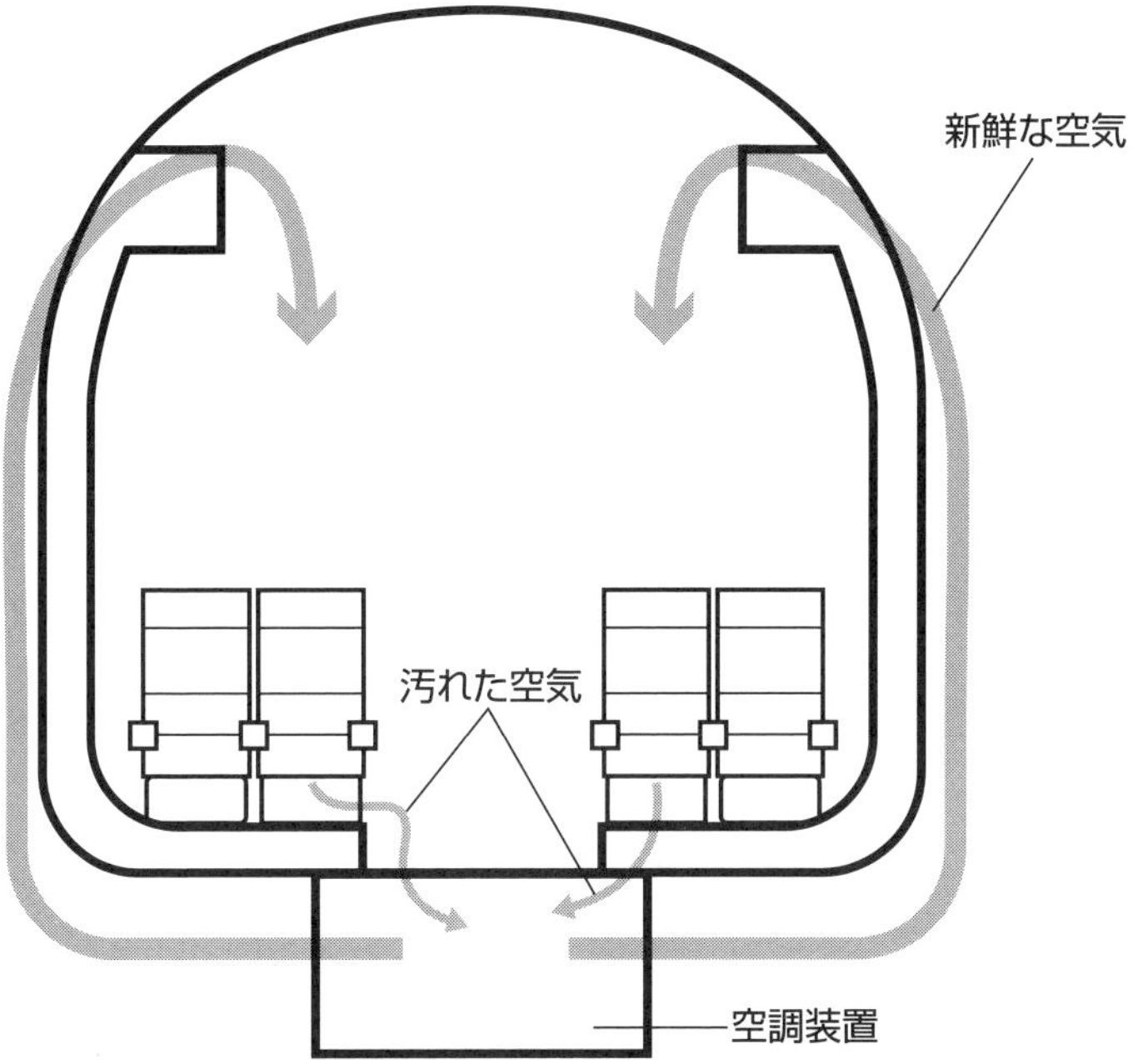

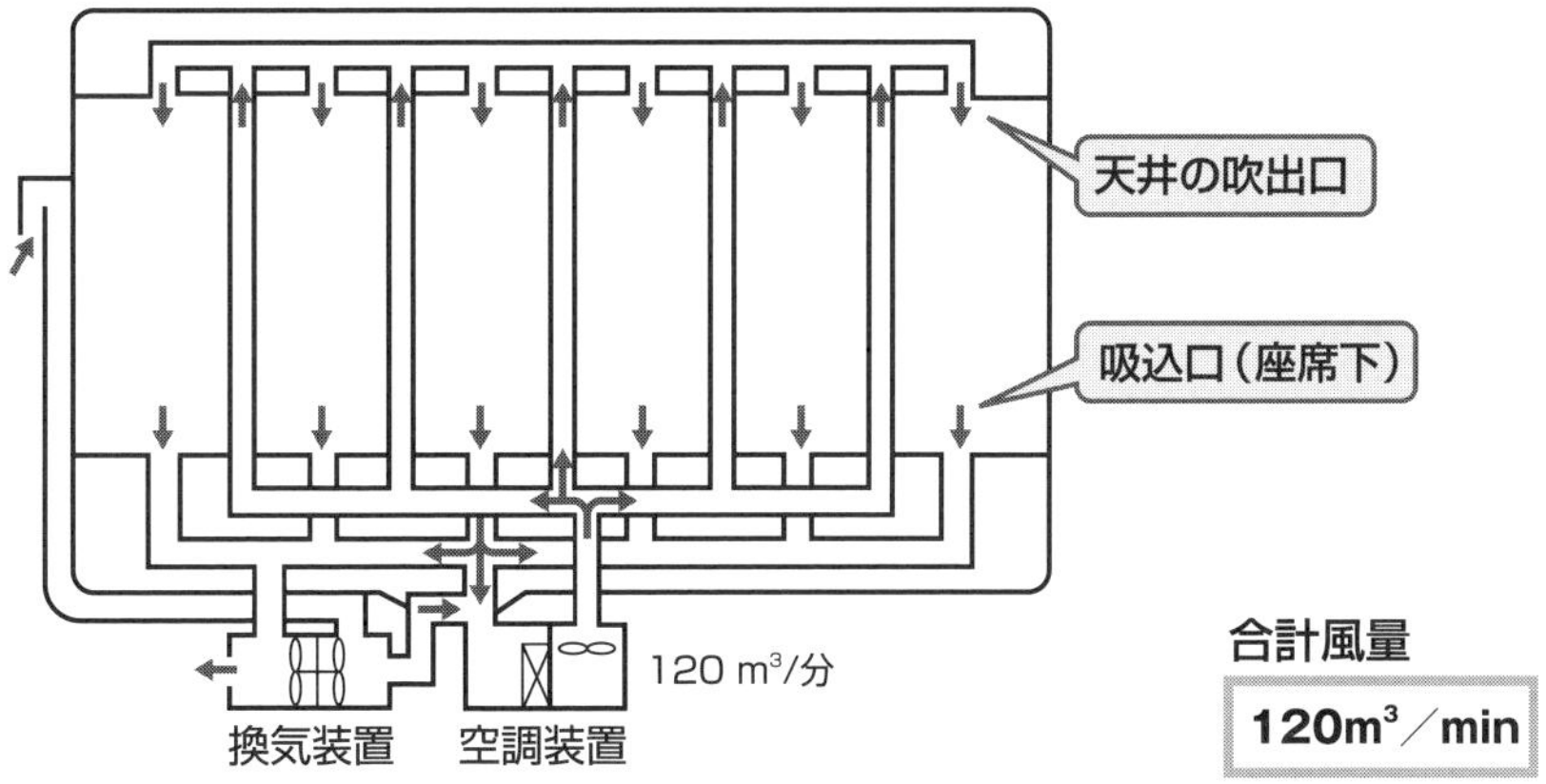

出典:伊藤順一・板東重樹・八野英美・堤博繁、「700系新幹線電車（量産先行試作車）の概要（1）」、『R&m』1997年11月号25ページ、日本鉄道車両機械技術協会

窓のひみつ

新幹線の窓には複層ガラスが装着されている

新幹線の楽しみといえば車窓に広がる景色です。車両に取り付けられた窓、特にガラスにはさまざまな工夫が施されています。

客室や扉、運転室の窓はすべて何枚ものガラスから構成される合わせガラスです。客室の窓は外側のガラスと内側のガラスとの間に空気の層を設けたつくりとなっており、強度を高めると同時に結露を防いでいます。

客室の窓を例に詳しい構造を見てみましょう。窓全体の厚みは約2cmあり、内訳は外側のガラスがおよそ1cm、空気の層が5mm、内側のガラスがおよそ5mmです。

外側のガラスは2枚のガラスを接着した合わせガラスとなっています。一番外側には気温の変化に強い硬質ガラスが用いられ、その厚みは3～4mm程度です。もう1枚は板ガラスを熱処理して強度を増した強化ガラスで、こちらは3～5mmほどの厚さがあります。強化ガラスは万一の破損の際にもけがをしないように破片が粉々に割れるのが特徴です。2枚のガラスの間には、破片の飛散防止と紫外線の吸収を目的としたフィルムがはさみ込まれています。

内側のガラスにも強化ガラスが採用されました。こちらは1枚のガラスで、厚さは5mmほどあります。

割れにくくするなど、工夫もさまざま

一番外側のガラスは、車両が巻き上げた線路の砂利（バラスト）や雪によって割れることもしばしばです。このようなときは内側のガラスも含め、すべて取り換えなくてはなりません。そこで、一番外側のガラスだけ厚くしたり、座席2列につき1枚の窓を座席1列につき1枚と小さくするなどして、割れにくくしたり、割れても交換しやすいようにしています。

ところで、JR各社の新幹線には皇族や各国の首脳といった方々の乗車に対応した車両が用意されています。JR東日本はこのような車両を組み込んだ編成をVIP編成と呼んでいますが、詳細は不明です。しかし、グリーン車を中心に窓には防弾ガラスが装着されているといわれています。

窓のしくみ

JR東日本200系の例

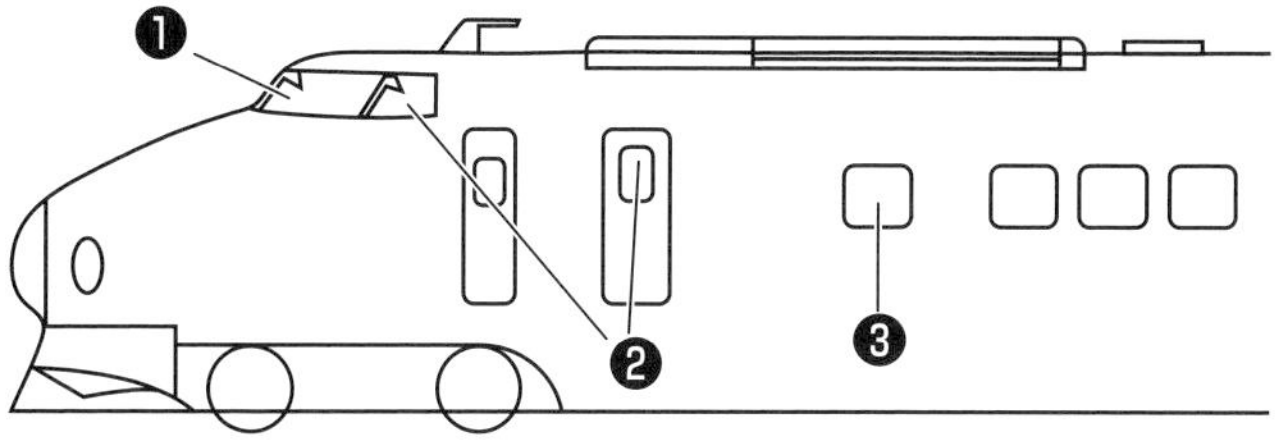

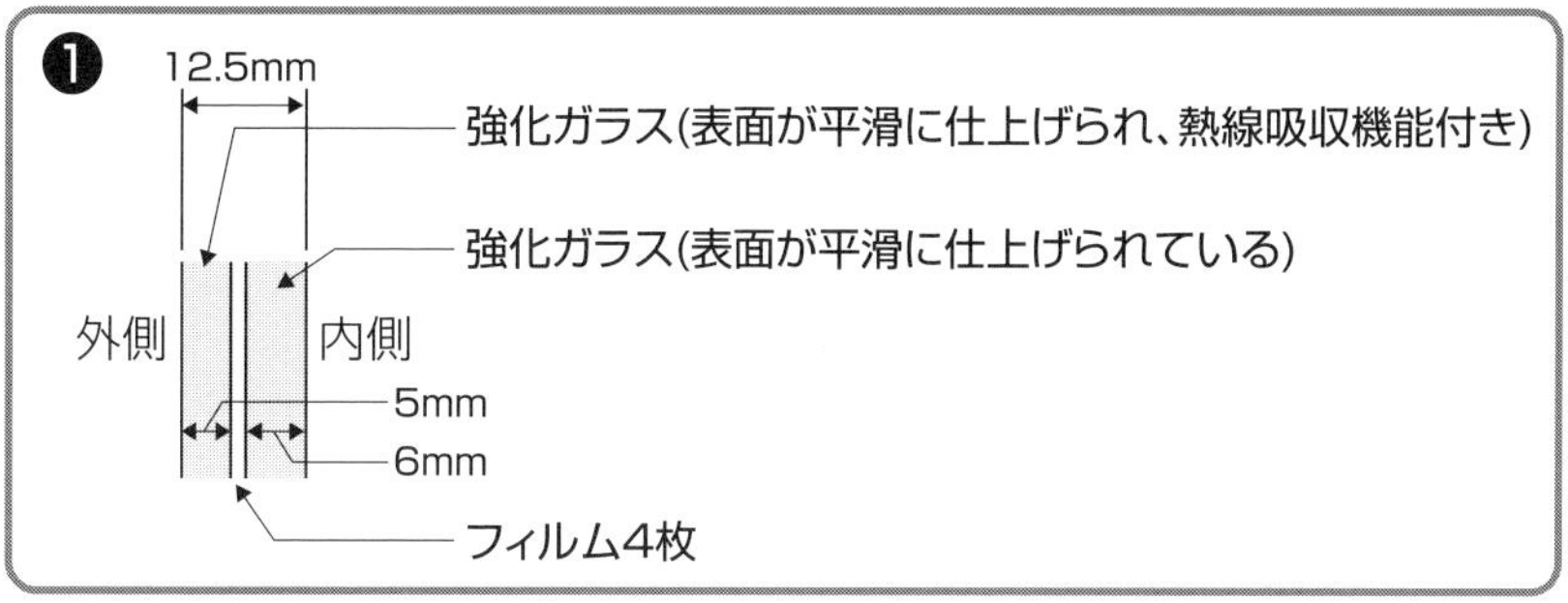

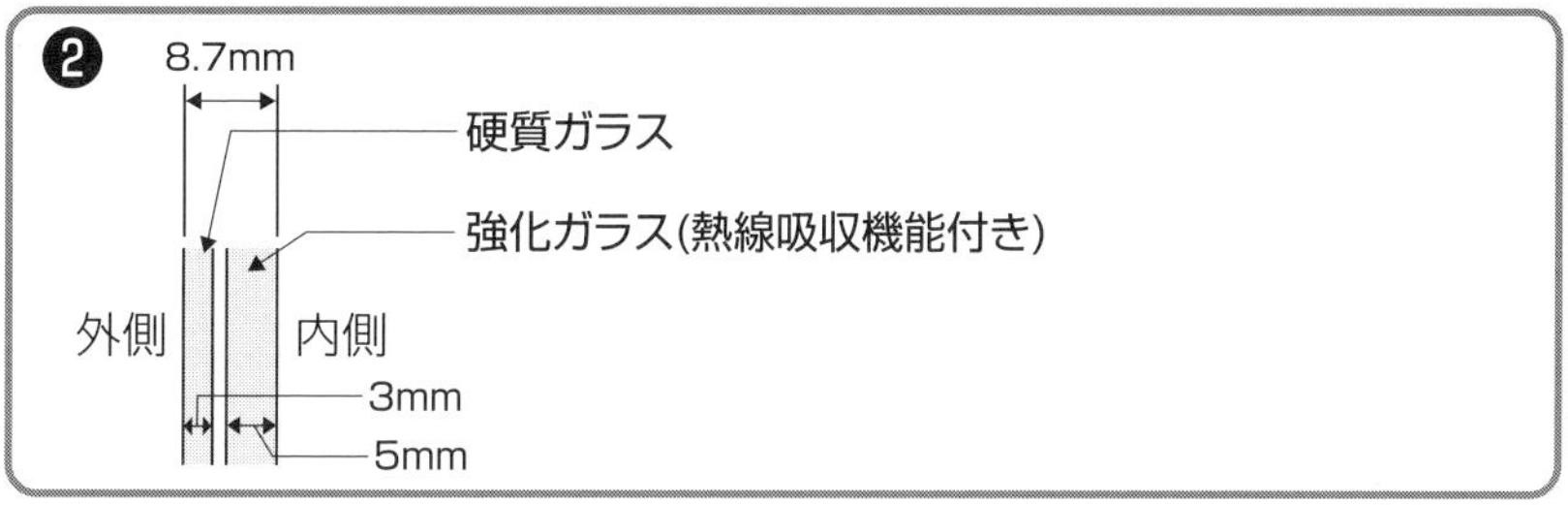

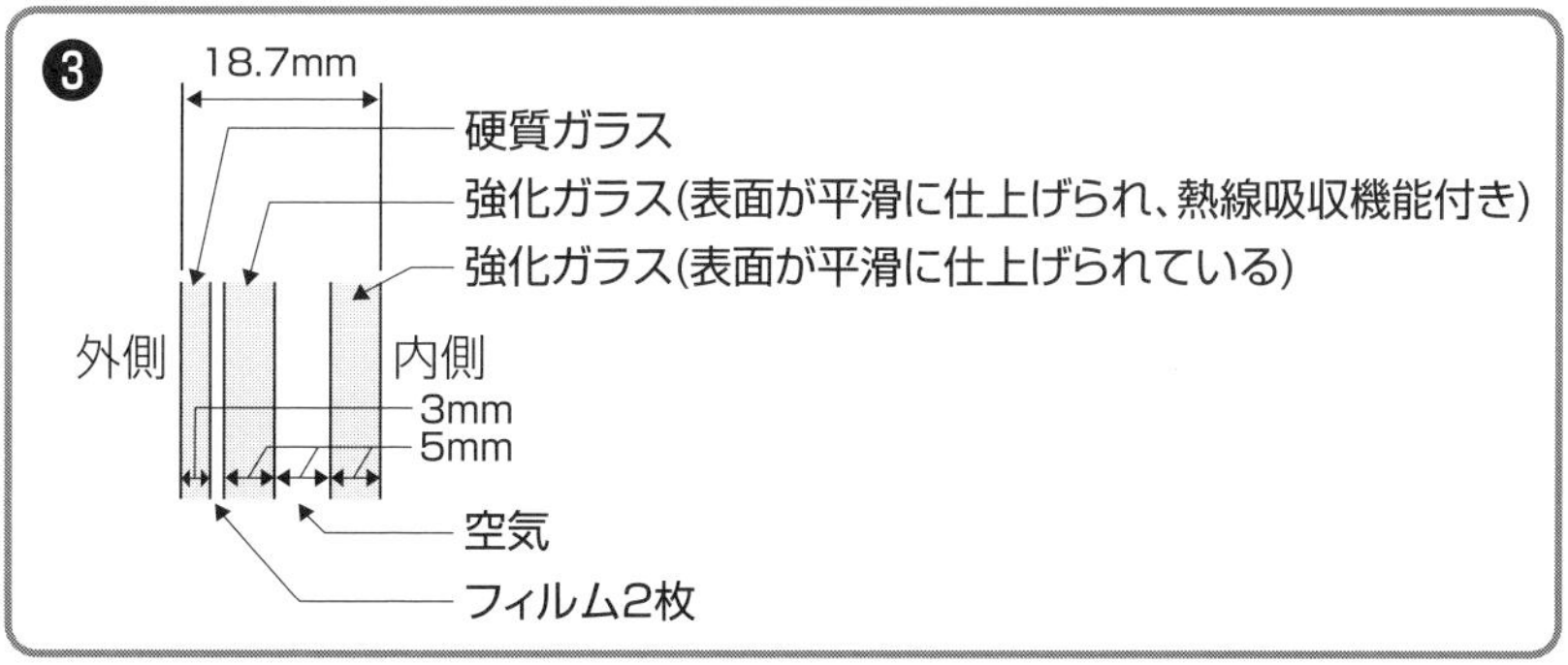

出典:新幹線運転研究会編、『新版　新幹線』、日本鉄道運転協会、1984年10月、328ページを一部改変

11 腰掛のひみつ

新幹線の腰掛は新技術の宝庫

利用客にとって最も気になる車両の部品といえば腰掛ではないでしょうか。現在、新幹線の腰掛はグリーン車用はすべて、普通車用も大多数が背もたれの傾斜角度を変えることのできるリクライニング腰掛となっています。また、普通車用の一部を除き、すべての腰掛が回転可能です。

腰掛はできる限り軽量化されています。超高速での走行に軽量な車両は欠かせません。腰掛は1両当たり20〜40脚も搭載されているため、軽量化の効果は絶大となるからです。

本体の素材にはアルミニウム合金、ＪＲ九州の８００系では難燃性の木材が採用されています。また、背もたれや座布団部分のクッションも軽量化を図る目的で金属製のばねからウレタン素材を採用する例が増えてきました。腰掛1脚当たりの重さはグリーン車用でおよそ50kg、普通車用で25kg（２人がけ）、40kg（３人がけ）ほどとなっています。

新幹線の腰掛はＪＲ各社が独自に設計した特注品です。しかし、クッション材やリクライニング機構など、多くの部品に航空機用や自動車用のものが導入されています。こうした部品は技術革新のサイクルが早く、しかも大量に生産されるため、軽量化はもちろんのこと、コストの低減にも貢献しているのです。

回転させるためにも工夫が盛りだくさん

航空機用や自動車用とは異なり、新幹線の腰掛は回転できる点が最大の特徴です。普通車に装備されている３人がけの腰掛は幅１５０cmほどと大きく、回転可能とするためにさまざまな機軸が採用されてきました。

最初に考えられたのは前後の腰掛の間隔を広げることです。従来、この間隔は98cmでしたが、１０４cmにまで広げられました。前後の腰掛の間隔を変えることなく回転させる方法も考案されています。当初は端に設けられたひじ掛けを固定して腰掛を回転させていましたが、現在は背もたれを前方に傾け、同時に車体のすそをくぼませて最小のスペースで回転するようになっています。

3人がけの腰掛が回転するしくみ

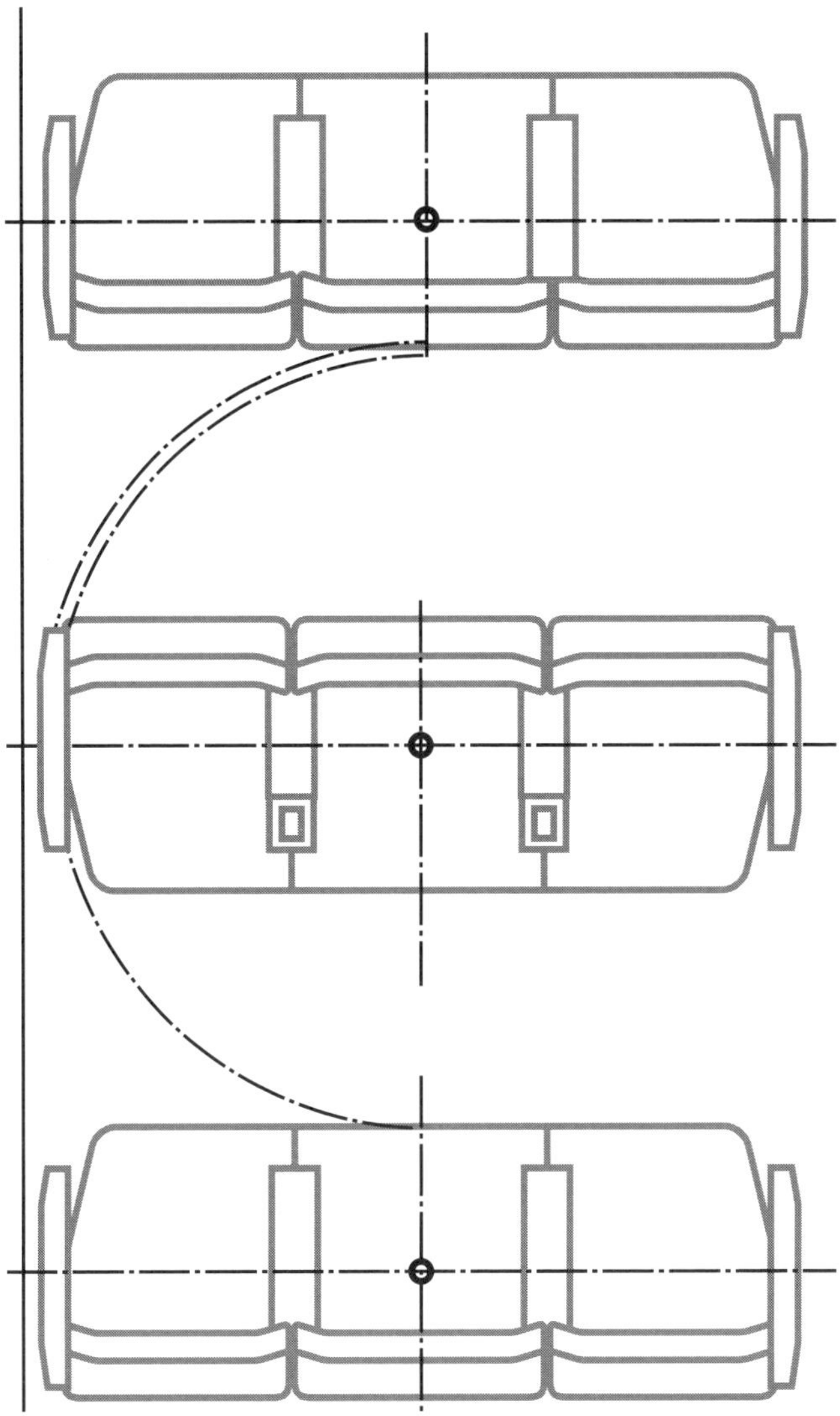

通路側と窓側の座布団の先端を斜めにカットし、ひじ掛けの下の部分に空間をつくる。腰掛が回転するときは、前後の腰掛の座布団の先端がひじ掛けの下の空間に食い込むため、腰掛の幅よりも回転半径を小さくすることが可能だ。

出典:小糸工業株式会社・東海旅客鉄道株式会社、『車両用回転腰掛』、実用新案登録番号第2583522号

12 便所のしくみ

汚水はすべてタンクに格納される

東海道新幹線が開業するまでの間、日本の鉄道車両の便所は汚物を線路に垂れ流していました。しかし、新幹線は世界的に注目の的となる乗り物なのでこれでは恥ずかしいと考えられたこと、さらには車両を気密構造とする理由からタンクに汚水を収容するしくみが搭載されています。

新幹線の車両の便所で見られる方式は3種類。循環式汚物処理装置、そして近年は噴射式と真空吸引式が主流となっています。

循環式汚物処理装置とは便器の洗浄に用いた洗浄水を再利用するしくみです。汚れた洗浄水は濾過器を通り、汚物だけがタンクに格納されます。濾過された水は塩素系の薬剤で消毒され、再び洗浄水として利用されるのです。

1回あたりの洗浄水の使用量は約2リットル。タンクの容量は２００リットルほどですが、汚物を抜き取る頻度は意外に少なく、大体1日の営業が終わった後かあるいは2、3日に1回程度で差し支えありません。とはいえ、洗浄水を何度もリサイクルするため、時間の経過とともに臭いが鼻につくのが欠点です。

新幹線の便所の新方式、噴射式と真空吸引式

噴射式では空気圧の力で洗浄水を便器に強く吹き付けて洗浄します。循環式汚物処理装置と比べ、1回当たりの洗浄水の量は約１８０ミリリットルとごくわずか。このため、洗浄水を再利用させる必要はありません。

タンクの容量は４００リットルに増えましたが、濾過器が姿を消したため、システム全体では小形軽量化が図られ、臭いも大幅に軽減されました。汚水の抜き取り作業の頻度も循環式汚物処理装置と変わりはありません。

真空吸引式ではタンクを真空状態とし、便器上の洗浄水を吸い込んでしまいます。この結果、ほぼ無臭の便所が実現しました。洗浄水の量は1回当たり３００ミリリットル程度。再利用されることはありません。タンクの容量はおよそ４００リットルで、汚水の抜き取り頻度も交換頻度も先の2方式と同じです。

新幹線の便所

▲真空吸引式が採用されたN700系の便所。用を足した後はセンサーに触れるだけで吸引が開始される。

Column

幻の成田新幹線

「日本の空の玄関」として知られる成田国際空港は、JRの空港アクセス特急「成田エクスプレス」を利用しても東京駅から約1時間もかかる不便な場所にあります。しかし当初の計画では、東京駅と成田空港をわずか30分で結ぶ新幹線を建設することになっていました。

高速鉄道で東京と成田空港とを結ぶ構想は、成田に国際空港を建設することが決まった1966（昭和41）年に提起されました。1971（昭和46）年には全国新幹線鉄道整備法に基づき、東北新幹線と上越新幹線、成田新幹線の建設が決定。翌1972（昭和47）年には成田新幹線の工事実施計画が認可され、1974（昭和49）年から空港付近の路盤工事に着手しています。このときの計画では、途中千葉ニュータウンを経由するルートを取り、全長は約65km。開業当初は6両編成の列車を1日45往復運転し、東京―成田空港間を30～35分で結ぶとしていました。

ところが、成田新幹線が通過することになる東京都江戸川区や千葉県東葛飾郡浦安町（現在の浦安市）などが、都市計画のやり直しや騒音問題などを懸念して建設に猛反対し、空港付近を除けば工事どころか用地買収すらほとんど進まない状況になってしまいました。結局、東京と成田空港とを結ぶ鉄道の整備は新幹線以外の方策を検討することになり、1983（昭和58）年に空港付近の路盤工事が完成したところで工事は凍結されてしまいます。さらに1987（昭和62）年には国鉄の分割民営化に伴って計画は正式に消滅しています。

その後、空港付近で完成していた路盤は、JR東日本の在来線と京成電鉄が乗り入れることになり、1991（平成3）年に開業しています。さらに、東京都心と千葉ニュータウンとを結ぶ北総鉄道を空港まで延伸し、日暮里―成田空港間を40分程度で結ぶ成田新高速鉄道線の工事が進められており、2010（平成22）年度には開業する予定です。

ちなみに、成田新幹線の東京駅は東海道線の東京駅と有楽町駅のほぼ中間に位置し、東京国際フォーラムの北側に接する道路の真下にホームを設ける予定でした。これは成田新幹線を将来は新宿方面へ伸ばす構想があったためで、八重洲口側にホームをつくってしまうと、その先は皇居に阻まれて新宿まで延伸できなくなるからです。現在、成田新幹線東京駅ホームが建設されるはずだった場所には、京葉線の東京駅が新たにつくられています。

4章

新幹線を支える人々

01

運転士の仕事1　発車から停止まで

加速の際の運転操作は運転士が主体に

新幹線の車両の運転操作はＡＴＣ（自動列車制御装置）によってある程度はコントロールされていますが、完全に自動化はされていません。ＡＴＣのバックアップを受け、運転士が運転操作を行っているのです。発車の際の操作から見ていきましょう。

車掌から戸が閉まったことを知らせる合図が運転士に伝えられ、速度計に表示されるＡＴＣ信号が停止から制限速度を示す進行に切り替わったら、運転士はブレーキを緩め、列車を加速させます。このときに用いるのは運転士から見て右側にある主幹制御器です。

主幹制御器には13段程度の目盛りが刻まれ、手前に引けば引くほど強い加速力が得られます。加速の勢いが強すぎて、ＡＴＣ信号を超える速度に達するとＡＴＣはブレーキ装置を作動させますが、そのような事態を引き起こす運転士はまずいません。主幹制御器の引き具合を加減し、速度を調節するのです。また、ＡＴＣが最高速度で走ってよいと表示したとしても、定められた時刻よりも駅に早く着いては困るので、運転士の判断でそこまで速度を上げないこともままあります。

ＡＴＣによって減速し、運転士が停車させる

今度は停車の際の運転操作を見ていきましょう。停車駅が近づくと、ＡＴＣが段階的に低い速度を指示し、自動的にブレーキ装置が作動します。列車の速度がＡＴＣの示す速度まで落ちればブレーキは緩み、この動作を繰り返せば停車することが可能です。

しかし、ＡＴＣだけにブレーキ操作を任せていると、速度の表示が変わるたびにブレーキが何度もかかり、乗り心地が悪くなります。そこで、ＡＴＣ信号が切り替わる地点を予測し、運転士から見て左側にあるブレーキ制御器のハンドルをあらかじめ手前に引いて速度を落としておくケースも少なくありません。

列車がホームに進入し、30km／hまで減速すると、運転士はＡＴＣによるブレーキを解除します。その後は運転士がブレーキ制御器を操作し、所定の位置に車両を停止させるのです。

運転室のしくみ

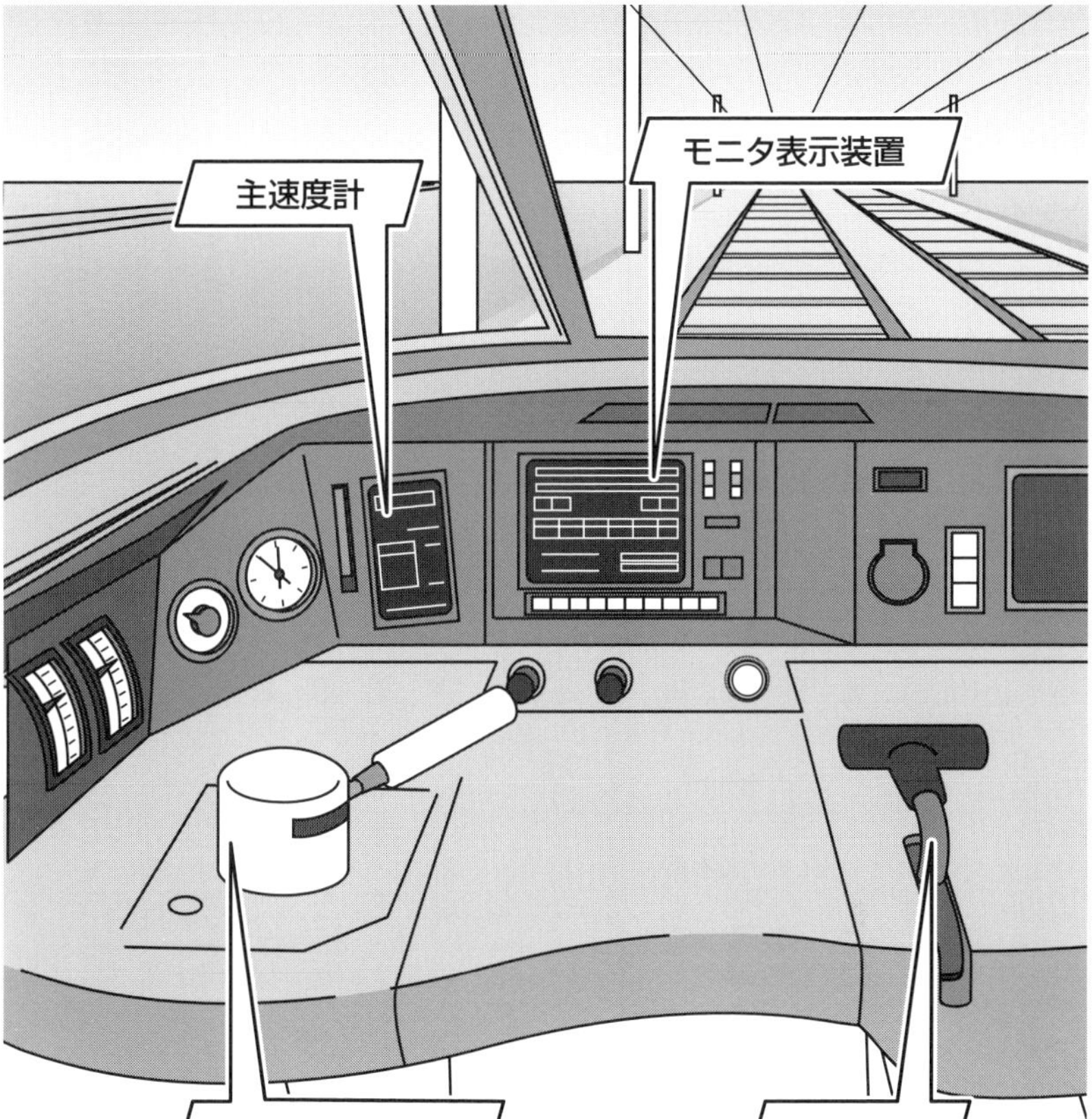

主幹制御器で加速し、ブレーキ制御器で減速する

運転士の仕事2　異常時にはどうするのか

異常が発生したらまずは停止

一口に異常と言っても、車両の故障、事故、天災などさまざまな事態が考えられます。いずれにせよ、まずは走行中の電車を速やかに停止させることが基本です。

異常が発生し、列車を停止させなければならない場合は非常ブレーキが用いられます。これは、通常よりもおよそ１・４倍程度の強いブレーキ力で作動させるブレーキ装置です。最高速度で走る新幹線の列車は普段４kmほどの制動距離で停止しますが、非常ブレーキならば３km程度で止まることができます。

非常ブレーキは運転士だけが扱う装置ではありません。ブレーキの不具合によって通常のブレーキでは停止できないとＡＴＣが判断した場合には自動的に作動することもあります。

停車した後はどのようなケースにせよ、総合指令所の列車部門あるいは運用部門の指令員と連絡を取らなくてはなりません。その際に使用されるのは列車無線電話です。状況を報告した後、適切な指示を仰ぎます。

車両の故障への対処法

車両の故障の場合、運転台のモニタ装置で故障個所や機器の状態が把握できます。また、主要な装置については、モニタ装置を操作して故障した装置を使用しないように設定し、残った装置だけで走行できるしくみも導入されました。たいていはこのような状態としてそのまま営業運転を続けるか、最寄駅まで走行して運転を打ち切ります。

運転を続けられないほどひどい状況のときは、利用客を安全に避難、誘導することが運転士の重要な責務です。駅と駅の間で停止した場合、近くを走行している列車を横付けして利用客を避難させたり、救援用の列車と連結して最寄駅までけん引または推進してもらうように手配します。

こうした異常事態にすべての運転士が遭遇するとは限りません。そこで、取り扱いについてのマニュアルが定められ、定期的に訓練が実施されています。

異状が発生したら……

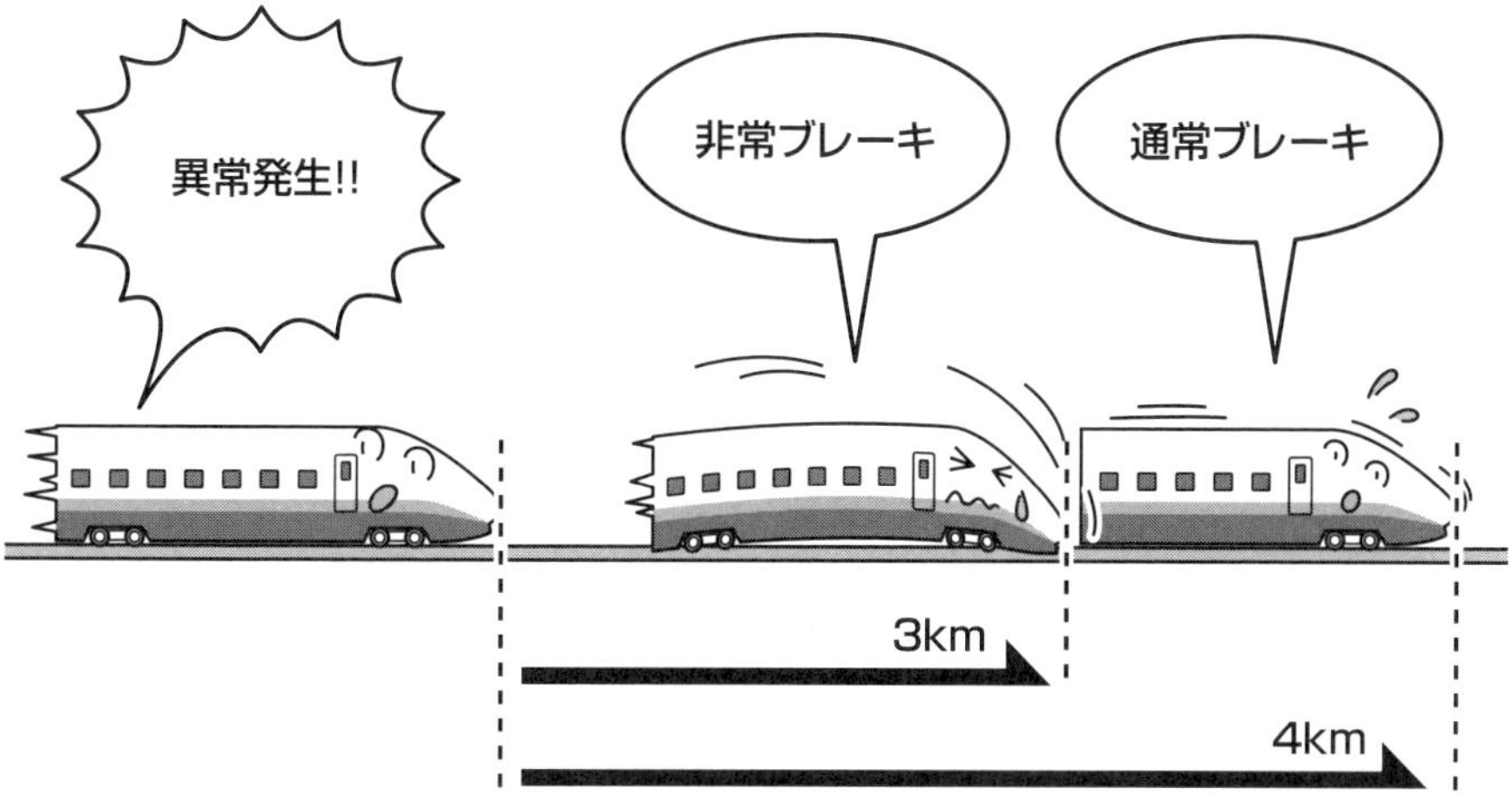
異常発生!!
非常ブレーキ
通常ブレーキ
3km
4km

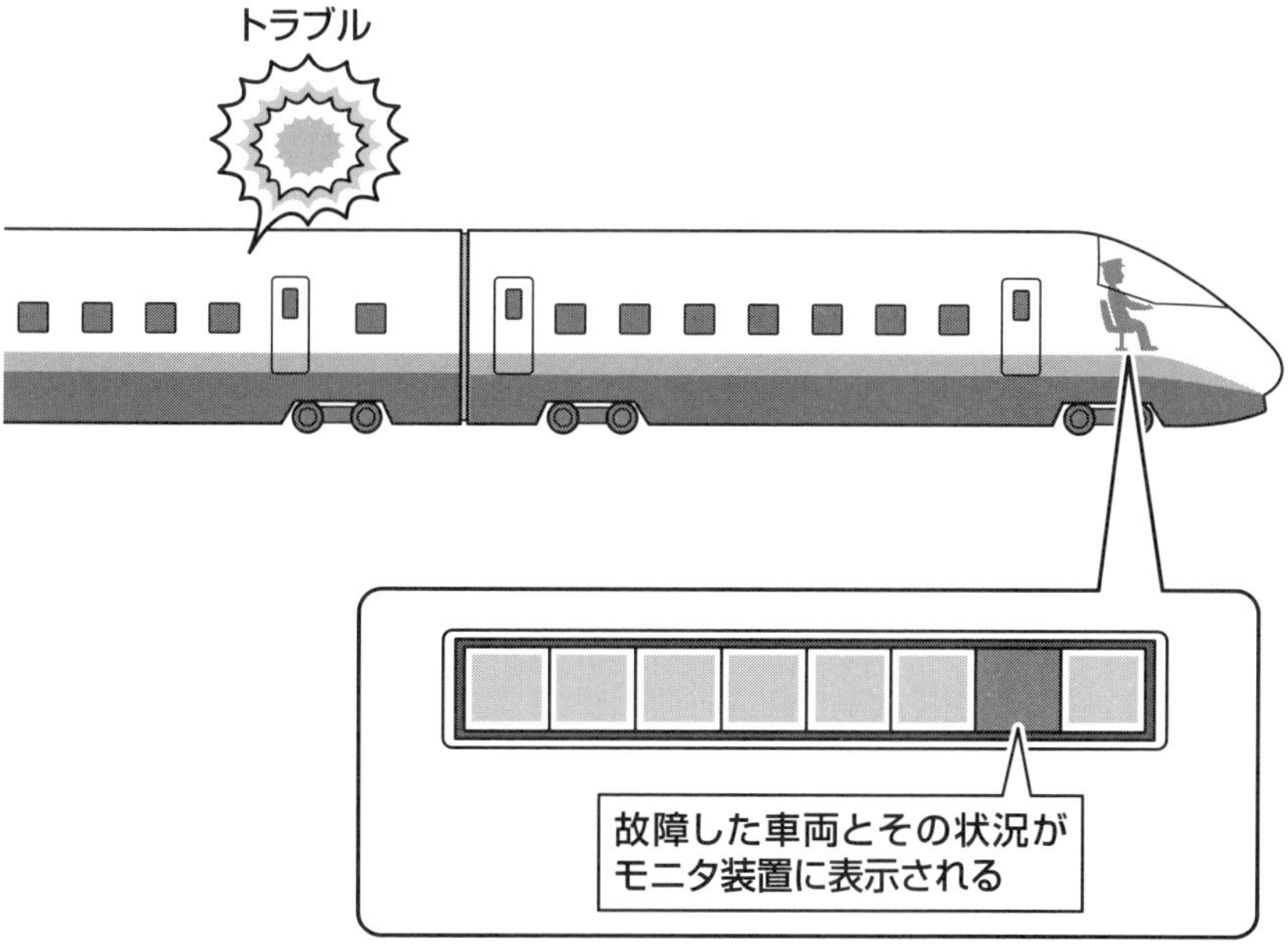
トラブル
故障した車両とその状況が
モニタ装置に表示される

運転士になるには

新幹線の運転には新幹線電気車運転免許が必要

新幹線を運転するには、国土交通省が交付する新幹線電気車運転免許が必要です。この運転免許を取得するには身体検査、適性検査、学科試験、技能試験に合格しなければなりません。しかし、ＪＲ各社は国土交通大臣が指定した養成所をもち、修了者には試験がすべて免除されています。しかし、ＪＲ各社が養成所で実施している同種の試験に合格しなければ、新幹線を運転することはできません。

新幹線電気車運転免許を取得するにはまずＪＲ各社に入社する必要があります。ＪＲ東日本、ＪＲ西日本、ＪＲ九州の3社で採用されているのは在来線の車両の運転士のなかから志望者を募り、養成するというものです。在来線の車両の運転士になるには、駅員、車掌として勤務し、合わせて5～6年程度の経験を積まなくてはなりません。

ＪＲ東海には二つの方法が採り入れられています。一つはやはり5～6年程度の駅員、車掌の勤務経験を積んだ後、志望者に対して昇進試験を実施し、合格した者を養成するというものです。昇進試験を受ける際、在来線の車両の運転士であるかどうかは問われません。また、同社は大学を卒業した社員の研修の一環として、身体検査と適性検査に合格した者に対して運転免許の取得に必要な教育を実施するシステムも導入されました。

学科講習と技能講習を経て晴れて運転士となる

運転士を養成する方法は各社ともだいたい同じです。まずは学科基本講習が約4カ月間実施されます。内容は鉄道に関する基礎知識に始まり、車両や各種設備の構造、運転に必要な規則や理論、検査や修繕の方法などです。

学科試験に合格すると技能講習へと進みます。ここでは、実際の車両さながらの運転シミュレーターを用いて訓練を行ったり、異常時の対応について学び、さらには教官の指導の下で運転を行う運転見習い実習を行うといった実践的なカリキュラムが中心です。やはり4カ月間ほどの講習の後、技能試験が実施され、合格すると運転免許が授与されます。

運転士になるには（動力車操縦者運転免許に関する省令より）

1 受験資格

次のいずれかに該当する者は、試験を受けることができない

▶二十才未満の者
▶運転免許の取消を受けた日から起算して一年を経過しない者

2 身体検査

視機能

①各眼の視力が裸眼で一・〇以上又は矯正眼鏡（近視にあっては八・〇ディオプトリー以下の屈折度のもの、遠視にあっては三・〇ディオプトリー以下の屈折度のものに限る。）により一・〇以上に矯正できること。
②正常な両眼視機能を有すること。
③正常な視野を有すること。
④色覚が正常であること。

聴力

各耳とも五メートル以上の距離でささやく言葉を明らかに聴取できること

疾病および身体機能の障害の有無

心臓疾患、神経及び精神の疾患、眼疾患、運動機能の障害、言語機能の障害その他動力車の操縦に支障を及ぼすと認められる疾病または身体機能の障害がないこと。

中毒

アルコール中毒、麻薬中毒その他動力車の操縦に支障を及ぼす中毒の症状がないこと。

3 適性検査

クレペリン検査、反応速度検査その他の検査により、動力車の操縦に関して必要な適性を検査するために行う。

4 筆記試験

▶安全に関する基本的事項
▶新幹線鉄道の電気車の構造及び機能
▶運転理論

5 技能試験

①速度観測
②距離目測
③制動機の操作
④制動機以外の機器の取扱
⑤定時運転
⑥非常の場合の措置

6 国土交通大臣の指定した動力車の操縦に関する講習を行う施設(新幹線関係のもの)

JR東海	東海旅客鉄道株式会社三島社員研修センター(静岡県三島市)
JR西日本	西日本旅客鉄道株式会社社員研修センター(大阪府吹田市)
JR東日本	JR東日本総合研修センター(福島県白河市)
JR九州	九州旅客鉄道株式会社社員研修センター(福岡県北九州市門司区)

04

車掌の仕事1

車掌の業務は多岐にわたる

新幹線のすべての列車には車掌が乗務しています。近年、ローカル線を中心にワンマン運転の列車が各地で運転されていますが、新幹線にはそのような営業列車はまだ運転されていません。

車掌の任務は多岐にわたります。発車時あるいは到着時の安全確認や戸閉め装置を操作して戸を開け閉めする操作、一般に検札と呼ばれる車内改札を行い、運賃・料金の精算や切符類の発券、さらには利用客への案内や異常時の対応などです。

1本の列車に何人の車掌が乗り込むのかは利用客数や編成の長さによって決められます。一例を挙げましょう。16両編成で運転されている東海道新幹線「のぞみ」には3人の車掌が乗務し、それぞれ車掌長、中乗り車掌、運転車掌と呼ばれます。

車掌長とはすべての車掌業務に精通し、責任者として他の車掌を統括する任務を与えられた車掌です。中乗り車掌は利用客へのサービス業務を行います。運転車掌は戸の開閉や発車時や走行中の安全確認といった運転に関する業務を担当する車掌です。

持ち物にもハイテク化、IT化が進む

かつての車掌は乗務の際、時刻表や車内補充券と呼ばれる切符類、規程類などをかばんに詰めて持ち運んでいました。しかし、これらはとても重く、かさむので業務に支障を来していたほどです。このため、近年は車掌携帯端末に置き換えられました。

車掌携帯端末は超小型のノートパソコンとプリンターとを一体化した機器といえます。時刻表、規程類はデータ化され、必要なときに呼び出すことができ、車内補充券の発行と印刷も可能です。

新たな機能も追加されています。通信機能を活用し、列車の運行状況や異常時に指令員が送信している文字情報が表示されることとなりました。また、自分が乗務している列車の指定券の販売状況が確認できるようになり、指定席に利用客が実際に乗車するのかといった情報も伝えられます。

車掌の仕事あれこれ

乗客の切符の確認や案内

発車、到着時のドアの開閉や安全確認

車掌の仕事2

車掌携帯端末によって車内改札は省略へ

車掌の仕事の一つに検札業務があります。利用客が正当な乗車券、特急券などを所持して乗車しているかを確認するために実施されるもので、正式な呼び名は車内改札です。車内改札を拒否した利用客は法律によって割増運賃の支払いを命じられるケースもあります。

とはいえ、大半の利用客は正規の切符を携えて乗車しているのですから、車内改札は煩わしいものです。また、車内改札に追われ、1本の列車に乗務する車掌の数を増やさなければならないなど、ＪＲ側にとってもあまり歓迎できない事態となってしまいました。

前項でも紹介したように、近年導入された車掌携帯端末には、自分の乗務している列車の指定席特急券の販売状況をはじめ、指定席特急券が自動改札機を通った時刻と駅、座席番号や乗車区間といったデータが表示されます。また、自動改札機から入場していれば、自由席の利用客の動向をつかむことも可能です。このため、ＪＲ東日本の新幹線からは車内改札が省かれました。車掌は、販売されていない指定席に座っている利用客や自動改札機を通らなかった利用客に対してだけ車内検札を行っています。

サービスの一環として実施する例も

東海道、山陽新幹線に乗務している車掌も同様の情報が得られる車掌携帯端末を携えていますが、車内改札は廃止されていません。両新幹線の利用客には、指定席特急券に表示された列車よりも早い時刻に発車する列車に乗ってしまう人が多く、いっぽうで自由席が満席となると、空いている指定席に座る利用客が相当数に上るからです。正当な指定席特急券を所持しているにもかかわらず、自分の座席に他の利用客が着席しているといったトラブルを回避するためのサービスといえます。

なお、山陽新幹線内を運転される「ひかり」の一部の車両では腰掛の背面にあるポケットに切符類を差し込むしくみが導入されました。こうすることで車掌は利用客に声をかけることなく車内改札を実施することができ、煩わしさが緩和されています。

車掌携帯端末システムのしくみ

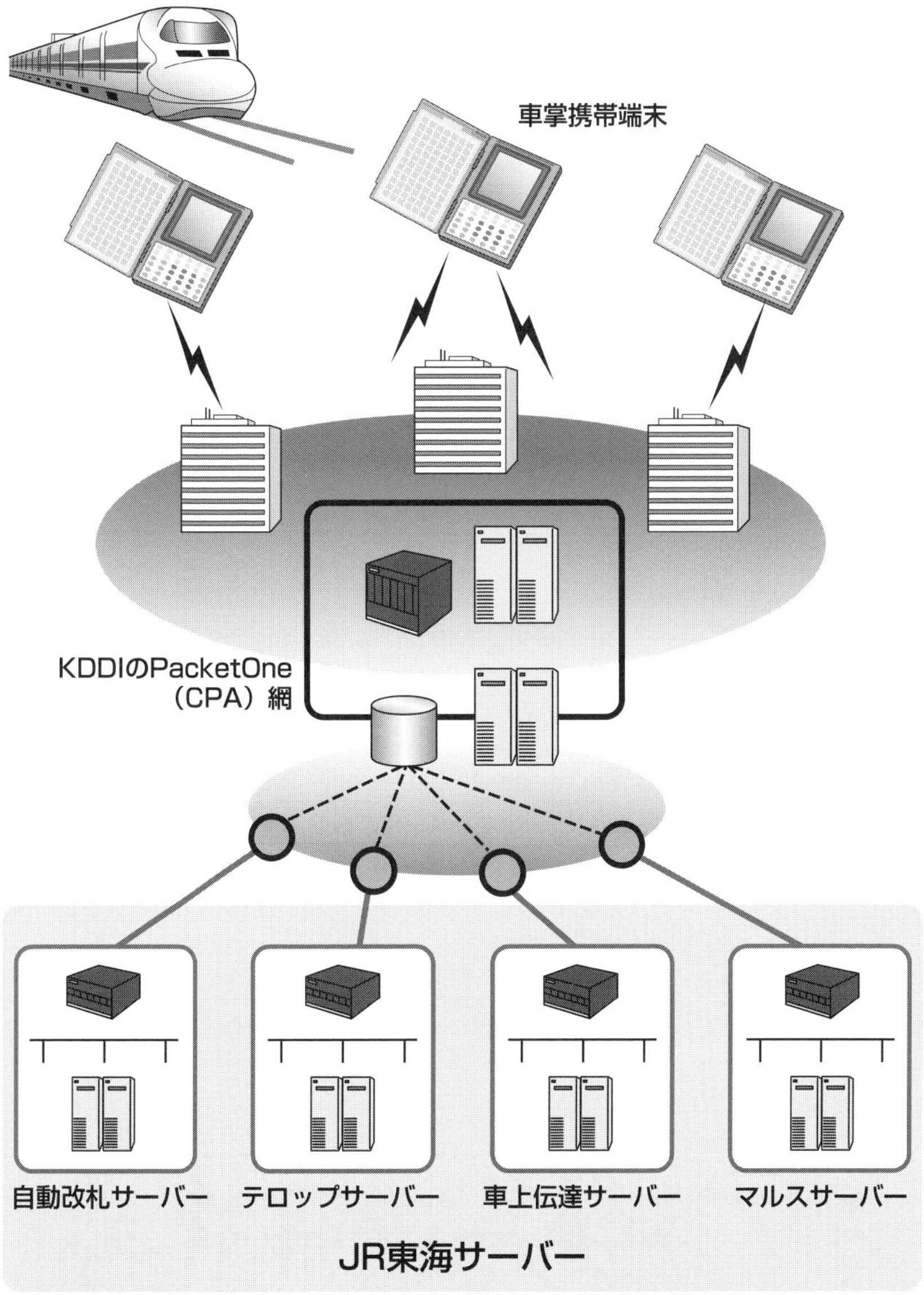

JR東海社内の有線ネットワーク（JR東海サーバー）の情報はCPA網を通じて車掌携帯端末へと伝えられる。

出典:「車掌携帯端末」、『東洋電機技報』2004年9月号、東洋電機製造、37ページ

06

駅員の仕事1

「新幹線の窓口」、出札業務

新幹線の列車に乗車する際、利用客が最初に接するＪＲの社員は駅員です。なかでも乗車券や特急券などを発売する出札業務を担当する駅員は「新幹線の窓口」といってよいでしょう。

各駅とも新幹線の出札業務はみどりの窓口で行われています。ここにはマルス端末が置かれ、各種の切符が販売されているだけでなく、利用客への案内業務も行われている点が特徴です。ただし、近年は新幹線の各駅でも急速に自動券売機の設置が進みました。特に指定席特急券の発券が可能な自動券売機、正確には顧客操作型マルス端末の誕生により、みどりの窓口が縮小されるケースも生じています。

ところで、新幹線の出札業務を担当する駅員が所属する会社は、その駅に発着する新幹線を運行している会社と同じであるとは限りません。たとえば、ＪＲ東海の品川駅では在来線の列車を運行するＪＲ東日本の駅員も東海道新幹線の切符類を販売します。この場合、ＪＲ東海はＪＲ東日本に乗車券発売手数料を支払わなくてはなりません。

縮小されたとはいえ改札業務も重要

駅員の業務にはもう一つ、改札業務もあります。これは、主として乗車前に乗車券、特急券などをチェックし、降車時に回収を行う業務です。しかし、いまでは新幹線の全駅に自動改札機の導入が完了したため、駅員の担当範囲は大きく縮小されてしまいました。

いまでも、旅行代理店が発行するクーポン類など、自動改札機を通過できない切符の取り扱いをはじめ、利用客への案内、乗り越しや払い戻しなどの精算、自動改札機のトラブルへの対応などは改札担当の駅員が行わなくてはなりません。事故や天災などの異常発生時には重要度はさらに高まります。列車の遅延や運休についての情報が総合指令所からＰＩＣ（Passenger Information Control system）を通じて発車標に表示されますが、改札担当の駅員による案内も当然必要ですから、重要な任務といえるのです。

駅員の仕事のいろいろ

利用者への案内

切符の確認、回収

切符の販売

07

駅員の仕事2

輸送業務も駅員の仕事

駅員が担う業務は前項で紹介した出札業務と改札業務だけではありません。輸送業務を担当する駅員も在籍しています。

輸送業務にはいくつかありますが、中心は運転取扱業務となります。これは、列車が発車したり、通過する際にホーム上の利用客に危険が及ばないように安全を確保する作業です。しかし、営業列車の運転が終了し、保守作業車が走行する深夜の時間帯となると役割が変わります。日中はＣＴＣによって分岐器のポイントが転換されていますが、作業時間帯には駅で扱われるようになるため、この作業も輸送業務を担当する駅員の業務となるのです。

作業時間帯になると駅員は信号扱所で連動装置を操作します。連動装置とは、信号機と分岐器の転てつ器とを一定の順序や制限に基づいて切り替える装置です。駅構内にはこの用途のために入換信号機や中継信号機といった在来線でおなじみの地上信号機が設置されています。

駅員が連動装置を使用するのは通常は深夜だけですが、ＣＴＣが故障したときなどには日中にも操作しなければなりません。営業運転を行っている列車に対する操作となるのですから役割はいっそう重くなります。異常時にはＡＴＣを使用しない運転とすることもありますから、定期的に操作方法を学んだり、訓練を行っていることはいうまでもありません。

案内放送の実施や遺失物の捜索なども

輸送業務を担当する駅員には利用客への案内放送の実施や遺失物の取り扱い、体の不自由な利用客への介助といった業務もあります。近年、ＰＩＣによって列車の接近時、到着時、発車時と状況に応じて自動的に案内放送が行われるようになったこともあり、駅員の負担が軽減されました。

輸送業務を担当する駅員はその駅を発着する新幹線を運行するＪＲ各社の社員です。ＪＲ九州の駅員が勤務するＪＲ西日本博多南線博多南駅での輸送業務は、一部を除き、隣接する博多総合車両所の社員が担当します。

駅員が行う輸送業務

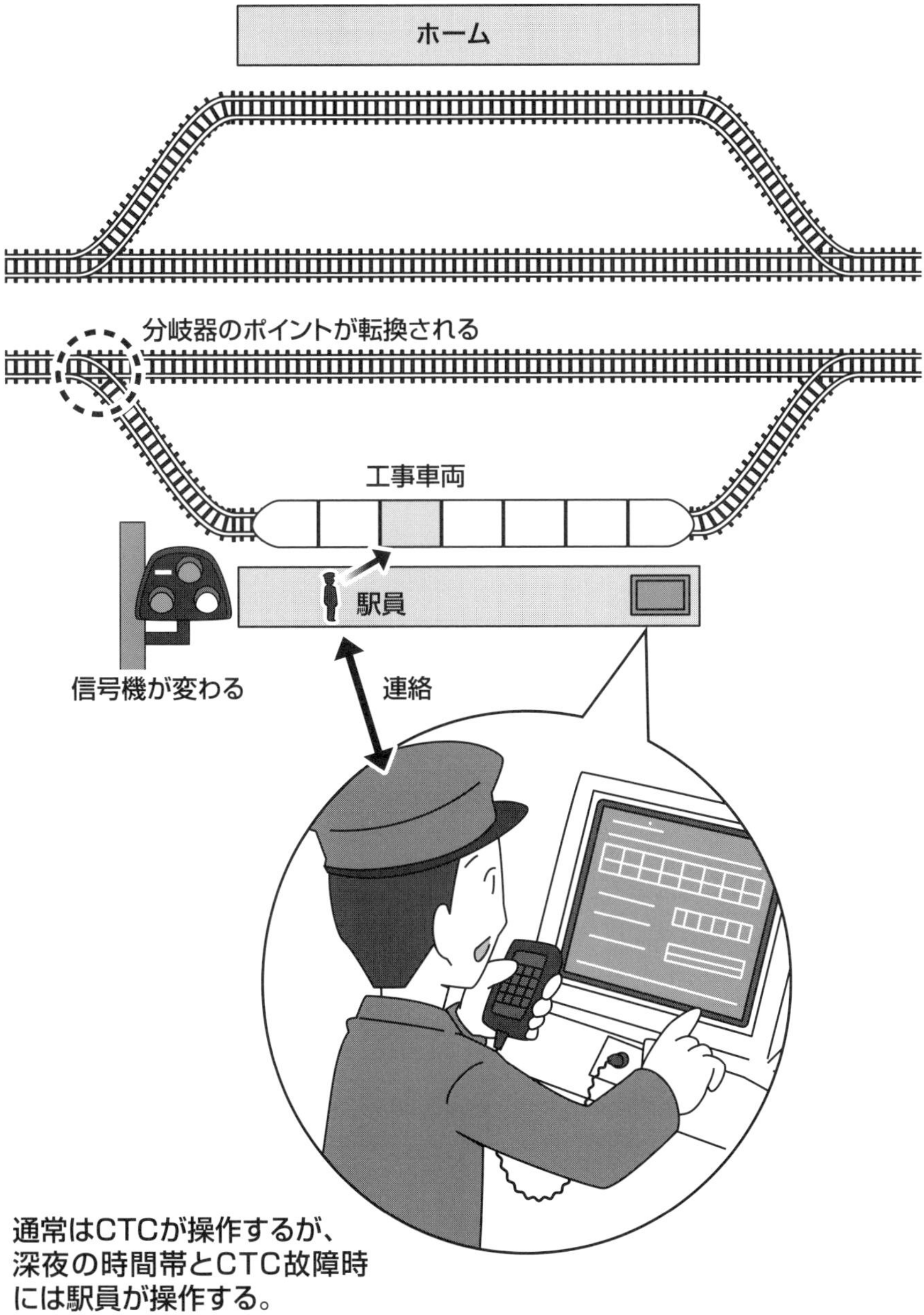
ホーム
分岐器のポイントが転換される
工事車両
駅員
信号機が変わる
連絡
通常はCTCが操作するが、
深夜の時間帯とCTC故障時
には駅員が操作する。

08

車両検査修繕施設の人々

JRの社員によって行われる各種検査

１９６・１９８ページで説明するように、車両は車両検査修繕施設で各種検査を受け、故障や破損の際には修繕されます。こうした業務を担当している人々について紹介しましょう。

車両検査修繕施設での業務を担当する人たちの大多数はＪＲの社員です。ただし、専門性の高い業務の一部は外部の業者に委託され、同じ敷地内で一緒に業務を遂行しています。

基本的に仕業検査や交番検査は日中に行われるので、出勤時間に差があるものの、24時間制の勤務形態ではありません。これは深夜にも検査を実施するとなると人件費をはじめ、車両検査修繕施設の光熱費といった経費がかさむからです。日中に検査を受けるようにすれば、その編成は営業に就けません。したがって、予備の編成が必要となりますが、それでも車両検査修繕施設を稼働させるよりは経済的だと判断されているのでしょう。ただし、ＪＲ九州だけは例外で、予備編成が少ないため、仕業検査と交番検査を深夜に実施しています。予備編成を製造するよりは得策だと判断されたからです。

大規模な修繕は車両メーカーの助けも借りる

台車検査や全般検査といった大規模な検査の計画はコンピューターで管理されています。スケジュールは半年ほど前から判明しているほどです。したがって、これらの検査は基本的に平日の日中に実施されます。たとえば、ＪＲ東海で台車検査を実施している大阪第三車両所の社員は皆、日中だけ働き、原則として土曜、日曜、祝日が休日となります。

車両の修繕業務は定期的に発生するものではありません。このため、車両修繕施設で交代で待機している担当者がその任に就きます。なお、大規模な修繕業務はＪＲ側でも手に負えないものがあるため、車両メーカーの担当者が車両検査修繕施設に常駐する例も珍しくはありません。また、改造工事を要する修繕業務ともなると、車両メーカーの工場へと運ばれ、完全にＪＲの社員の手から離れて実施されるケースも見られます。

車両検査修繕施設の仕事のいろいろ

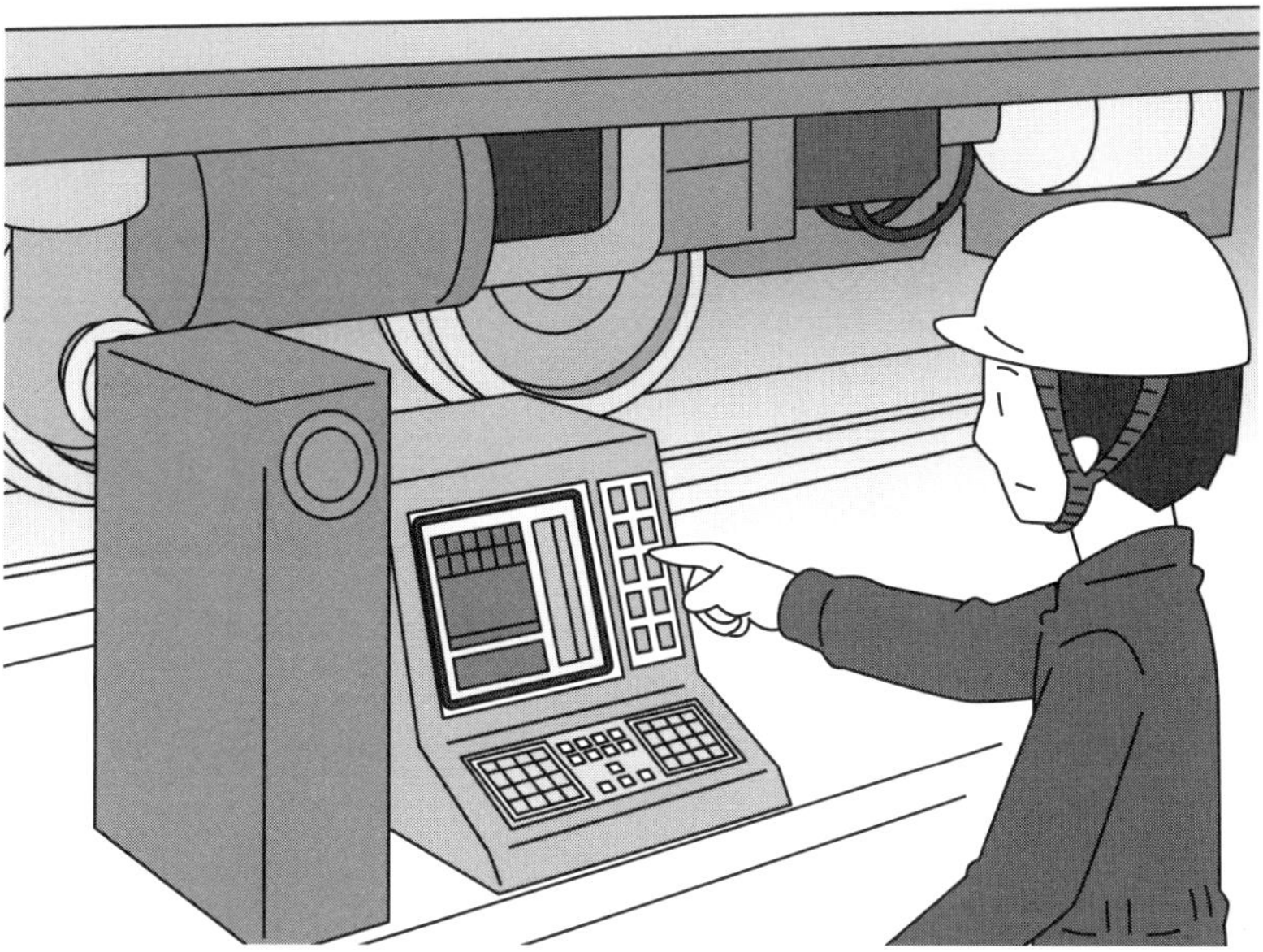

▲車軸の傷を超音波を用いて探す

▲床下の機器の点検

09

線路のメンテナンスを担当する人々

保守管理業務と保守作業業務とに分けられる

ＪＲ各社は新幹線の軌道や架線、構造物といった線路のメンテナンスには多くの人材と資源とを投入して保守業務を実施しています（これらのあらましについては、２０２～２１５ページをご参照ください）。ここでは線路のメンテナンスを担当する人たちに焦点を当ててみましょう。

保守業務とはメンテナンスの計画を立てたり、検査を実施する保守管理業務と、実際にメンテナンスを行う保守作業業務との二つに大別されます。軌道部門の場合、ＪＲ各社とも前者の保守管理業務はＪＲ各社の社員が担当し、後者の保守作業業務については監督業務だけを社員が担当して実際の業務の大多数は外注されるという体制が確立されました。電力部門もほぼ同様です。ただし、検査に関しては外注されるケースが多いという点が軌道とは異なっており、単純で平易なものやその反対に専門的で特殊な技術を要するものは外部に委託されると考えて間違いありません。

外注化が進む保守作業業務

計画はもちろんのこと、検査、測定といった業務の大半は日中に行われます。このため、朝出社して夕刻退社するといった一般的な勤務体系が採用されました。いっぽう、新幹線の線路のメンテナンスはほぼすべてが営業列車の走らない深夜時間帯に実施されていることから、当直勤務や交代勤務といった勤務体系が導入されています。

大多数が外注されているとはいえ、新幹線の保守作業業務には高度な専門知識が必要で、かつ専用の大型機械を用いなくてはなりません。したがって、外注先の企業とＪＲ各社との関係は深く、ＪＲの関連企業という例も各所で見られます。外注先の企業の社員の多くは新幹線の保守基地に常駐していますし、総合指令所の施設部門、電力部門、信号通信部門の指令員の指示を受けて業務を進めなくてはなりません。ＪＲ各社と合同で研修を行う機会も多いので、外部からはＪＲの社員と見分けがつかないほどです。

線路をメンテナンスする人々の仕事のいろいろ

▲線路を巡回して点検する

▲検査やメンテナンスのための車を操作する

10

本社部門の人々の仕事

知られざる本社部門の仕事

新幹線を運行しているJR各社に限らず、鉄道会社は本社部門と現業部門とに二分されます。本社部門の社員の仕事はあまり知られていません。どのような内容なのでしょうか。

JR東海を例に取ると、本社部門の社員は新幹線鉄道事業本部か関西支社に所属しています。新幹線鉄道事業本部には管理部、運輸営業部、車両部、施設部、電気部があり、いっぽうの関西支社に設けられているのは管理部、運輸営業部、工務部です。ちなみに、JR東海の本社の所在地は愛知県名古屋市ですが、新幹線鉄道事業本部は東京都内にあります。これは東京に設置されていた国鉄の本社部門の新幹線総局をそのまま引き継いだからです。

管理、統括、計画の策定が主となった組織

新幹線鉄道事業本部の各部を課別に分類してその業務のあらましをつかむこととしましょう。管理部には総務課、人事課、経理課、会計課があり、東海道新幹線にまつわる人や金銭を管理、統括しています。運輸営業部に設けられているのは管理課、営業課、輸送課、保安課、運用課の5課です。東海道新幹線の列車の運転に関する業務を計画し、統括していますが、営業課だけは本社部門ならではの組織といえます。ここでは新たな切符や旅行商品を開発し、キャンペーンなどを展開して利用客を増やすことを主眼として設置されました。

車両部には管理課、車両課、検修課、施設部には管理課、保線課、工事課、電気部には管理課、電力課、信号通信課、システム課がそれぞれ設けられています。それぞれの部の管理課を除き、各課は現業部門と対応し、ここで策定された計画が実施に移されるケースがほとんどです。

本社部門の社員は基本的に日中の時間帯に勤務します。国鉄時代には本社部門と現場部門との人事交流はあまり見られませんでした。しかし、いまでは職場の活性化や技術の伝承、広い視野を身に付けさせるといった理由で、人事交流が活発に行われています。

JR東海の組織図

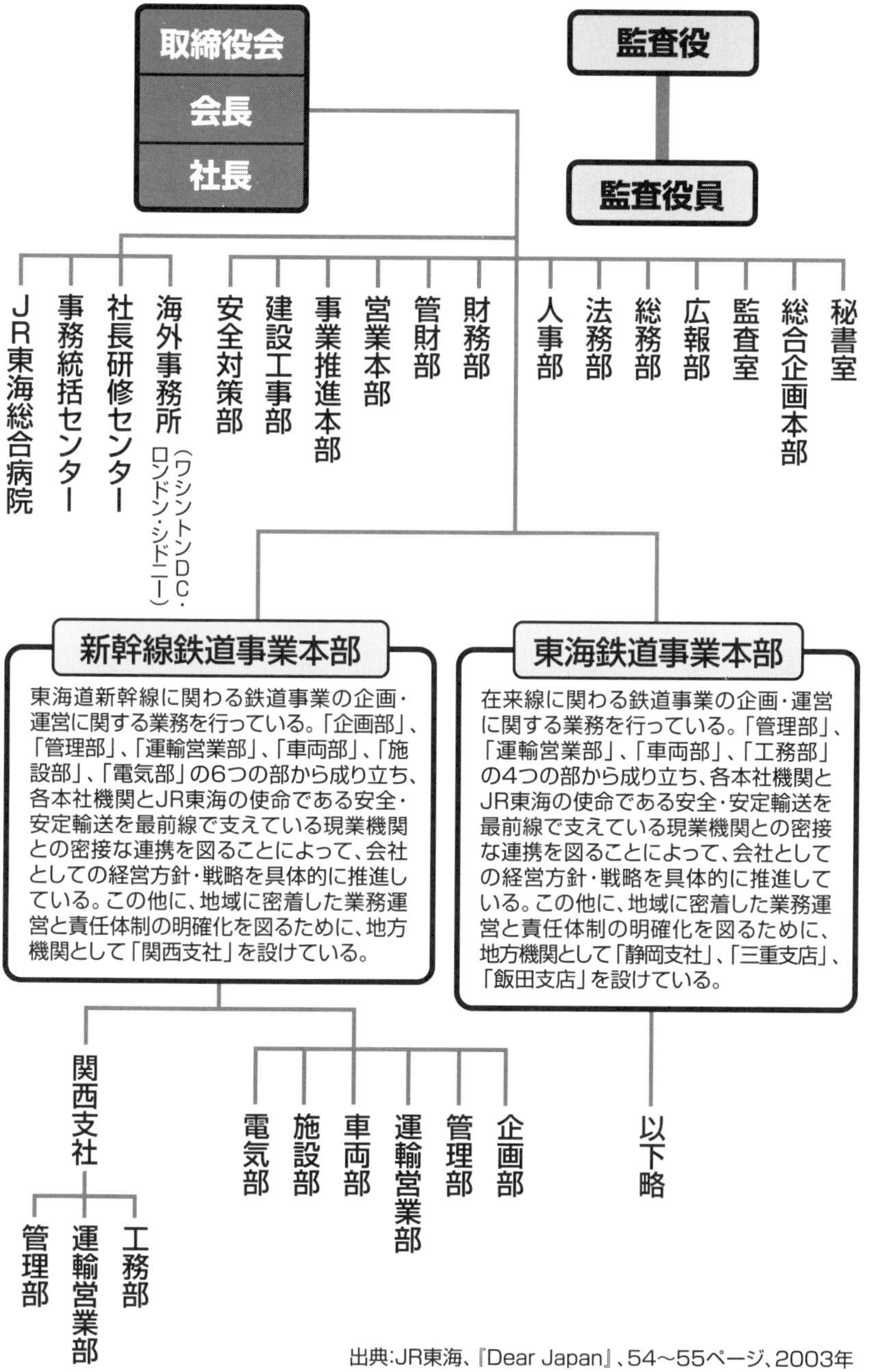
取締役会
会長
社長
監査役
監査役員
JR東海総合病院
事務統括センター
社長研修センター
海外事務所
(ワシントンDC・ロンドン・シドニー)
安全対策部
建設工事部
事業推進本部
営業本部
管財部
財務部
人事部
法務部
総務部
広報部
監査室
総合企画本部
秘書室
新幹線鉄道事業本部
東海道新幹線に関わる鉄道事業の企画・運営に関する業務を行っている。「企画部」、「管理部」、「運輸営業部」、「車両部」、「施設部」、「電気部」の6つの部から成り立ち、各本社機関とJR東海の使命である安全・安定輸送を最前線で支えている現業機関との密接な連携を図ることによって、会社としての経営方針・戦略を具体的に推進している。この他に、地域に密着した業務運営と責任体制の明確化を図るために、地方機関として「関西支社」を設けている。
東海鉄道事業本部
在来線に関わる鉄道事業の企画・運営に関する業務を行っている。「管理部」、「運輸営業部」、「車両部」、「工務部」の4つの部から成り立ち、各本社機関とJR東海の使命である安全・安定輸送を最前線で支えている現業機関との密接な連携を図ることによって、会社としての経営方針・戦略を具体的に推進している。この他に、地域に密着した業務運営と責任体制の明確化を図るために、地方機関として「静岡支社」、「三重支店」、「飯田支店」を設けている。
関西支社
管理部
運輸営業部
工務部
電気部
施設部
車両部
運輸営業部
管理部
企画部
以下略

出典:JR東海、『Dear Japan』、54〜55ページ、2003年

11 車内販売の仕事

車内販売はＪＲの営業戦略と密接な関係をもつ

新幹線の楽しみの一つといえば車内販売です。車内販売の担当者は、商品を満載したワゴンを押しながら車内を巡回して販売するほか、一部の列車に設置された売店での業務も担当します。

現在、新幹線の車内販売は九州新幹線の「つばめ」を除くすべての列車で実施中です。もちろん、在来線に直通する「つばさ」や「こまち」にも車内販売の担当者が乗っており、東北新幹線区間でも在来線区間でも営業を行っています。ちなみに、「つばめ」の車内で車内販売が実施されていない理由は運転時間が短いからです。近い将来、博多と鹿児島中央との間が結ばれたときには車内販売が開始されることでしょう。

車内販売はＪＲ各社の業務ではありません。車内や駅のホームでの販売業を専門に営む子会社や関連会社に委託して行われています。近年ではグリーン車での車内改札や案内など、従来は車掌が担当していた業務も引き受けることとなり、利用客にとっていっそう身近な存在となりました。車内販売の担当者をＪＲの社員だといっても多くの利用客は納得するに違いありません。

新幹線での車内販売を担当する各社はＪＲと密接な関係をもち、ＪＲ各社の営業戦略の一部としても機能しています。たとえば、ＪＲ各社の営業キャンペーンと連動し、クーポン券を携えた利用客のために特別なサービスを提供したり、新たな商品の開発に積極的に取り組むといった点です。

担当者たちの勤務体系は乗務員の運用に準じている

車内販売の担当者たちの勤務体系は乗務員の勤務体系である運用と大きな相違点はありません。つまり、あらかじめ決められた行程に従って、列車に乗り組んでいるのです。

基本的な勤務体系を紹介しましょう。朝出勤し、夕刻には同じ場所に戻ってきて1日の勤務が終わるしくみです。しかし、新幹線の列車は距離が長く、早朝、夜間も運転されていることから、宿泊を伴う勤務も多々発生します。このため、各社、宿泊施設を用意しています。

車内販売の担当者とワゴン

出典：株式会社日本レストランエンタプライズのホームページより

Column

国鉄の分割民営化と新幹線

東海道新幹線が開業したのは1964（昭和39）年ですが、皮肉にもこの年、国鉄は赤字を計上してしまいます。その後も国鉄の赤字はふくらみ続け、1980（昭和55）年度にはついに単年度で1兆円に達しました。こうして国鉄は抜本的な改革を迫られることになり、1987（昭和62）年4月1日に旅客鉄道6社と貨物鉄道1社に分割民営化され、JRグループが発足します。これに伴い、国鉄が運営してきた新幹線も大きな変化を遂げることになります。

当時開業していた新幹線は東北、上越、東海道、山陽の4新幹線で、東海道新幹線はJR東海、山陽新幹線はJR西日本、東北新幹線と上越新幹線はJR東日本がそれぞれ引き継ぐことになりました。ただし、当初は新幹線の施設を新幹線鉄道保有機構という特殊法人が保有してJR各社に有償で貸し出し、そのリース料を国鉄債務の返済などに充てていました。

一方、東海道、山陽新幹線に並行する在来線では、東京―熱海間がJR東日本、熱海―米原間がJR東海、米原―下関間がJR西日本、下関―博多間がJR九州となり、東京―熱海間と米原―新大阪間、下関―博多間では新幹線と在来線とで運営会社が異なる事態になりました。これでは在来線の乗車券で新幹線に乗車した場合、新幹線の運営会社に運賃収入が入ってこなくなってしまいます。そのため、当初は新幹線振替票を乗客に配り、あとで新幹線会社が在来線会社に運賃を請求していました。ただ、このやり方は事務処理が煩雑すぎたのか、現在では利用状況のデータをとって運賃収入を分配しています。

当時工事中だった東北新幹線東京―上野間は新幹線鉄道保有機構に引き継がれ、1991（平成3）年にJR東日本の路線として開業しています。また、工事がすでに凍結されていた成田新幹線は、完成した施設を国鉄清算事業団が引き継いだことから基本計画が失効し、正式に計画が消滅することになります。

なお、全国新幹線鉄道整備法に基づき整備計画が決定していた新幹線（いわゆる整備新幹線）については、JR旅客会社が営業主体（整備新幹線の営業を行う法人）の指名を受けたものとみなされました。また、建設主体（整備新幹線の建設を行う法人）はJR旅客会社と日本鉄道建設公団とが路線ごとに分担して指名を受けたものとみなされましたが、のちに建設主体を日本鉄道建設公団に一元化するための法律が施行されたため、現在は営業主体がJR旅客会社、建設主体が日本鉄道建設公団の業務を引き継いだ鉄道建設・運輸施設整備支援機構に統一されています。

5章

駅と線路のひみつ

駅はどこに設けられるのか

高速運転のためには駅は少ないほうがいい

基本的に鉄道の駅は人口の多いところに開設されます。いうまでもなく、鉄道の利用客が増えるからです。とはいうものの、人口が少なくても、駅を設けることで周辺の開発が進み、将来的に利用客の増加が見込まれる場合にも設置されます。このような事情は新幹線でも同じです。

しかし、２００km／h以上の速度で運転されている新幹線では、一駅停車するだけでも運転時間が5分程度伸びてしまいます。したがって、あまりに多くの駅を設置してしまうと、在来線の列車の運転時間と比べてあまり変わらないという事態にもなりかねません。

新幹線の場合、駅と駅との間の距離（駅間距離）は、最高速度が２００km／hならば20km以上、同じく２５０km／hならば30km以上が望ましいとされています。ちなみに、現在の各新幹線の駅間距離の平均は、東海道新幹線が32・２km、山陽新幹線が30・８km、東北新幹線が29・７km、上越新幹線が29・９km、長野新幹線が23・５km、九州新幹線が31・７kmです。

自治体が建設費を負担して駅を造るケースも

都市間を高速で結ぶ新幹線の駅は、その周辺地域に大きな経済効果をもたらします。このため、新幹線の線路が通っていながら駅が設置されていない自治体からは新幹線駅の設置を要望する声がやみません。

なかには請願駅といって、建設費のほぼ全額を地元自治体が拠出することを条件に駅が設置されたケースもあります。東海道新幹線の新富士、掛川、三河安城、山陽新幹線の新尾道、東広島、厚狭、東北新幹線の新花巻、水沢江刺、くりこま高原、上越新幹線の本庄早稲田の各駅は、いずれも自治体などが建設費を拠出して開設された請願駅です。

ただし、先に述べたように駅をたくさん設置すれば新幹線の運転時間を延ばすことになってしまいますし、地形などの物理的な制約もあります。ですから、自治体が建設費を全額負担するとしても、必ずしも駅が建設されるとは限りません。

駅を設置する際の基本方針

1. 在来線の特急列車が停車している駅
2. 新幹線の列車が超高速で走行できるよう駅はむやみに設置しない
3. 県庁所在地または県庁所在地に近い都市で駅勢人口が多い場所
4. 在来線の分岐駅や他の交通機関との連絡に便利な場所
5. 駅の設置により新たな旅客需要が見込まれること
6. 駅と駅との間は適切な距離とする。最高速度が250km／hならば30km以上がよい

02

駅の建設規格とは

ホームの長さや幅には規格がある

新幹線の駅は機能を優先してつくられました。大半の駅が高架橋上に設けられていることもあり、在来線などで見られる個性的な駅舎はあまり見られません。しかし、このおかげでどの駅もコンコースや通路、切符売り場、改札口のデザインが共通なものとなり、利用客にとってはわかりやすくなりました。

駅のなかで最も気になる場所はホームです。その長さはそれぞれの新幹線で運転される最も長い編成に10mを加えた数値とされました。具体的には東海道、山陽、東北（東京―盛岡間）、上越の各新幹線は16両分の400m（1両25m×16両）+10mで410mです。長野新幹線と東北新幹線盛岡―八戸間とは12両編成を想定し、300m（1両25m×12両）+10mで310m、九州新幹線は8両編成を想定し、200m（1両25m×8両）+10mで210mとなっています。

ホームの幅も見ていきましょう。両側に列車が発着する場合は9m以上確保することとなっています。このうち、ホームの両側に同時に列車が発着する駅では原則として11m以上となるように設計されました。ただし、用地の関係で1日当たりの乗車人数が9万7959人（2003年度）と新幹線中最多の東海道新幹線東京駅16～19番線の幅は10・7mしかありません。いっぽう、ホームの片側にしか列車が発着しない駅では幅を7m（階段を除く）以上とすることを基本とし、利用客の少ない駅では5m（同）以上としています。

規格は柵や屋根の設置方法にも適用される

利用客が列車と接触しないよう、新幹線ではホームに柵を取り付ける例が一般的です。柵が設置される位置は、通過列車がホームを通るときにはホームの縁から約2m、そうでないときは同じく約0・35mとなります。

雨の日でも濡れないよう、ホームには屋根が必要です。先頭から最後尾の車両まですべて屋根で覆われていれば理想的ですが、工事費の関係でそうもいきません。利用客の少ない駅ではホームの中央部分にだけ屋根が設置されているケースも見られます。

ホームの長さ

東海道・山陽・東北・上越新幹線

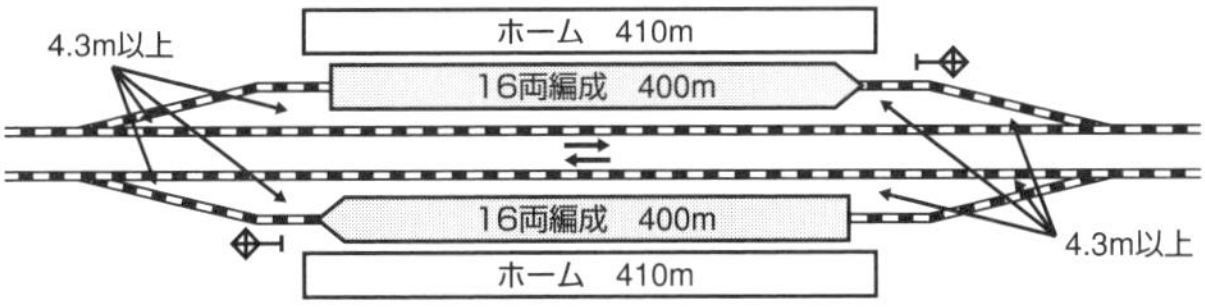

長野新幹線・東北新幹線盛岡〜八戸間

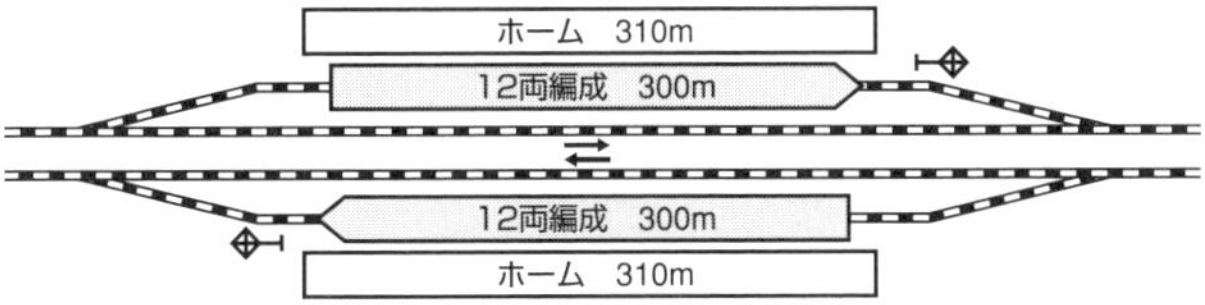

九州新幹線

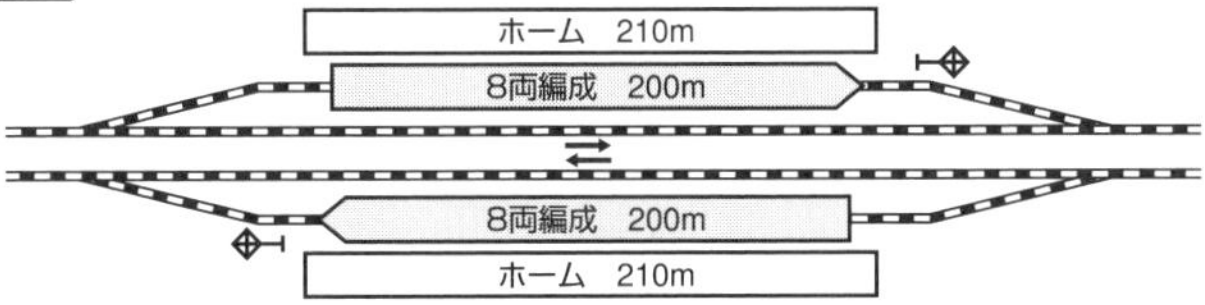

出典:高速鉄道研究会編著、『新幹線』、山海堂、2003年10月、100-101ページ

ホームの幅の例

静岡駅

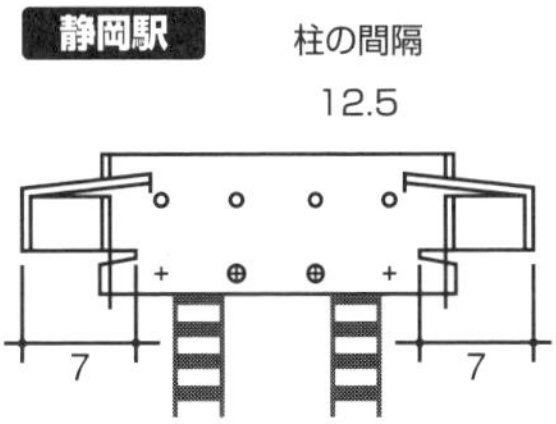

名古屋駅

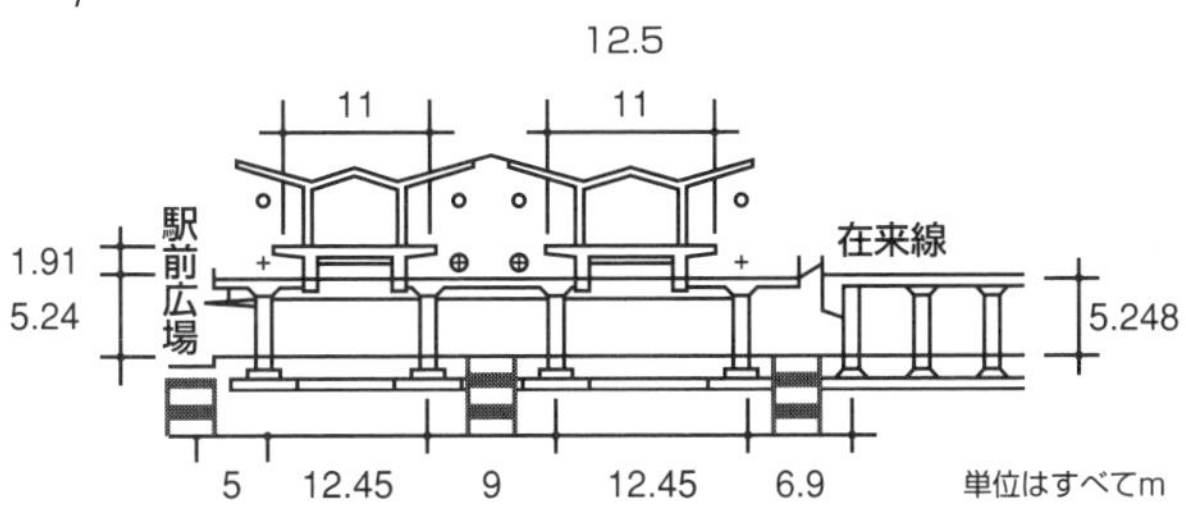

出典:『新幹線の30年』、東海旅客鉄道新幹線鉄道事業本部、1995年2月、84ページ

03

駅の線路配置の工夫

新幹線には速い列車と遅い列車とが混在する

鉄道の駅は列車の運転本数や編成の長さ、すべての列車が停車する主要駅かそうでない途中駅かといった駅の性格によって線路やホームの配置が決められています。また、新幹線の途中駅では超高速で通過する通過列車への配慮も欠かせません。

新幹線には大都市の主要駅のみ停車する速達列車から、途中のすべての駅に停車する各駅停車の列車まで、利用客の動向や需要に応じてさまざまな停車パターンをもつ列車が運転されています。

運転距離が長く、速度も速いことから、速達列車と各駅停車の列車との運転時間の差は大きくなりがちです。したがって、速達列車が先を走る各駅停車の列車に追いついてしまうと、それ以上スピードを出せなくなってしまうという問題が生じます。

途中駅では待避が行われる

この問題を解決するため、新幹線の途中駅では、速い列車が遅い列車を追い抜けるように線路が配置されました。基本的に通過列車用の線路は真ん中に配置され、その外側には駅に停車する列車のための線路、さらにその外側にホームが配置されています。これを1組とすると、上り列車と下り列車とで2組必要です。駅には4本の線路が並び、これらの両外側に2本のホームが設けられています。

速度の遅い列車は停車列車用の線路に入って数分ほど駅に停車。その間に速度の速い列車が通過列車用の線路を通って追い抜くことが可能です。通過列車用の線路はホームに接していないので、利用客の安全性の向上にもつながります。

通過する列車が存在しない大都市の主要駅では、2本のホームと4本の線路が配置されるケースが大多数です。この場合、ホームは遅い列車が停車する線路と、速い列車が停車する線路との間に島のような形をしたホームが設置されます。この結果、同じホーム上で速い列車と遅い列車とを相互に乗り換えできるというメリットも生じます。

駅の線路配置の例

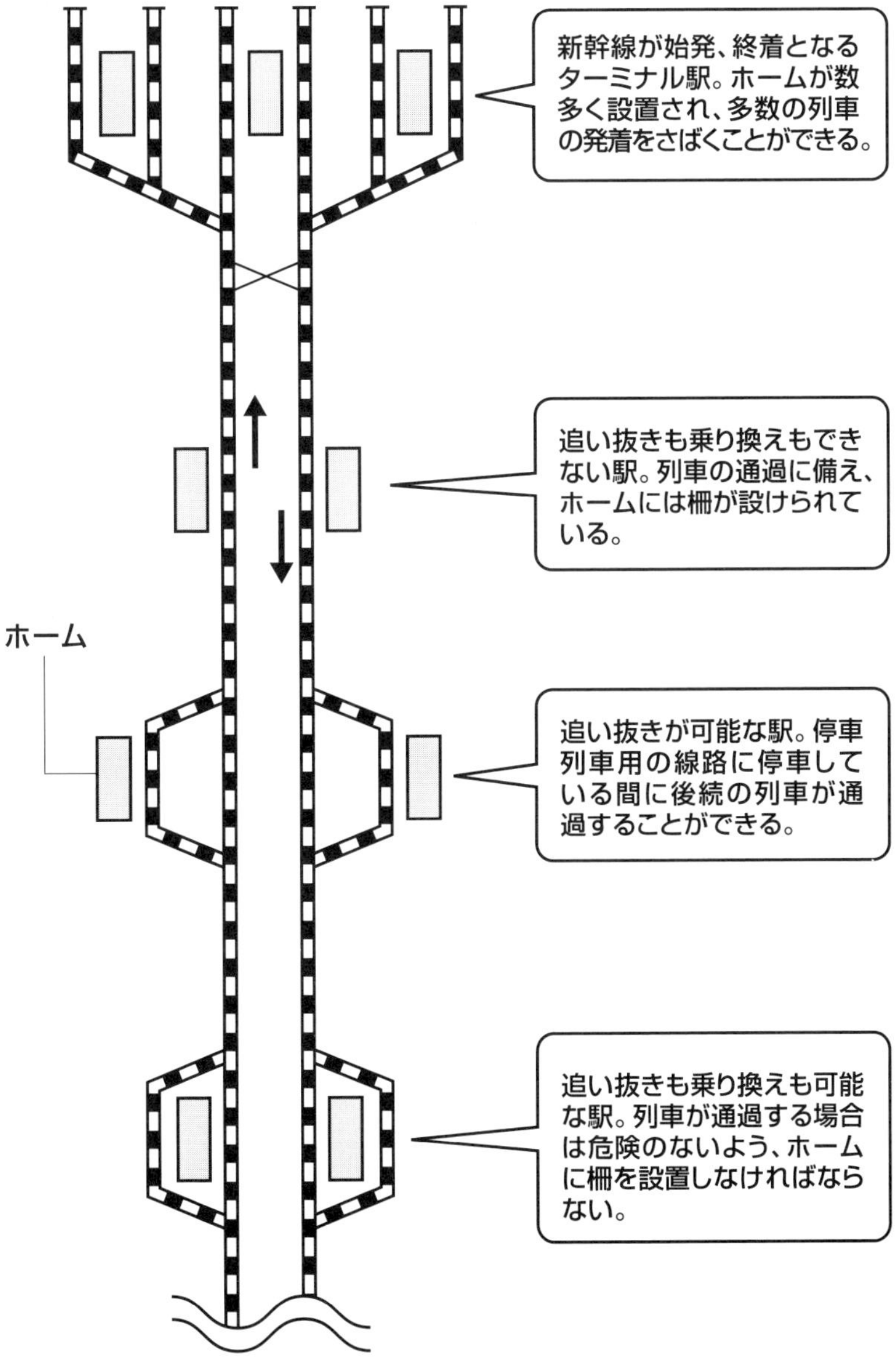
新幹線が始発、終着となるターミナル駅。ホームが数多く設置され、多数の列車の発着をさばくことができる。

追い抜きも乗り換えもできない駅。列車の通過に備え、ホームには柵が設けられている。

ホーム
追い抜きが可能な駅。停車列車用の線路に停車している間に後続の列車が通過することができる。

追い抜きも乗り換えも可能な駅。列車が通過する場合は危険のないよう、ホームに柵を設置しなければならない。

駅に設けられている施設

新幹線の駅は各分野の拠点

新幹線の駅は利用客だけでなく、設備上の拠点でもあります。線路をはじめ、電力、信号、保安といった分野に欠かせない重要な設備の数々が駅に設置されているのです。

多くの駅の構内には保守基地が設けられており、ここを拠点に線路や架線のメンテナンスが行われます。営業列車の運転が終了した深夜になると、保守用車が駅のホームに入線し、ここから作業場所へと向かうしくみです。

駅を発着する列車の運転状況は複雑なので、総合指令所に設置されたＣＴＣ（ＣＴＣ中央装置）だけでは駅を発着する列車の運転状況を把握することは難しいと考えられました。そこで、駅にもＣＴＣ駅装置が設置されています。ＣＴＣ駅装置は線路上に設けられた列車番号送受信装置から送られてくる列車の情報を取りまとめ、ＣＴＣ中央装置にその情報を送信しています。

ＣＴＣ駅装置によって分岐器の転てつ器が転換されることとなりますが、このときに活躍するのは連動装置です。この装置は列車の進路を設定するとともに、やはり駅に設置されたＡＴＣ地上装置に向けて適切な情報を送り、誤った方向に列車が進入しないようにする役割を果たしています。

駅の心臓ともいえる機器室

ＣＴＣ駅装置や連動装置、ＡＴＣ地上装置、それに１３０ページで紹介する列車無線システムの基地局は１カ所に集められ、駅の機器室に収められました。これらの装置は輸送業務を担当する駅員による監視のもと、自動的に作動しているのです。もちろん、駅の機器室が破壊されると新幹線はその機能の大半を失ってしまいますから、厳重な管理下に置かれています。

機器室をはじめ、駅では大量の電力を使用するため、架線とは別系統の給電システムが採用されました。一例ですが、５０００kWもの電力を消費するＪＲ東海の東京駅では、東京電力から供給された交流６万Ｖを駅に設けられた変電設備で６０００Ｖに下げ、ここから駅のすみずみに送っています。

駅に設けられている施設のいろいろ

機器室

CTC駅装置、ATC地上装置、連動装置などが収容されている。

CTC駅装置の働き

駅を発着する列車の運転状況を把握し、駅員やCTC中央装置に情報を提供するとともに、分岐器の転てつ器を作動させてポイントを切り替える。

連動装置の働き

進路に連動して適切なATC信号を現示させるため、両者を監視しながら列車の進路を設定する。CTC駅装置を陰で支える役割を果たす。

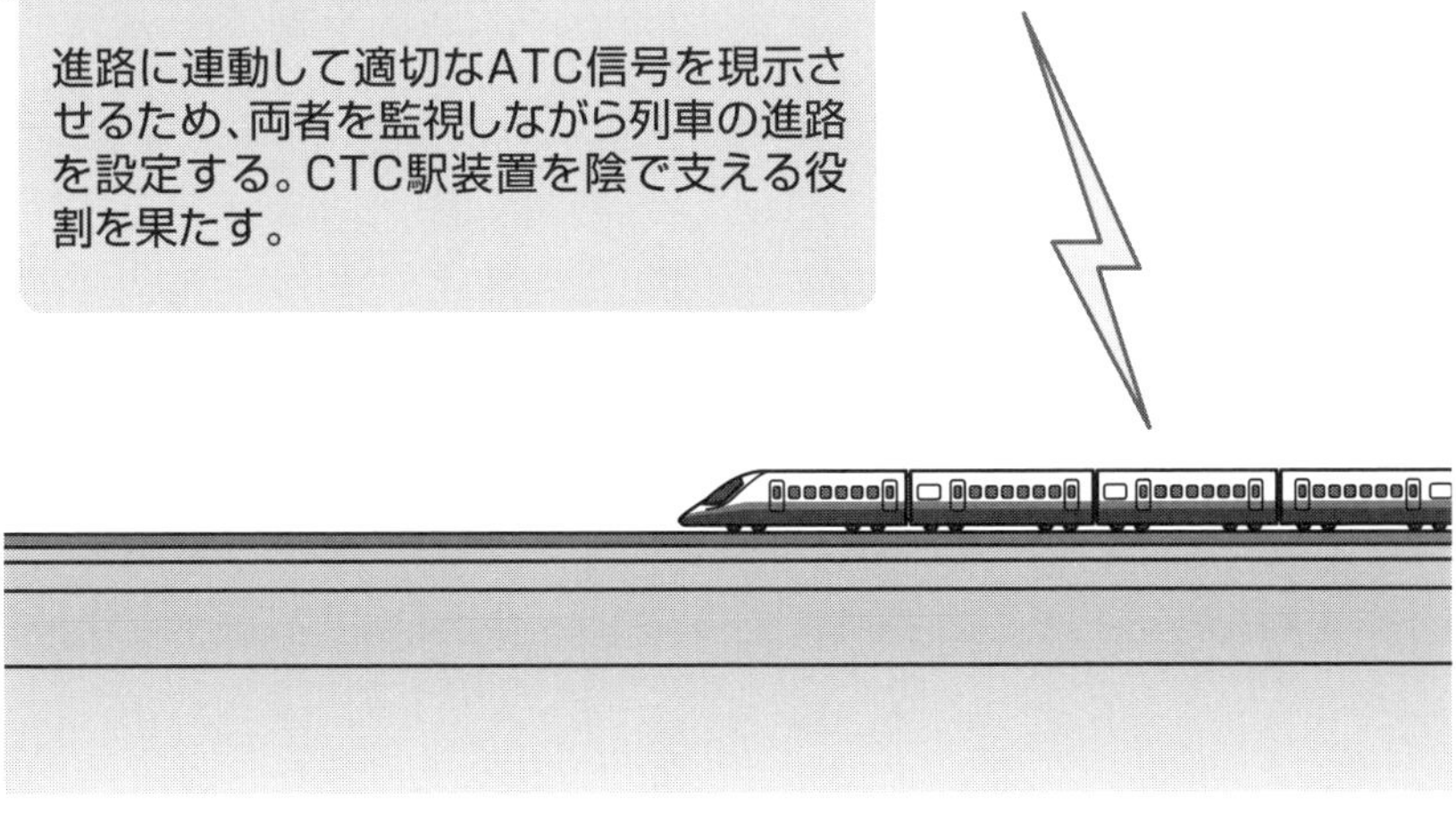

05

線路のカーブと勾配のしくみ

カーブや勾配はできるだけ避ける

超高速での運転にカーブは厄介な存在です。列車が急なカーブを走ると体がカーブの外側に引っ張られるような力を受けます。これが遠心力です。強い遠心力が働くと乗り心地が悪くなるばかりか、ひどいときにはカーブを曲がりきれず脱線することさえあります。

いっぽう、勾配もできる限り避けなければなりません。上り坂では速度が出ませんし、逆に下り坂ではスピードが出過ぎて危険な状態に陥るからです。

このため、新幹線はできるだけカーブや勾配を少なくするよう建設されています。原則として、カーブは半径４０００ｍ以上（東海道新幹線は２５００ｍ以上）、勾配は原則として15‰（パーミル。水平方向に１０００ｍ進むと垂直方向に15ｍの高低差を生じる勾配）以内とするように決められました。

外側と内側のレールの高さを変え遠心力を抑える

地形や地質の制約もあるので、カーブや勾配を完全になくすことはできません。そこでできる限り、カーブや勾配でも超高速で運転するための対策が必要になってきます。

カーブで生じる遠心力を減らすため、カントが設けられました。これは、外側のレールを内側のレールよりも高くして遠心力を抑え、可能な限り速度を落とさずに列車を走行できるようにしたしくみです。

カントの量はカーブの半径と列車の速度とで決まります。カーブが急であればあるほど、あるいは列車の速度が速ければ速いほどカントの量を増やさなくてはなりません。新幹線の場合、最大２００㎜のカントを設けています。もっとあってもよいようにも思われますが、カントの量があまりに多いと列車が停車したときに車両がカーブの内側へ倒れる危険があるので、むやみに増やすことはできません。

勾配の対策としては、モーターの出力を上げたり、モーター付きの車両の数を増やすといった方法があります。35‰の勾配が存在する九州新幹線では、すべての車両にモーターが取り付けられました。

カーブと勾配のしくみ

曲線半径

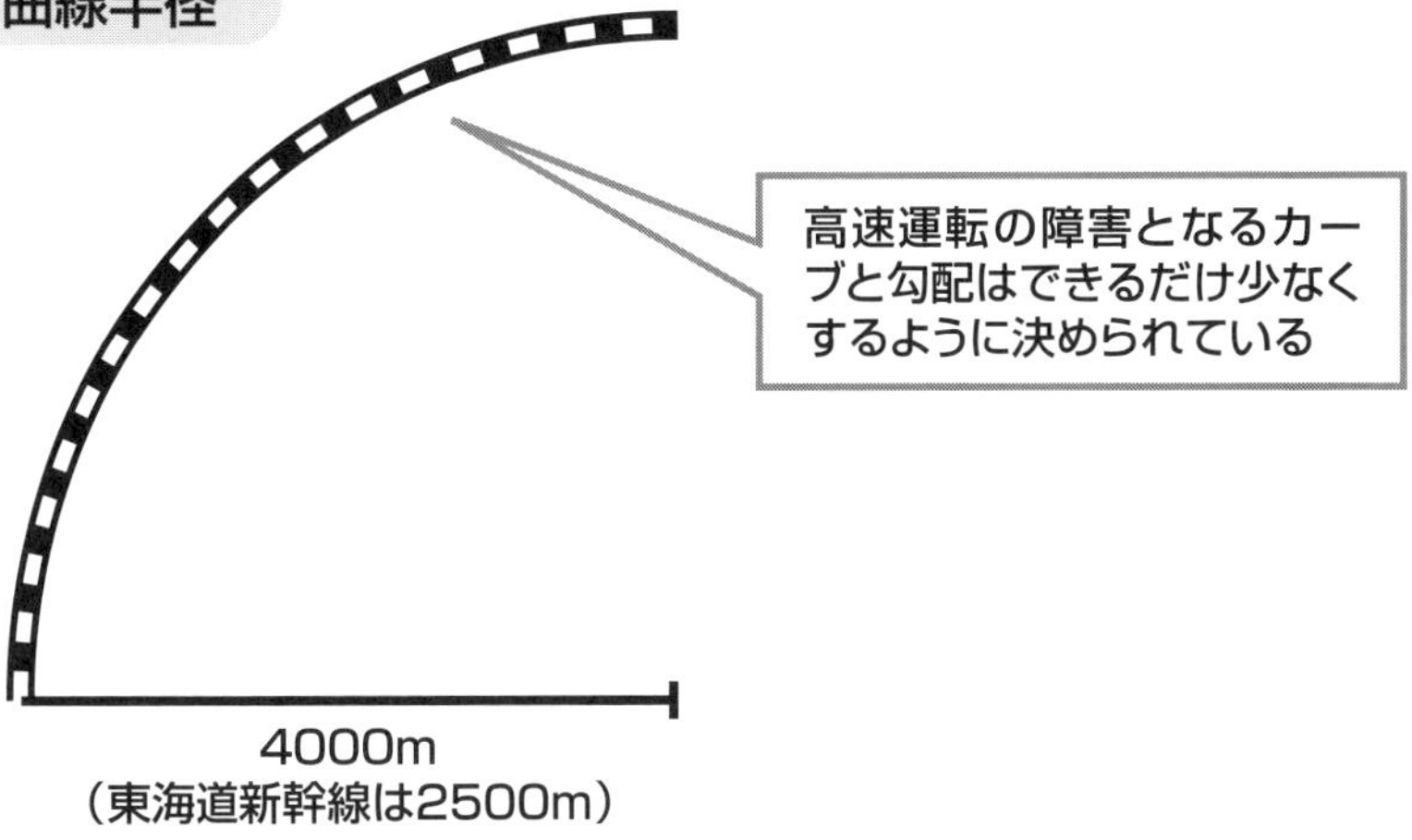
高速運転の障害となるカーブと勾配はできるだけ少なくするように決められている
4000m
（東海道新幹線は2500m）

勾配

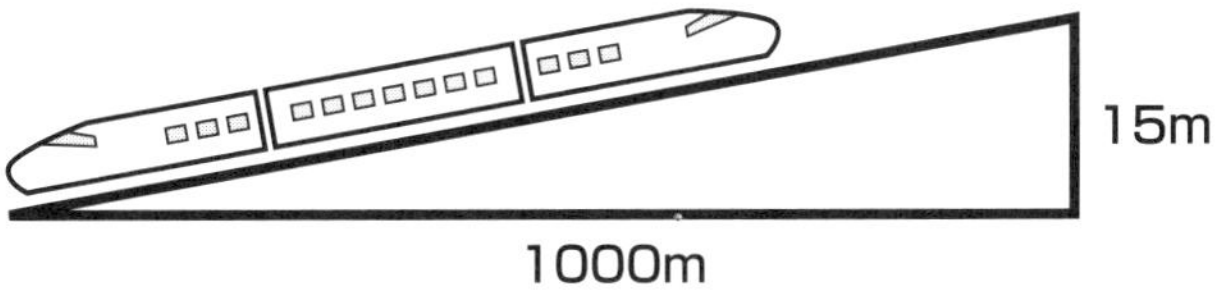
15m
1000m

カーブでの対策

カント

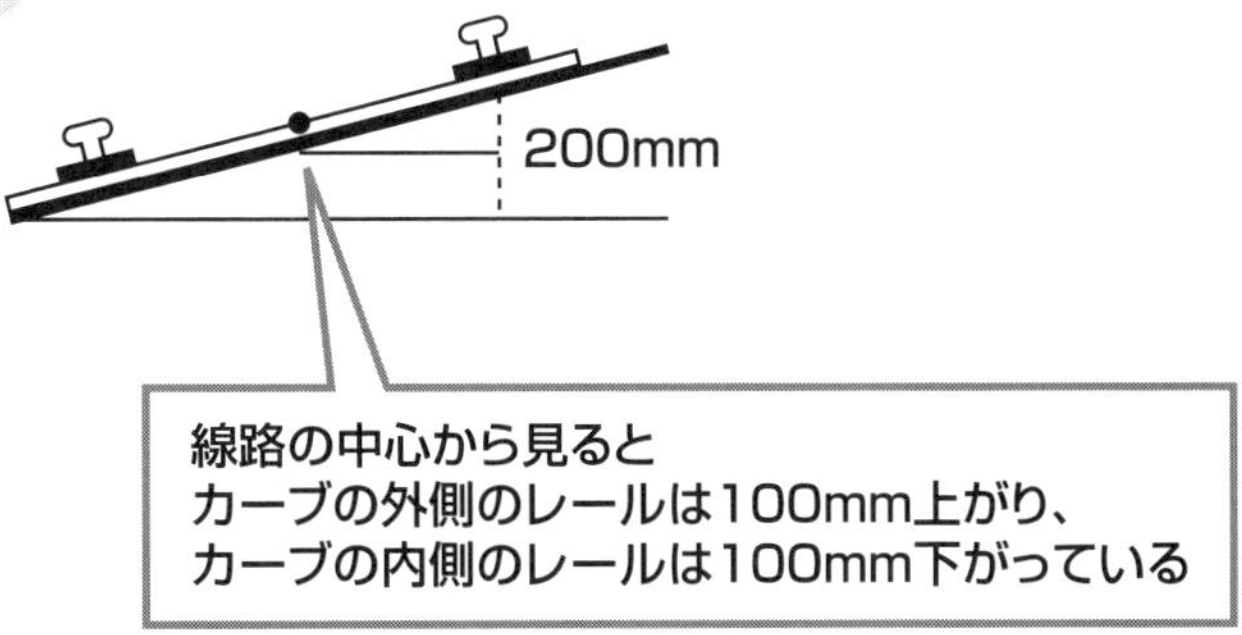
200mm
線路の中心から見ると
カーブの外側のレールは100mm上がり、
カーブの内側のレールは100mm下がっている

レールと継目

長いレールで継目を減らす

　列車を超高速で走らせるため、車両を支えるレールにもさまざまな工夫が施されました。たとえば、超高速で運転する車両から受ける衝撃に耐えられるよう、新幹線では在来線のレールよりも強度を高めたものが用いられています。重さで比較すると、在来線のレールが1m当たり50・4kg以下のものが主流であるのに対し、新幹線では60・8kgです。

　在来線の列車に乗っていると、〝ガタンゴトン〟という音が聞こえ、振動が生じます。これはレールをつないでいる継目に設けられているすき間を車輪が通ったときの音です。すき間をなくせば騒音や振動もなくなりますが、レールは気温の変動とともに長さが変わるので欠かすことはできません。すき間をなくしてしまうと、継目の部分でレールが曲がってしまう危険があるからです。

　しかし、これでは超高速で運転することができないので、新幹線では1本200m以上あるロングレールを用いて継ぎ目を減らしました。ちなみに、最も長いロングレールは東北新幹線いわて沼宮内―八戸間に敷設され、その長さは何と60・4kmにも及びます。これだけの長さのレールをどうやって製造し、運んだのかという疑問が生じますが、実は1本200mのレールを運び、現地で溶接してつないだのです。

ロングレールは斜めに切ってつなぐ

　ロングレールを用いていてもレールの継目を完全にはなくすことはできません。そこで、継目には伸縮継目と呼ばれるしくみが採用されました。これは、レールの先端を鋭く斜めに切り取り、もう一方のレールをその切り口に合わせて添わせるという方法です。ポイントに設置されているレールとよく似ています。

　伸縮継目にはすき間がないので、振動はほとんど生じないといってよく、わずかに〝ゴーッ〟という音が聞こえてくる程度です。また、気温の変動でレールの長さが変わっても、レール同士が重なっている部分でその差を吸収してしまうので、常に同じ状態で車輪が通ることができます。

ロングレールのしくみ

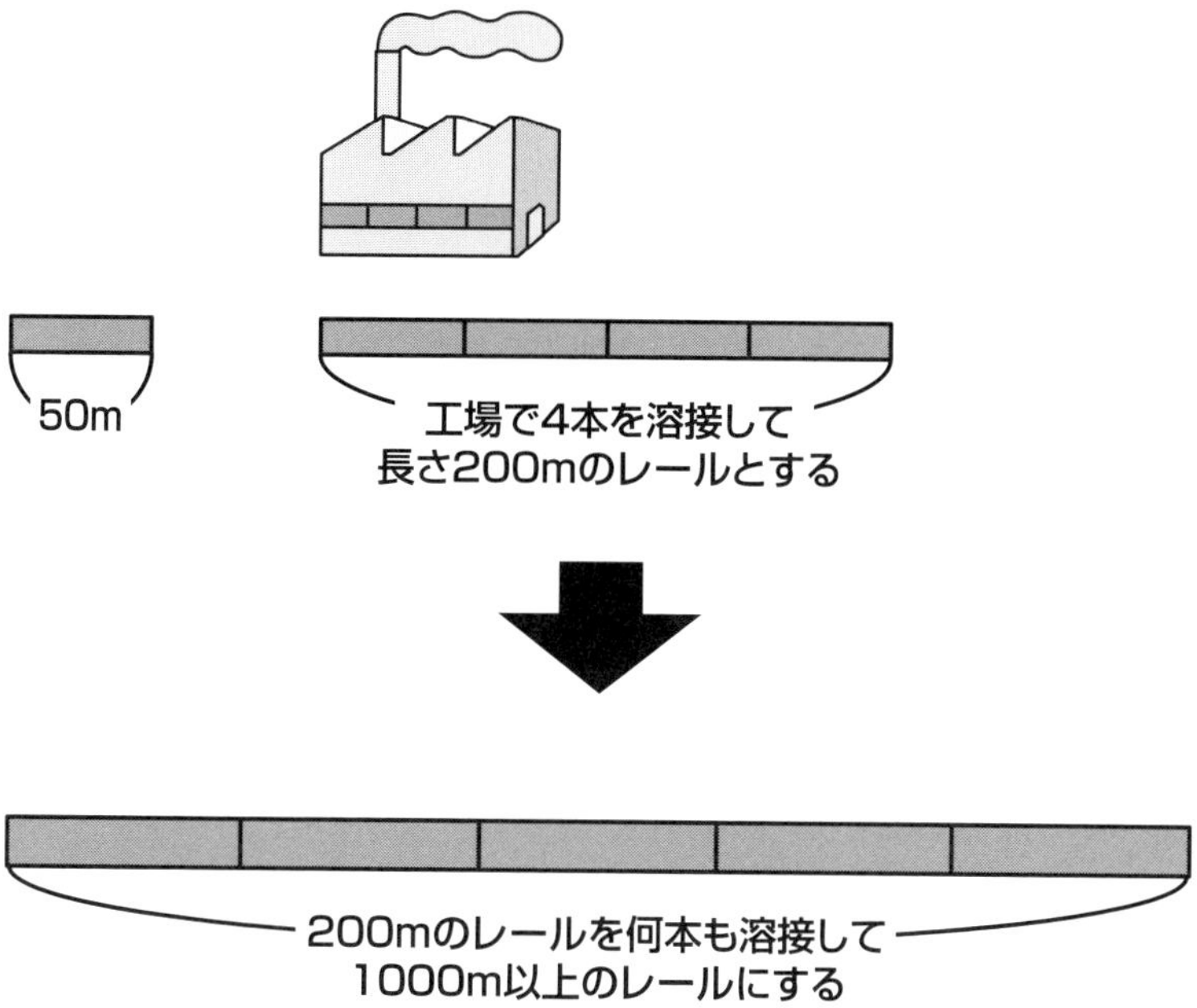
50m
工場で4本を溶接して
長さ200mのレールとする
200mのレールを何本も溶接して
1000m以上のレールにする

伸縮継目のしくみ

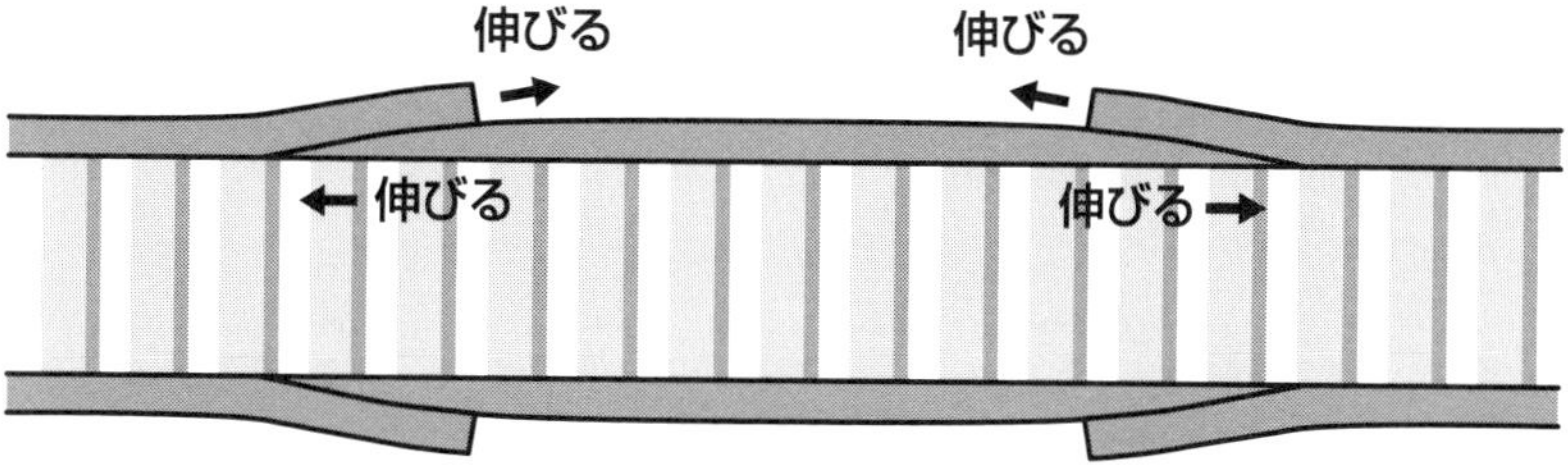
伸びる
伸びる
伸びる
伸びる

気温が上昇してレールが伸びた場合、内側のレールは外側のレールに食い込み、同時に外側のレールは外に向かって伸びるので、継目の部分にすき間は生じない。

07

バラスト軌道とスラブ軌道、直結軌道

昔ながらのバラスト軌道

新幹線の線路の構造を大別するとバラスト軌道とスラブ軌道との2種類があります。また、直結軌道も一部で導入されました。

最も古くから用いられているのはバラスト軌道です。これは、路盤にバラストと呼ばれる砕石を敷き、その上にまくらぎを並べて2本のレールを固定します。新幹線の場合、コンクリート製のまくらぎを用いて建設されました。

バラスト軌道には騒音や振動が少なく乗り心地がよい、水はけがよい、建設費が安いといったメリットがあります。その反面、強度が低く、列車の通過によって線路にゆがみが生じやすいため、頻繁にメンテナンス作業を行わなくてはなりません。この結果、保守費も割高になるという欠点があります。

バラスト軌道の欠点を解消した軌道

スラブ軌道とは、コンクリートで舗装された路盤の上に、スラブと呼ばれるコンクリート製の平面板を設置し、その上に2本のレールを固定する線路です。スラブがまくらぎの役割を果たしているため、まくらぎはありません。

ゆがみが生じにくいので高速運転に向いていて、保守費を軽減することもできます。ただし、バラスト軌道に比べて騒音や振動が大きくなりがちです。山陽新幹線で本格的に用いられ、以後、東北新幹線や上越新幹線でもほぼ全線にわたって採用されています。

近年導入が進んでいる直結軌道はまくらぎを直接路盤に並べて固定するものです。直結軌道にはいくつかの種類がありますが、東北新幹線の盛岡—八戸間で導入された直結軌道は弾性まくらぎ直結軌道と呼ばれます。

弾性まくらぎ直結軌道ではレールとまくらぎとの間、そしてまくらぎと路盤との間にゴムなどでできたパッドを弾性材として挿入して敷設されました。パッドによって騒音や振動が軽減され、しかも軌道のゆがみが生じにくいことから、保守の手間や費用を抑えることができます。

さまざまな軌道

バラスト軌道

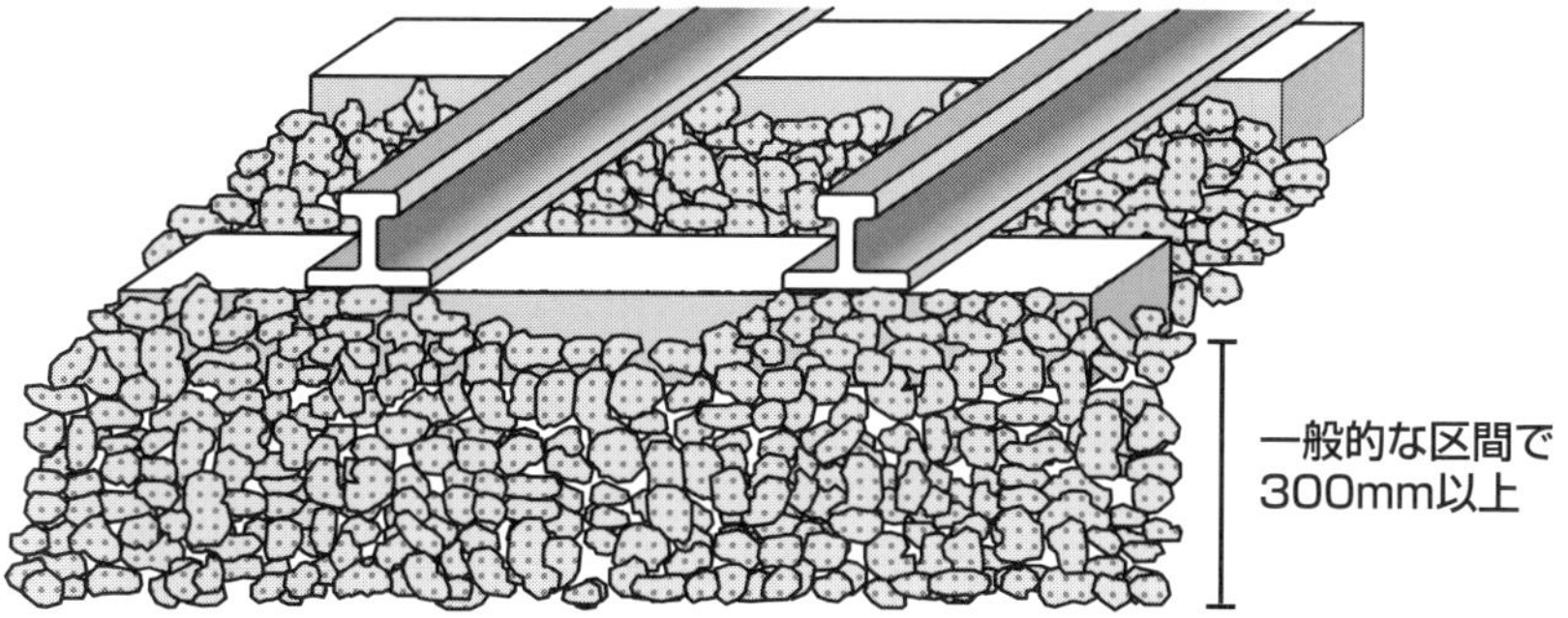

出典:田中宏昌・磯浦克敏編、『東海道新幹線の保線』、日本鉄道施設協会、1998年12月、104ページより一部改変

スラブ軌道

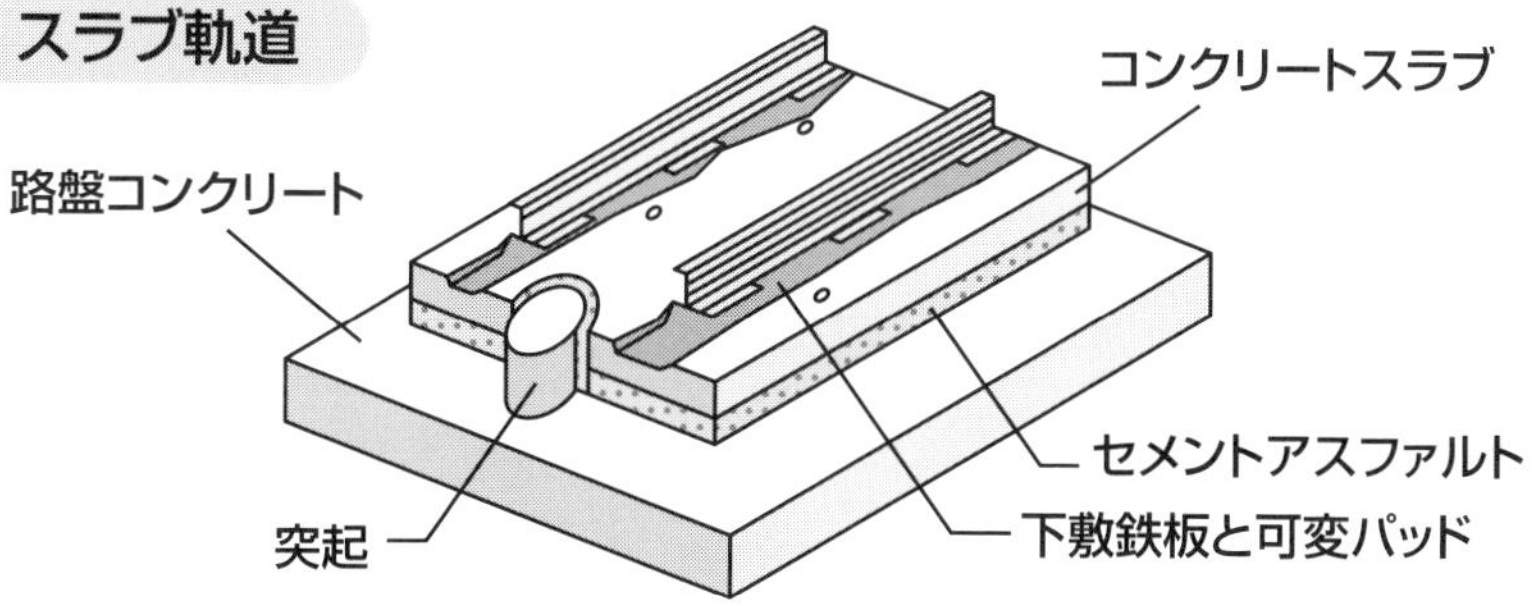

出典:『新幹線の30年』、東海旅客鉄道新幹線鉄道事業本部、1995年2月、219ページ

弾性まくらぎ直結軌道

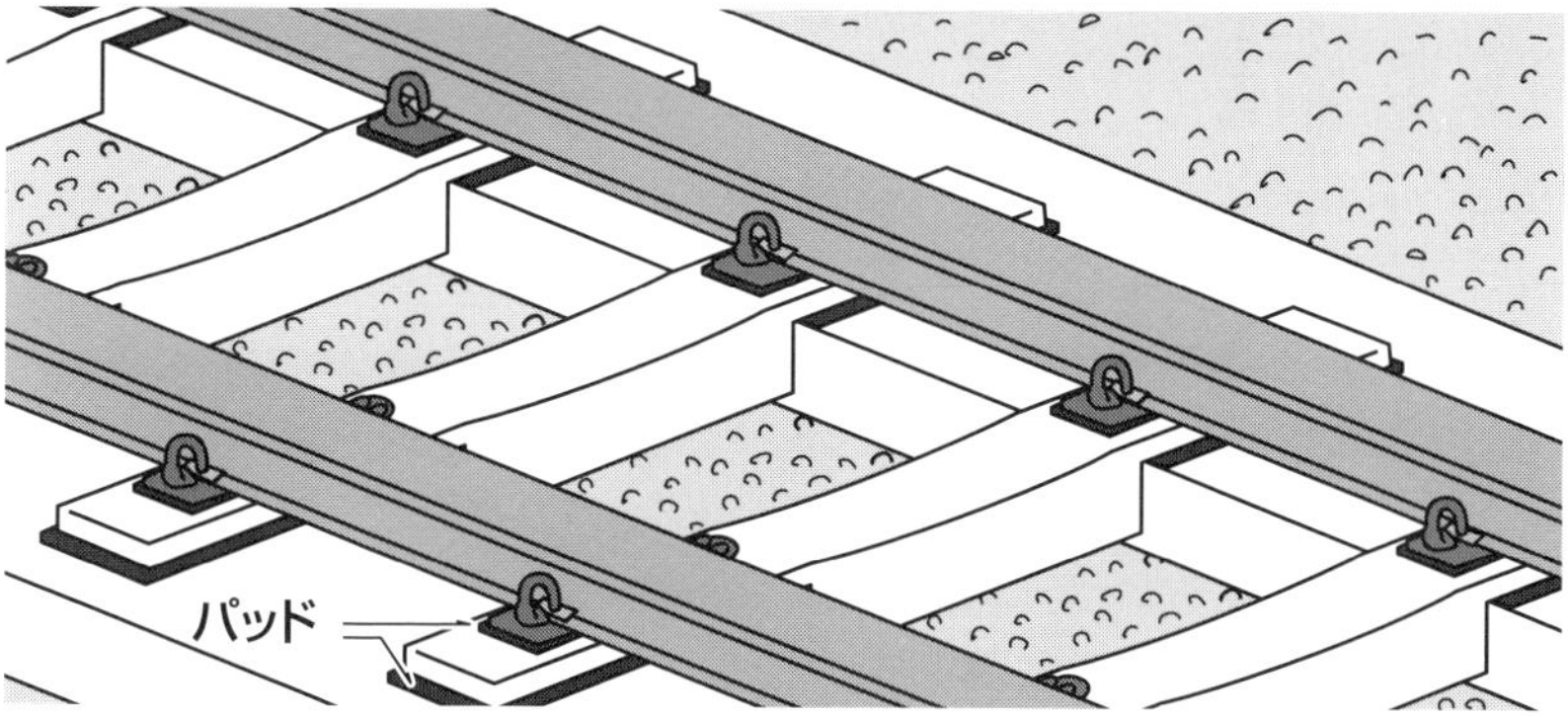

分岐器《ぶんぎき》

線路を2本以上に分岐させるための装置

分岐器《ぶんぎき》とは、１本の線路を2本以上に分岐させるための装置です。たとえば、遅い列車を待避させて速い列車に追い抜かせる場合（１０６ページ）など、列車を別の線路に入れるには分岐器を設置する必要があります。分岐器のうち、線路を分ける装置をポイントといいますが、一般的には分岐器全体をポイントと呼ぶことが多いようです。

新幹線の分岐器の大多数は線路を二つに分けます。直進側と分岐側の2方向です。線路を分ける部分には可動可能なトングレールを敷き、この働きで列車の進路が変わります。トングレールの先端は細くなっており、もう一方のレールとぴったり接続するため、列車は滑らかに走行できます。

高速で通過が可能なノーズ可動クロッシング

分岐器は高速運転の障害になりやすい部分の一つです。在来線の分岐器では、レール同士が交差するクロッシングと呼ばれる個所には車輪がどちらの方向にも進めるようにと切り欠きが設けられていて、列車が通過すると大きな衝撃や振動が生じてしまいます。これでは超高速での走行は困難です。

そこで、新幹線では分岐器を超高速で通過できるよう、ノーズ可動クロッシングが採用されました。クロッシングには先端の頭部がとがったノーズレールがあります。この部分を動かすことでクロッシング部に生じていたすき間を完全に埋めてしまっているのです。

直進側を通過する場合、新幹線の分岐器には速度の制限は設けられていません。いっぽう、分岐側の最高速度は曲線の半径によって決められており、最も多く設置されている半径１１６０ｍの曲線をもつ18番分岐器での制限速度は70㎞／ｈです。

曲線側の制限速度が最も高い分岐器は、上越新幹線と長野新幹線とが分かれる38番分岐器で、高崎駅構内に設置されています。この分岐器では半径８４００ｍの曲線で分岐し、長野新幹線の下り列車は１６０㎞／ｈで通過することが可能です。

分岐器のしくみ

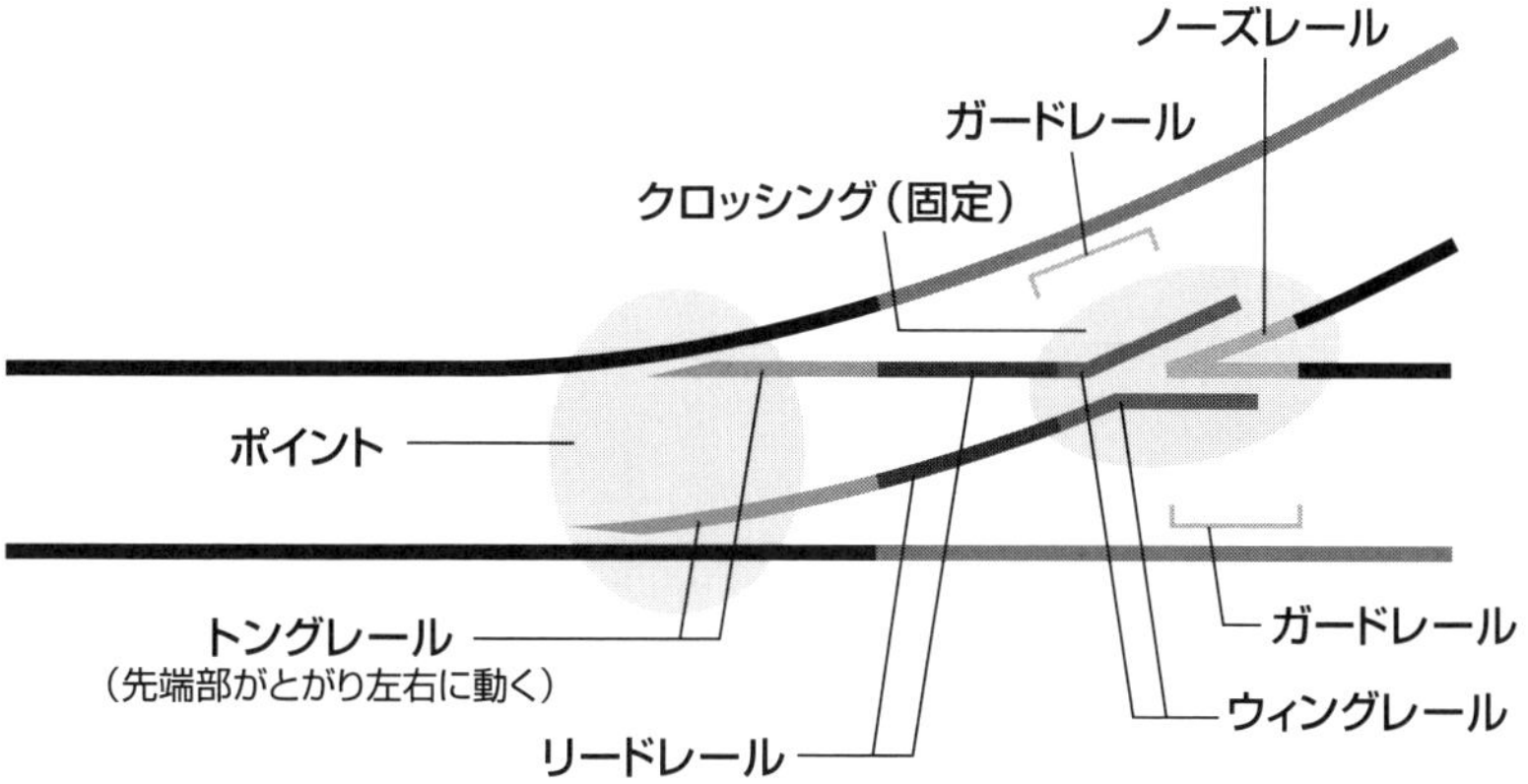

ノーズ可動クロッシング

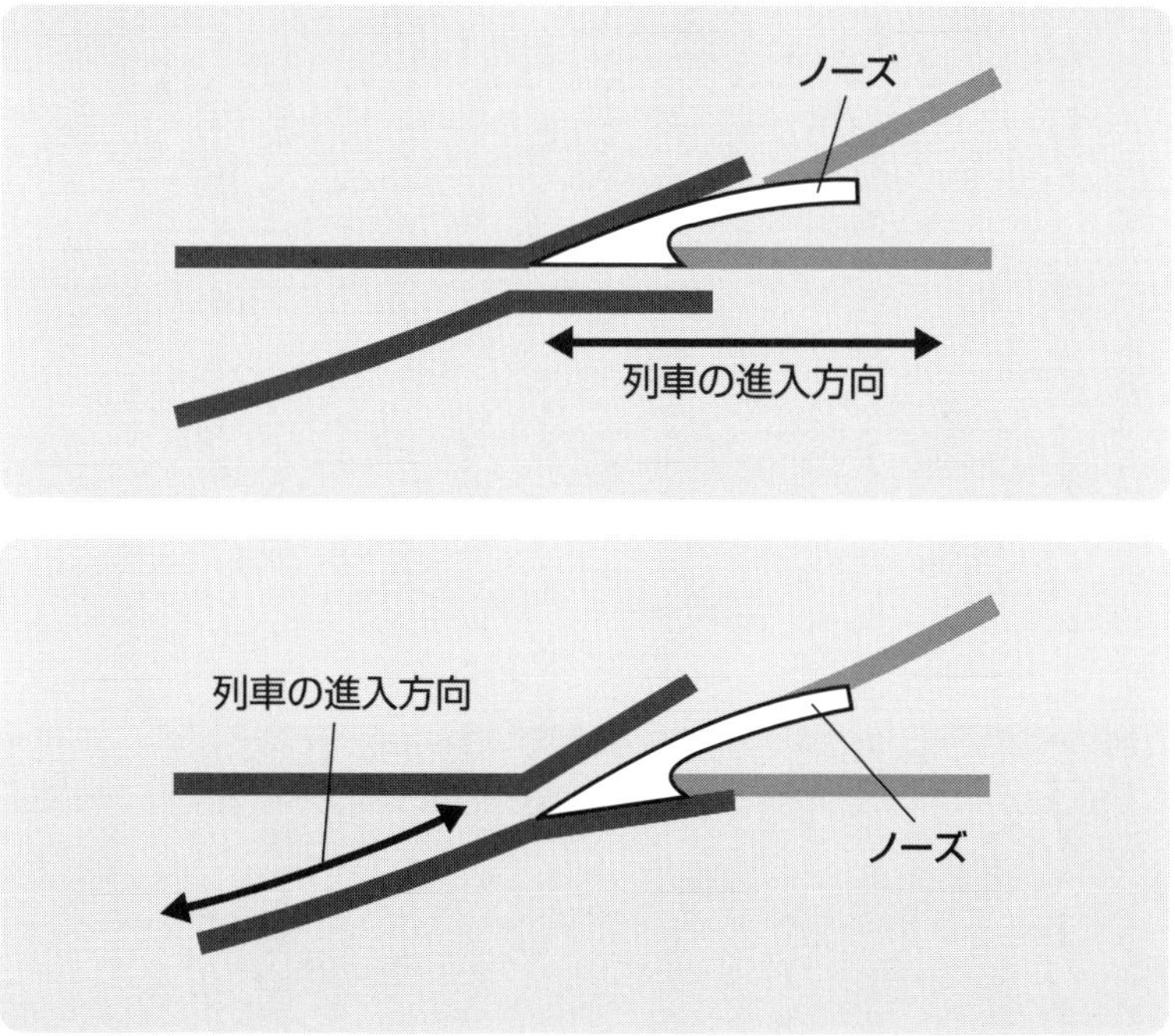

09

盛土《もりど》と高架橋

新幹線では踏切を一切つくらない

新幹線では線路や保安装置を充実させて安全性を高めていますが、踏切内に不意に侵入する自動車との衝突を防ぐことは困難です。そこで、新幹線は道路との平面交差、つまり踏切を一切つくらないという考え方で踏切事故を防いでいます。

踏切をなくすためには、線路を道路よりも高い位置に敷設し、道路の上をまたぐ方法が一般的です。線路を高い位置に敷くためによく用いられる方法が盛土《もりど》や高架橋といった構造物です。

盛土は線路を通すための用地に土を盛って路盤を高くする方法です。最初に開業した東海道新幹線では、ほとんどの区間で盛土を導入し、線路の位置を高くしています。盛土には建設費が安くなるというメリットがありますが、大雨で崩落したり、振動でレールの高さがずれるなどの問題があり、保守のための費用がかさみやすくなります。そこで東海道新幹線に続いて建設された山陽新幹線では、強度の高いコンクリート製の高架橋が多く用いられています。

近年は用いられなくなった高架橋

高架橋とは地上に連続して架けられた橋のことです。新幹線ではコンクリート製のなかでも特に強度を高めたプレストレスト・コンクリート（ＰＣ）によって建設されたものが主流を占めています。盛土に比べると建設費は高くなりますが、保守費は軽減されますし、桁下の空間を駐車場などに有効活用することができるなどのメリットもあります。

山陽新幹線に続いて開業した東北新幹線や上越新幹線も高架橋が多く採用されましたが、あまりにも建設費がかさみすぎたため、長野新幹線以降に開業した新幹線では、高架橋の設置をできるだけ抑える方針に変更されています。

これらの新幹線では改良を加えた土の上にスラブ軌道を敷設し、線路をできるだけ地面に近い位置まで下げました。道路や在来線は新幹線の線路の上をまたぐような構造となっています。

盛土と高架橋のしくみ

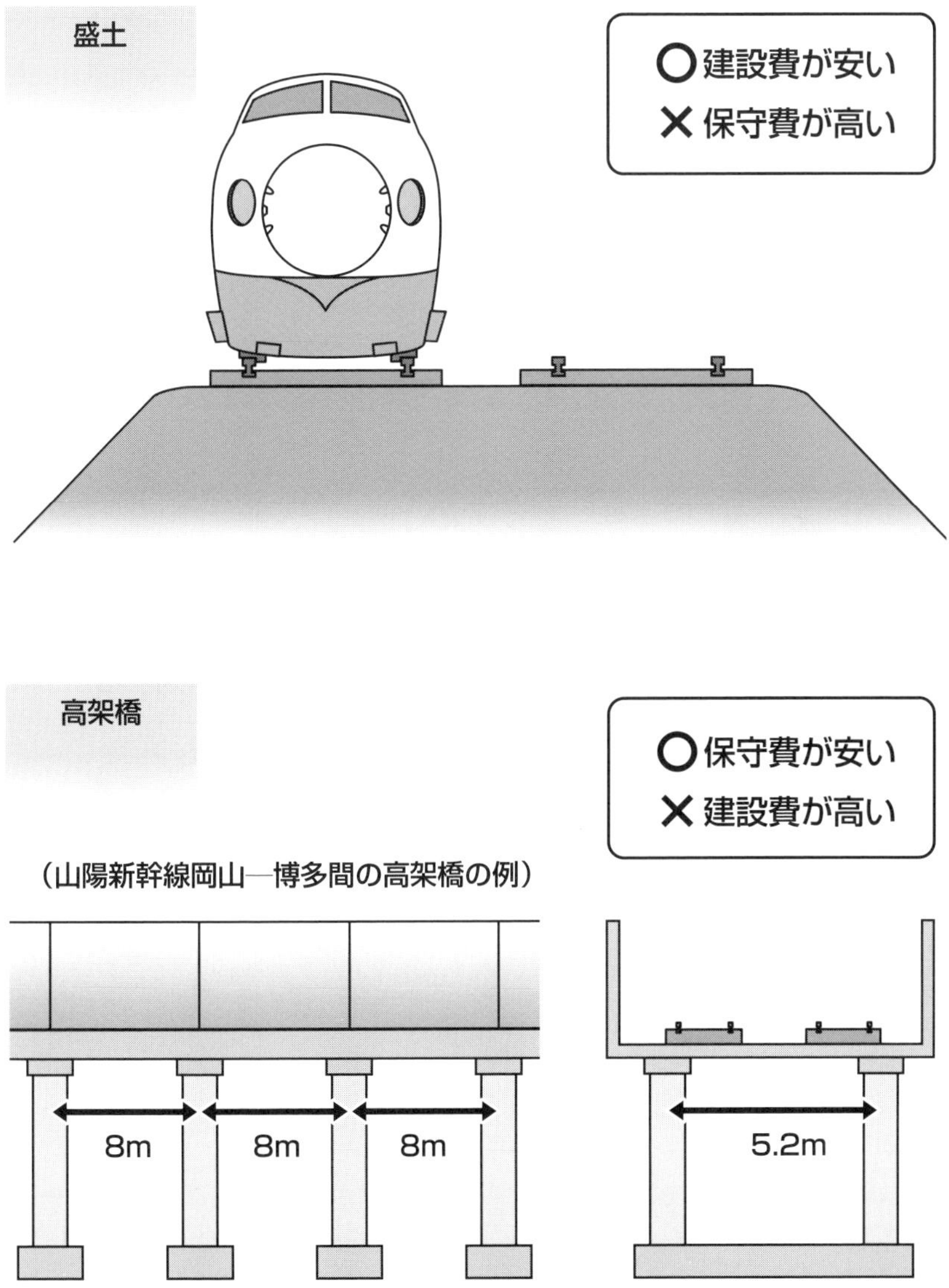

出典：『新幹線の30年』、東海旅客鉄道新幹線鉄道事業本部、1995年2月、221ページ

駅で見られる標識類

線路の状態を知るための標

新幹線にはＡＴＣが採用され、運転室の速度計に信号を表示する方式が採用されました。しかし、ＡＴＣ信号だけでは線路の状態はわかりませんし、細かな指示もできません。このため、地上に標や標識が設置されました。

距離標とは線路の位置を知るためのものです。地上には１００ｍおきに設置されていますが、これでは高速で走っていると見づらいため、電柱にも１㎞おきに取り付けられています。

勾配標は線路の勾配を知るためのものです。勾配が変わる場所に建てられていますが、新幹線の場合、ホームが設置されている部分には勾配がありません。一般には見つけることは難しいでしょう。

曲線標とはカーブの半径だとかカント量といった情報を伝えるためのものです。カーブの始まりと終わりに建てられます。

駅で見られるさまざまな標識

どの駅にもホームの先端には菱形の板に「×」または数字が書かれた標識があります。これは停止位置目標と呼ばれ、「８」と書かれていたら、８両編成の列車の運転士はこれを目標にして列車を停止させます。

停止位置目標の少し先には橙黄色《とうこうしょく》に黒十字の標識も設けられています。これは停止限界標識といい、ＡＴＣ信号が停止を示していたらこれより先に車両を進めることはできません。

東京駅などのように、線路が行き止まりになっている部分では、黒地に橙黄色の棒のようなものが四方に広がっているかのように見える標識があります。これは車止標識と呼ばれ、線路の終端を指示します。

ホームの先端では半円状に３個の電球が付いた標識とその下に１灯の電球が設置されているのが目に入るかもしれません。これは入替標識といって、折り返しなどのために車両を移動させるためのものです。３個の電球が２灯斜めに点灯していれば線路の開通を示し、そうでないときは水平に２個点灯します。また、下の電球が点灯していなければ、入替標識であるとは認められません。

標や標識のいろいろ

距離標

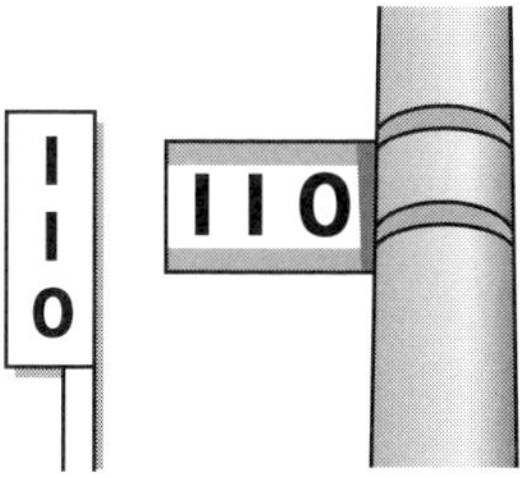

起点からの距離が110kmであることを示す。JR東海は電柱に取り付けられているものを運転距離標と呼んで区別している。

勾配標

色の付いた棒の上に数字が記されていれば上り勾配、下であれば下り勾配であることを表す。図の場合は15‰の下り勾配が始まることを示している。

曲線標

半径2492mの曲線が始まることを示している。なお、BTC(Beginning of Transition Curve)とは緩和曲線といい、直線と曲線との間をつなぐ緩やかな曲線を指す。

車止標識

停止位置目標

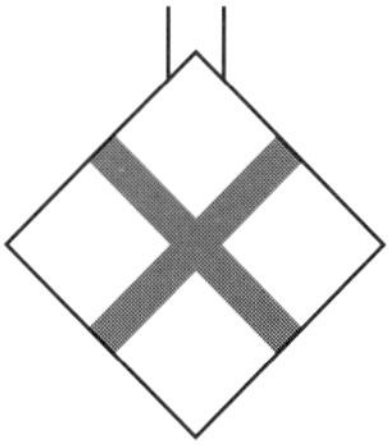

入替標識

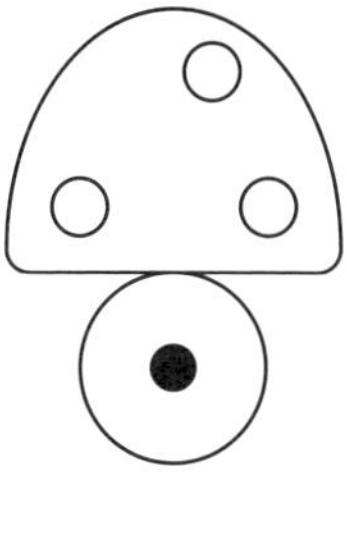

出典:田中宏昌・磯浦克敏編、『東海道新幹線の保線』、日本鉄道施設協会、1998年12月、371~374ページ

Column

リニアモーターカー

リニアモーターカーはリニアモーターの力で走ります。ここで登場するリニアモーターとは回転するモーターを切り開いて平面上に広げたものです。具体的にいうと、モーターには回転部分として回転子、そして回転子の周りを取り囲み、軸を回す役割をもつ固定子とがあります。このうちの固定子を平たく伸ばして線路上に敷設し、車両側に設置した回転子を引き付け、車両を前に進ませていくのです。

いま実用化されているリニアモーターカーには、レール上を走る車両がリニアモーターを用いて走行するものと、電磁石の力で車両を浮上させ、リニアモーターによって推進するものの2種類があります。次世代の新幹線と目されるリニアモーターカーは後者のシステムを採り入れた乗り物です。

JR東海と鉄道総合技術研究所(鉄道総研)とで開発中のリニアモーターカーは超電導吸引型磁気浮上・リニアインジェクションモーター推進方式といい、略して超電導リニアと呼ばれます。最大の特徴は浮上の方式です。

車両に搭載したニオブチタンという合金をマイナス269度に冷やすと、電気は永久に流れ続けます。これが超電導状態です。すると、線路側の固定子と反発して車両は10cmほど浮き上がります。あとは車両側の超電導磁石と固定子との間で反発と吸引とを繰り返して走行するのです。

現在、JR東海と鉄道総研は山梨県大月市から同都留市に至る全長18.4kmの山梨実験線で超電導リニアの試験を行っています。有人での走行で581km/hを達成し、累積走行距離も50万kmに到達しました。なお、山梨実験線は現在も工事が進められており、2013（平成25）年度には山梨県笛吹市から同上野原市までの42.8kmに延びる予定です。

JR東海は2025(平成37)年に超電導リニアの運転を首都圏と中京圏との間で開始したいと発表しています。実用化されれば両都市圏の間は1時間ほどで結ばれることでしょう。

とはいうものの、総額で8兆円といわれる高額な建設費や、電力消費量が270km/hで走行する「のぞみ」の約3倍にも達するという具合に課題も山積しています。

6章

架線・トンネル・橋りょうのひみつ

01

新幹線の電力

新幹線に最適な交流電力

新幹線の架空電車線（架線）を流れている電力はすべて交流です。電圧はすべて2万５０００Ｖで電源周波数は東海道、山陽、九州の各新幹線が60Hz、東北、上越の各新幹線が50Hzとなっており、長野新幹線は軽井沢付近を境に高崎側が50Hz、長野側が60Hzとなっています。

在来線の大多数の区間は直流１５００Ｖで電化されていますが、新幹線に交流は欠かせません。というのも、新幹線の車両は超高速で走行するため、大量の電力を消費するからです。

東海道新幹線開業前の予測では、２００km／ｈで列車を走らせるには加速中に2万kWの電力が必要だと見積もられました。仮に直流１５００Ｖで電化しますと、架線には落雷時並みの1万３３３３Ａもの電流が生じます。パンタグラフと架線が離れて火花が散ると、車両が発火する恐れすらあるのです。現在の交流のように電圧を２万５０００Ｖに上げれば電流は８００Ａまで下げることができます。

交流電化には電源周波数の問題が

新幹線が使用している電力はすべて電力会社から供給されるしくみです。電力会社が発電している電力は交流（正確には三相交流）ですから、変電所では変圧器の配線を工夫することで架線に流す単相交流を得ることができます。直流で電化すると変電所には整流器が必要となるなど、やや手間がかかるので、この点でも交流での電化にメリットがあるといえるでしょう。

問題もあります。日本の場合、東日本が50Hz、西日本が60Hzと電源周波数が異なっているからです。このため、東西を結ぶには対策が必要となりました。東海道新幹線の開業時には車両側で対処することは困難だったので、電源周波数を変える変電所を建設しています。具体的には東京電力から供給された50Hzの交流をＪＲ東海の浜松町、綱島、西相模、沼津（建設中）の周波数変換変電所で60Hzに変え、架線に送るしくみです。長野新幹線が開業したときには技術が進歩し、車両側で対処することができるようになりました。

新幹線に電力が供給されるしくみ

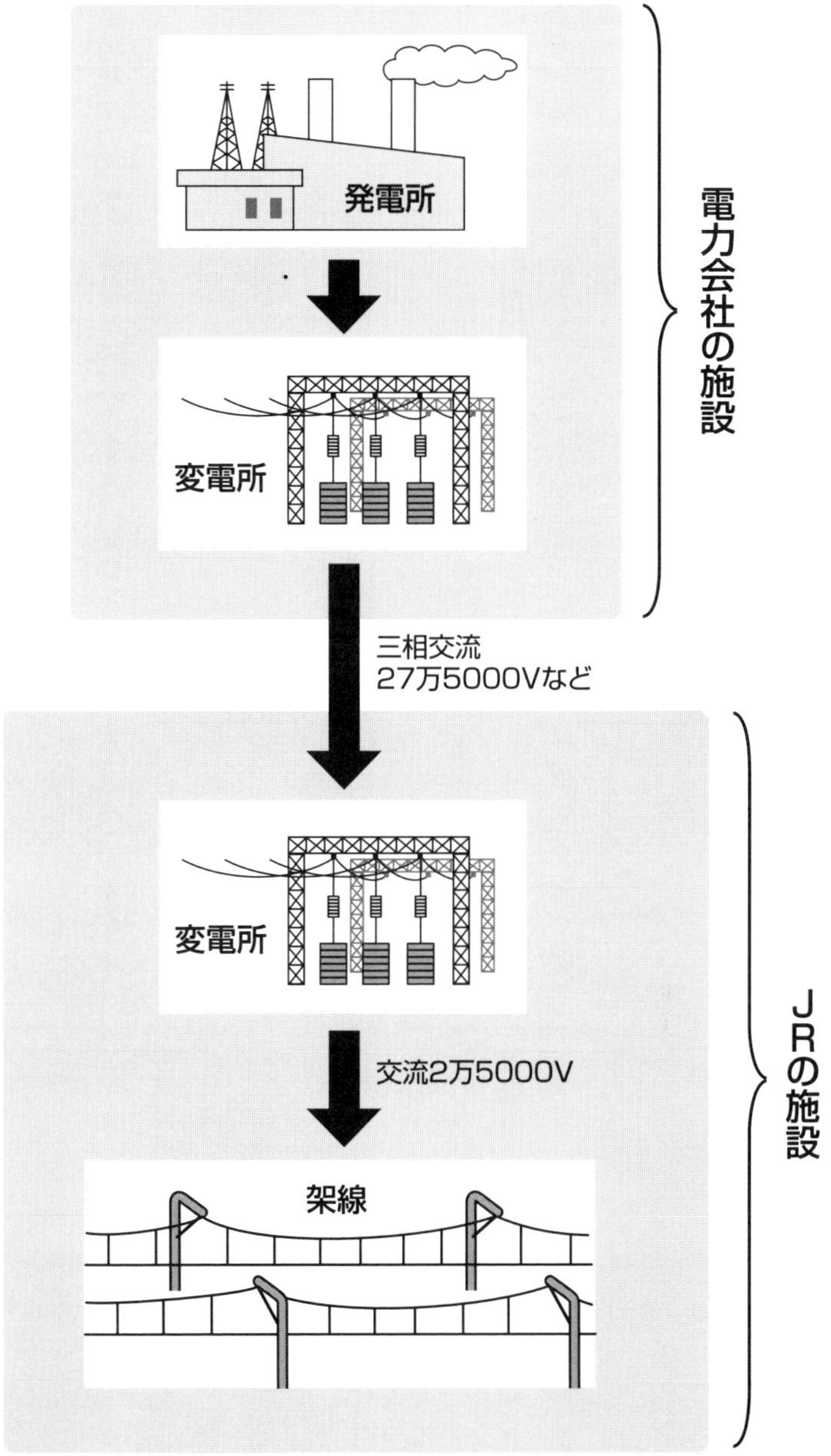

さまざまな架線

新幹線の架線は重く、太く、強い力で張られている

新幹線の車両に電力を供給するため、線路の上空には架線が張られています。架線には交流２万５０００Ｖが流れ、電力はパンタグラフを通じて車両へと取り込まれるのです。

超高速で車両が走行するため、架線にはパンタグラフから大きな振動が伝わります。その際に一緒に揺れてしまってはパンタグラフが架線から離れてしまい、安定した電力供給を行うことはできません。このため、パンタグラフと接する電線（トロリ線）は新幹線の場合、主に１km当たり約１・５ｔもある銅製のものが用いられ、直径も約15・５mmと太く、約９・８KN（１・０ｔ）から約24・５KN（２・５ｔ）と非常に強い力で張られている点が特徴です。

トロリ線を支える方式は2種類

トロリ線だけを張ると、支持物が取り付けられている電柱付近以外ではたるんでしまうため、上方にたるみを取るためのちょう架線を張り、トロリ線を支えています。

このようなしくみをカテナリちょう架式といい、新幹線にはシンプルカテナリとコンパウンドカテナリの2種類が導入されました。

シンプルカテナリとは1本のちょう架線でトロリ線を支える架線を指します。トロリ線のたるみがやや残るため、かつてはあまり高速で走行する必要のない駅構内や車両基地内などに敷設されていました。しかし、近年は改良が進み、２６０km／hでの走行にも対応した高張力シンプルカテナリが開発され、長野新幹線以降に開業した新幹線では全面的に用いられています。

コンパウンドカテナリとはちょう架線を2本用いてトロリ線を支える架線です。最も上にあるちょう架線は補助ちょう架線を支持し、この補助ちょう架線がトロリ線を支えます。たるみが少ないため、東海道新幹線の開業時から採用されました。当初は１km当たり９８７・７kgの重さのトロリ線を用いていましたが、架線の切断事故が多発したため、先ほど紹介したさらに重いトロリ線へと取り換えられ、ヘビーコンパウンドカテナリと呼ばれます。

シンプルカテナリ

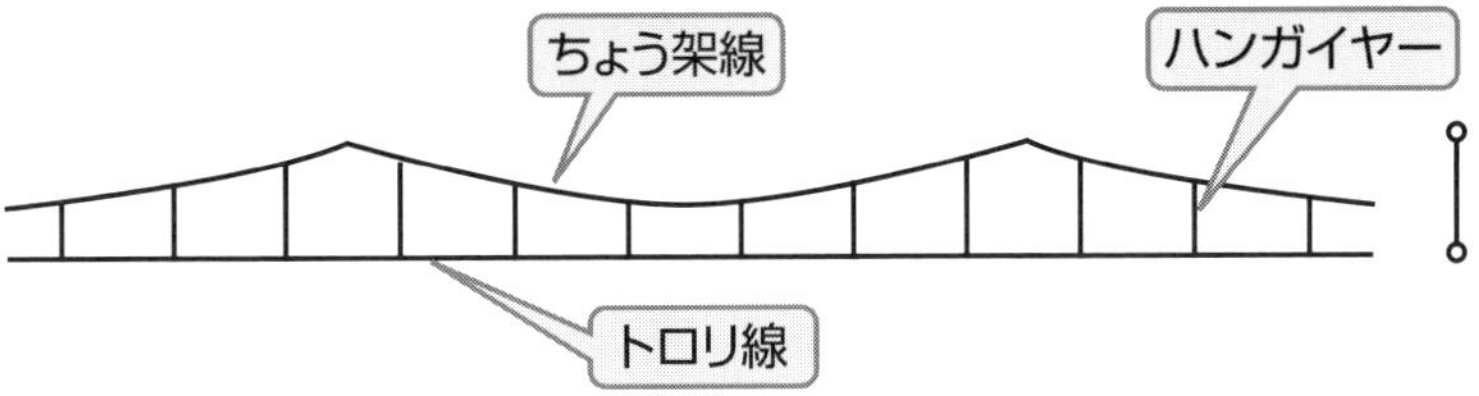

コンパウンドカテナリ

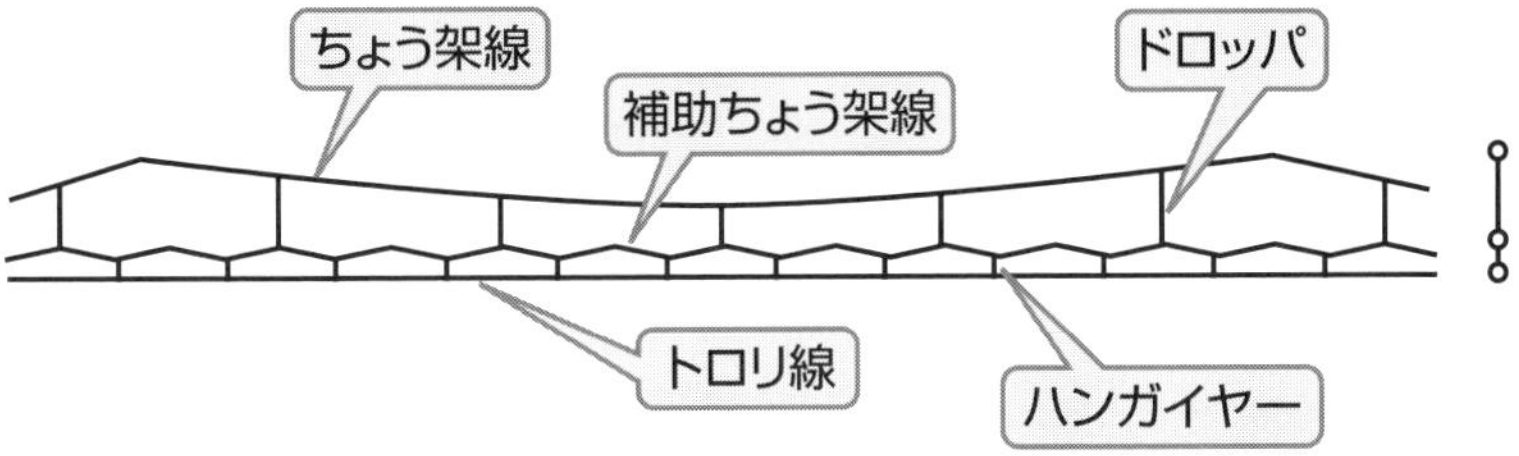

架線の張り方

●電柱の間隔は50mが基本で、40mほどの間隔で建てられているものもある。

●架線はレール面から5m±0.1mの位置に張られ、なおかつ、110km/h以上で走行する区間ではレールとの勾配の差は3‰以内となっている。

●パンタグラフのすり板が均等に摩耗するよう、架線はジグザグに張られている(偏位)。直線区間では偏位は軌道中心面から左右に150mmずつ設けられた。

セクション

電力の境界に設けられた力行切替セクション

新幹線の変電所から供給される電力は上下線の架線とも同じ波形（正確には位相）の交流が送られています。したがって、電力が供給される区間の境界（セクション）では波形の異なる電力が双方から顔を合わせる形となるため、架線を接続することはできません。

セクションでは両方向の架線の間に絶縁物をはさむ方式が考えられました。ニュートラルセクションまたはデッドセクションです。ニュートラルセクションを通過する場合、列車はいったん加速をやめなくてはなりません。しかし、超高速での運転を行う新幹線ではおよそ20kmごとに現れるセクションのたびに加速を中断すると速度が落ちてしまうため、力行《りっこう》切替セクションという方式が考案され、すべての新幹線に設置されました。

力行切替セクションとは、架線を流れている電力の供給元を開閉器を用いて一瞬のうちに切り替えてしまうシステムです。列車がセクション付近に差しかかるとセンサーが働き、自動的に開閉器が作動します。切り替えに要する時間はだいたい０・３秒程度ですから、新幹線の車両は加速を中断することなく走り続けることができるのです。

電源周波数、電圧の境界にもセクションを設置

新幹線には波形のほか、ある地点を境に電源周波数や電圧が異なる地点が存在します。ここにもセクションが設けられました。

電源周波数のセクションは長野新幹線軽井沢―佐久平間にあり、ここを境に高崎側には交流２万５０００Ｖ、50Hz、長野側には同、60Hzが供給されています。車両はどちらの電源周波数でも問題なく走行でき、切り替えの際に加速していても問題は生じないため、力行切替セクションが設けられました。

いっぽう、電圧の境界は交流２万５０００Ｖの東北新幹線と交流２万Ｖの山形または秋田新幹線とが接続する福島駅と盛岡駅とで見ることが可能です。駅構内ということもあって列車は低速で走るため、ここにはデッドセクションが設置されています。

力行切替セクションのしくみ

力行切替セクションに列車がいない状態

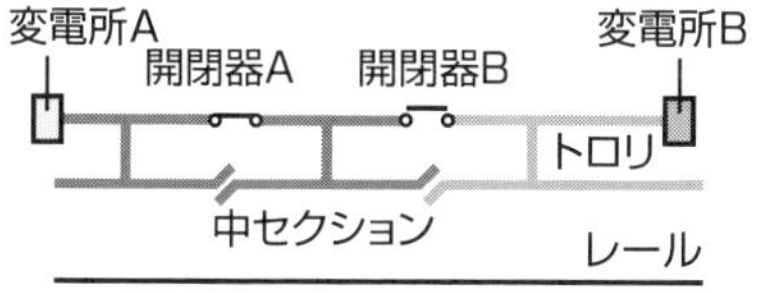

開閉器Aが投入され、中セクションには変電所Aからの電力が供給されている。

力行切替セクションに列車が差しかかった状態

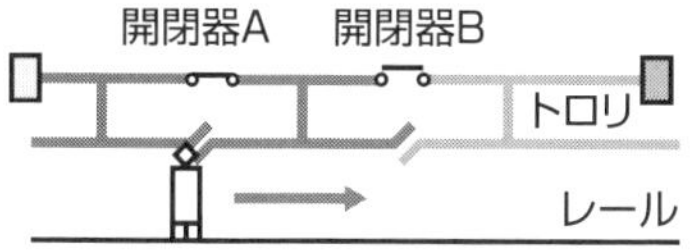

開閉器Aがそのまま投入され、列車は変電所Aからの電力を用いて力行する。

中セクションに列車が差しかかった状態

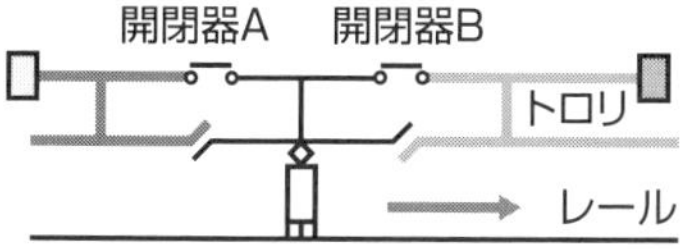

開閉器Aが開放され、列車への電力供給が絶たれる。

切替を済ませた状態

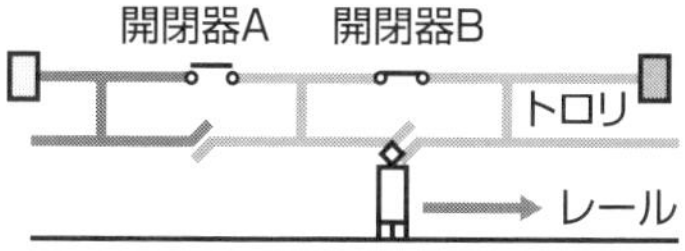

開閉器Bが投入され、列車は変電所Bからの電力を用いて力行する。

列車無線システム

新幹線の列車は開業時から外部との通信手段をもつ

移動中の列車は外部から遮断され、孤立しています。超高速で走行する新幹線の場合、これでは非常に不安ですので、安全面を考慮して開業時から列車無線システムを導入し、外部との通信手段が確立されました。

列車無線システムの構成を見ていきましょう。総合指令所と基地局との間は光ファイバーケーブルで結ばれ、音声やデータの送受信を行っています。基地局は新幹線の各駅、場合によっては駅間にも設置され、ここから列車へ向けて通信が行われるしくみです。

基地局と列車との間の通信方法にはＬＣＸ（Leaky Coaxial Cable：漏洩同軸ケーブル）が採用されています。ＬＣＸとは線路脇に列車と並行して張りめぐらされたケーブルです。列車はケーブルから発射された音声やデータを受信します。電波と比べてＬＣＸは通信の品質がよく、多くの回線が使用できるようになりました。

多回線化により、旅客へのサービスにも活用可能に

列車無線システムのなかで最も重要な機能は運転指令系、旅客指令系と呼ばれる専用直通回線です。運転指令系では運転士は輸送部門や運用部門の指令員と、旅客指令系では車掌は運用部門の指令員と必要なときにいつでも連絡、指令ができるようになっています。

このほか、業務公衆系といって運転士や車掌が地上の各業務機関とやり取りできる業務用の電話回線もＬＣＸに組み込まれました。この電話回線は車内の公衆電話回線ももっており、１本の列車当たり同時に８本の回線を使用することが可能です。これらの回線はアナログ方式を用いていますが、近年ＪＲ東日本はデジタル方式に切り替え、通信品質やセキュリティーの向上が図られました。

ＬＣＸがもつデータ用のデジタル回線を利用し、モニター装置が掌握している車両の状態を総合指令所へと送ることが可能です。また、この回線によって車内の旅客案内情報装置に文字ニュースが表示されるようになり、東海道新幹線では将来、インターネットも利用できるようになります。

列車無線のしくみ

出典:『新幹線の30年』、東海旅客鉄道新幹線鉄道事業本部、
1995年2月、319ページより一部改変

05

保守担当者と列車を守るしくみ

保守担当者を守る列車接近警報装置

　新幹線の線路や構造物の検査といった保守管理業務は日中に行われています。その際には線路内に立ち入り、巡回しながら検査を行うケースもしばしばです。当然のことながら、列車は超高速で走行していますから、列車の通過前に担当者たちが保守用の通路などで安全に待避できるよう、列車接近警報装置が導入されました。長期にわたって工事が行われる個所や長さ２００ｍ以上のトンネルに設置され、列車の接近を音声で知らせるしくみです。

　トンネル内の列車接近警報装置のしくみを見ていきましょう。この装置は軌道回路といって、列車の走る位置を知るためにレール上に設けられた電気回路によって作動します。列車がトンネルの入口まで１８００～２２００ｍ手前の距離、時間にして30～40秒前まで近づいたとしましょう。すると、トンネルの側壁に５００ｍ間隔で取り付けられた警報器から警報音が発せられます。音量は60～１００ホンと約５００ｍ先まで聞こえるほどの大きさです。警報音は６００Hzと９００Hzとの協和音で、この音が１分間に80回鳴り響きます。故障したときのことを考慮して警報器は上り線側と下り線側の２カ所に設けられました。

緊急時に列車を止めるしくみ

　さて、保守管理業務中に線路の異常を発見した場合、すぐに列車を停止させなければなりません。そこで、新幹線には列車防護装置が導入されました。線路脇に設けられた列車防護スイッチを押すことで接近中の列車に表示されているＡＴＣ信号が停止信号となり、即座に非常ブレーキが作動して列車を守るしくみです。

　列車防護スイッチは駅と駅との間で２５０ｍおき、ホーム上では50ｍおきに設置されています。設置場所は盛土、切り取り、トンネル、橋りょう上を問いません。担当者の押しやすさを考慮して、上り線用と下り線用のスイッチが１カ所にまとめられているケースと、それぞれが独立して両側の線路に取り付けられているケースとが見られます。

列車接近警報装置のしくみと列車防護スイッチ

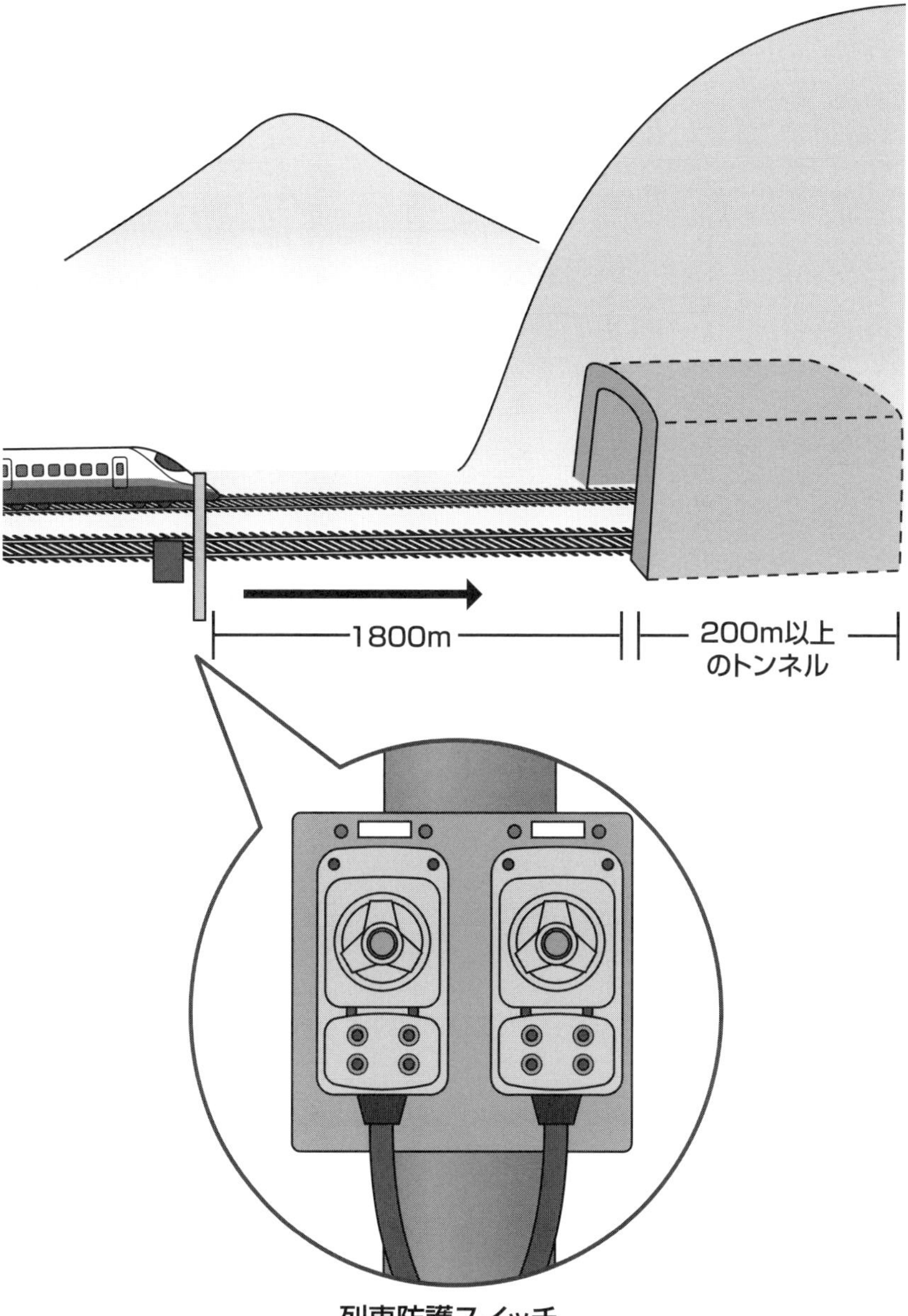

列車防護スイッチ

06

建設のひみつ

建設で重要なのは工事期間と建設費

新幹線の建設は東海道、山陽新幹線、そして東北新幹線上野―盛岡間は国鉄が担当し、ＪＲ化後、東北新幹線東京―上野間は新幹線鉄道保有機構がＪＲ東日本に委託する形で行われました。その他の新幹線はすべて日本鉄道建設公団（現在の鉄道建設・運輸施設整備支援機構）が建設しています。

建設の際に重要なことは工事期間と建設費の2点です。国鉄時代は前者、現在は後者がそれぞれ最も重視されているといえます。

ルートは建設費にも左右される

具体的な建設のしくみを見ていきましょう。まずはルートを決めなくてはなりません。地形図や航空写真に基づいて大まかな通過地点を決め、続いて地質調査を行います。あまりに地質が悪いと超高速で走行する新幹線の車両を支えることができないからです。したがって、こうした個所は極力避けられますが、地形その他の関係で敷設する必要も生じます。このような区間では土を入れ換え、完成後も地盤が安定するまでの間、速度を落として走行しなければなりません。

ルートが決まれば用地の取得作業に進みます。その方法は土地所有者を1件ずつ訪ねて買収の交渉を行うというものです。しかし、いつも交渉がスムーズにいくとは限らず、ときには訴訟にまで発展することもあります。

１９７０年代以降、土地代が急上昇したために建設費に占める割合も上がってしまい、対策が求められました。一つは高架橋の建設です。盛土を築いて線路を敷くよりも高架橋のほうが必要とされる土地の面積が少なくて済むからです。

もう一つはトンネルの掘削となります。取得すべき土地は基本的に坑口と呼ばれる出入口部分だけだからです。トンネルのすぐ上に民家などがある場合は区分地上権を設定して補償金を支払いますが、それでも土地代に比べれば安く済みます。かつてはトンネルを掘削すると建設費や工期がかさむため、なるべく避けられましたが、いまでは積極的に建設されているのです。

東海道新幹線名古屋―京都間のルート決定のしくみ

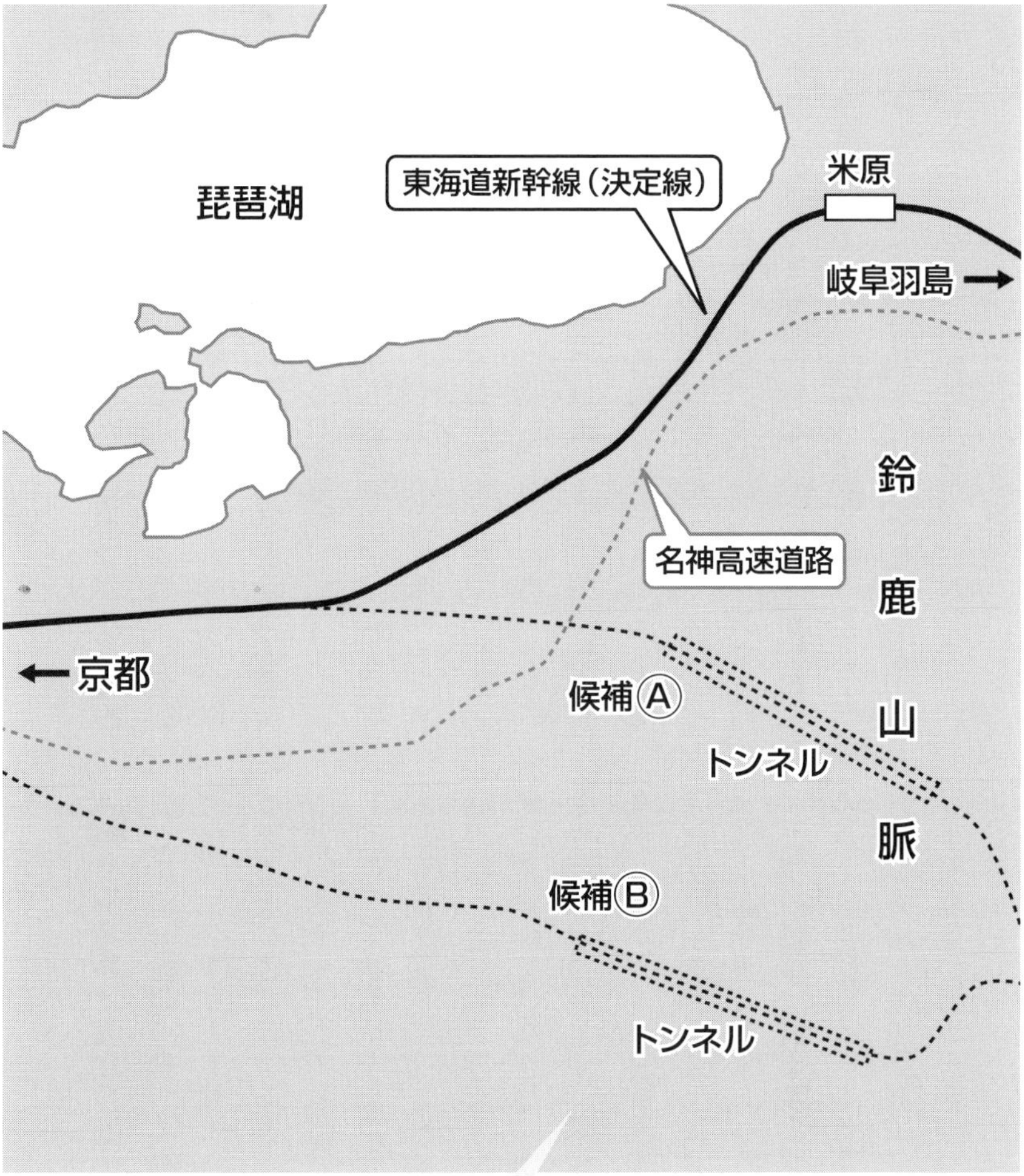

東海道新幹線名古屋―京都間を建設する際、3つのルートが候補に挙げられた。1つは岐阜羽島、米原を通る現在の東海道新幹線のルート、残る2つは鈴鹿山脈をトンネルで抜け、名古屋―京都間をほぼ直線で結ぶルートである。しかし、鈴ヶ岳の下を通る候補A、八風峠の下を通る候補Bともトンネルの長さが13kmにも達し、しかも地質が悪いため、難工事が予想された。この結果、現在のルートが選ばれている。

07

トンネルの役割

積雪の影響を避けるために積極的にトンネルを建設

トンネルとは山や海峡を越えるための構造物で、新幹線のトンネルも同様の目的を果たしています。また、雪の影響を受けないで済むことから、豪雪地帯を通る新幹線では積極的にトンネルが建設されました。

上越新幹線の上毛高原と長岡との間の94・7km（実際の距離）は日本有数の豪雪地帯です。この区間のトンネルは総延長が約68kmもあり、全体の72％をトンネルが占めています。

トンネルを通る68kmの区間では雪によって列車が走行不能となるような事態はなくなりました。しかし、残る26・7kmの区間では積雪の影響を受けてしまいます。このうち、越後湯沢、浦佐、長岡の各駅周辺の平野部ではスプリンクラーによって除雪が行われていますが、山あいの区間では積雪量が多く、除雪は困難です。しかも、トンネルとトンネルとの間は吹きだまりとなることが多く、さらにはトンネルの入口付近では雪崩が起きやすいため、線路が雪でふさがれてしまう事態も考えられます。

トンネルで雪から線路を守るしくみ

この地域を通り抜ける新幹線のトンネルの坑口（入口）には、コンクリート製のスノーシェッド、トンネルとトンネルとの間にはコンクリート製または鋼鉄製のスノーシェルターがそれぞれ設けられ、線路は完全に覆われました。上毛高原駅を発車した上越新幹線の列車は4本のトンネルを通り抜けて越後湯沢駅に到着しますが、これらはスノーシェッドとスノーシェルターで1本に結ばれていますので、長さ約30kmのトンネルを通っているかのように感じられます。同様に、越後湯沢―浦佐―長岡間も何本ものトンネルが1本または2本につながられていますので、いったんトンネルに入ると20kmほどは外に出ることはありません。

大量の積雪に耐えるようスノーシェッドやスノーシェルターは強固につくられました。特に雪崩のエネルギーは強いため、水平方向で最大1㎡当たり約54kN（約5・5t）程度の荷重がかかっても大丈夫な構造となっています。

上越新幹線のスノーシェッドとスノーシェルター

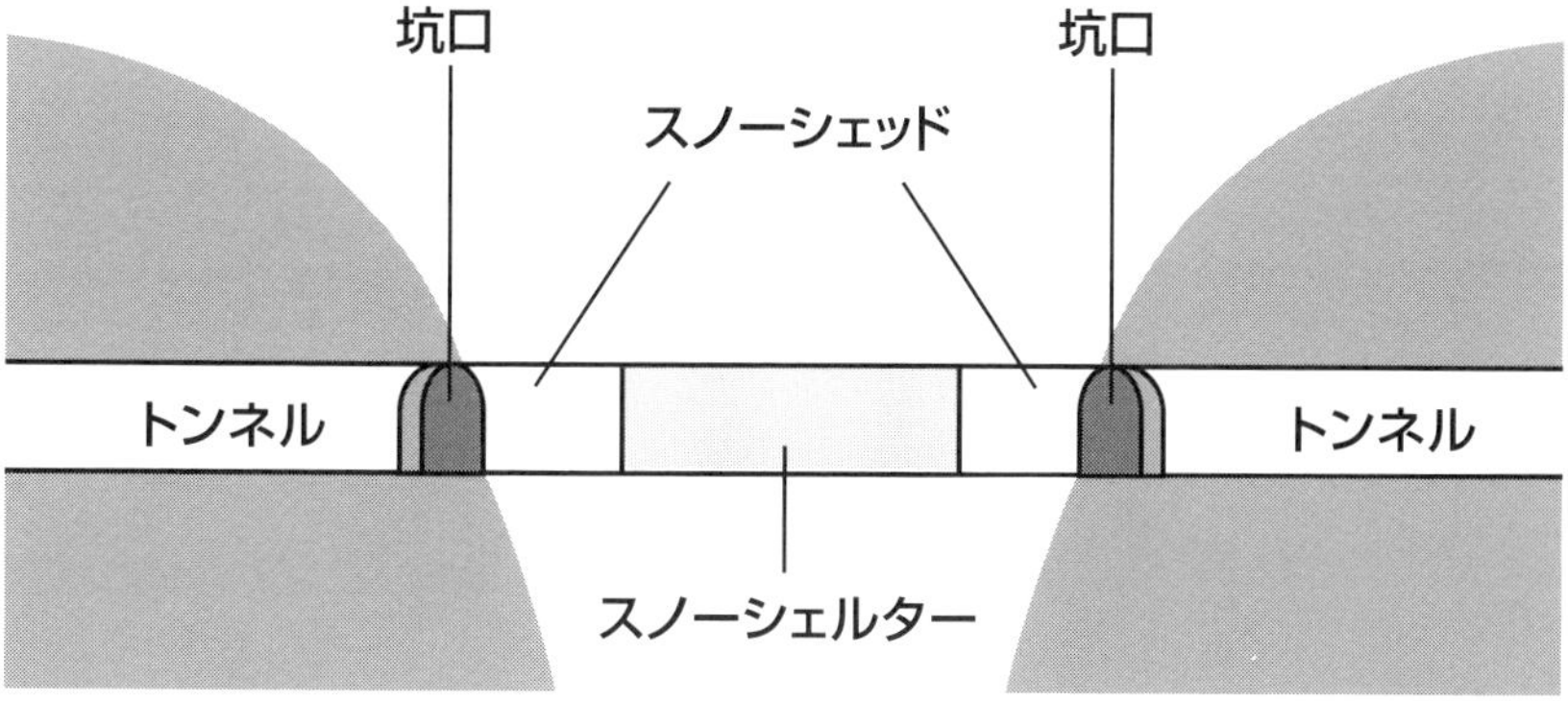

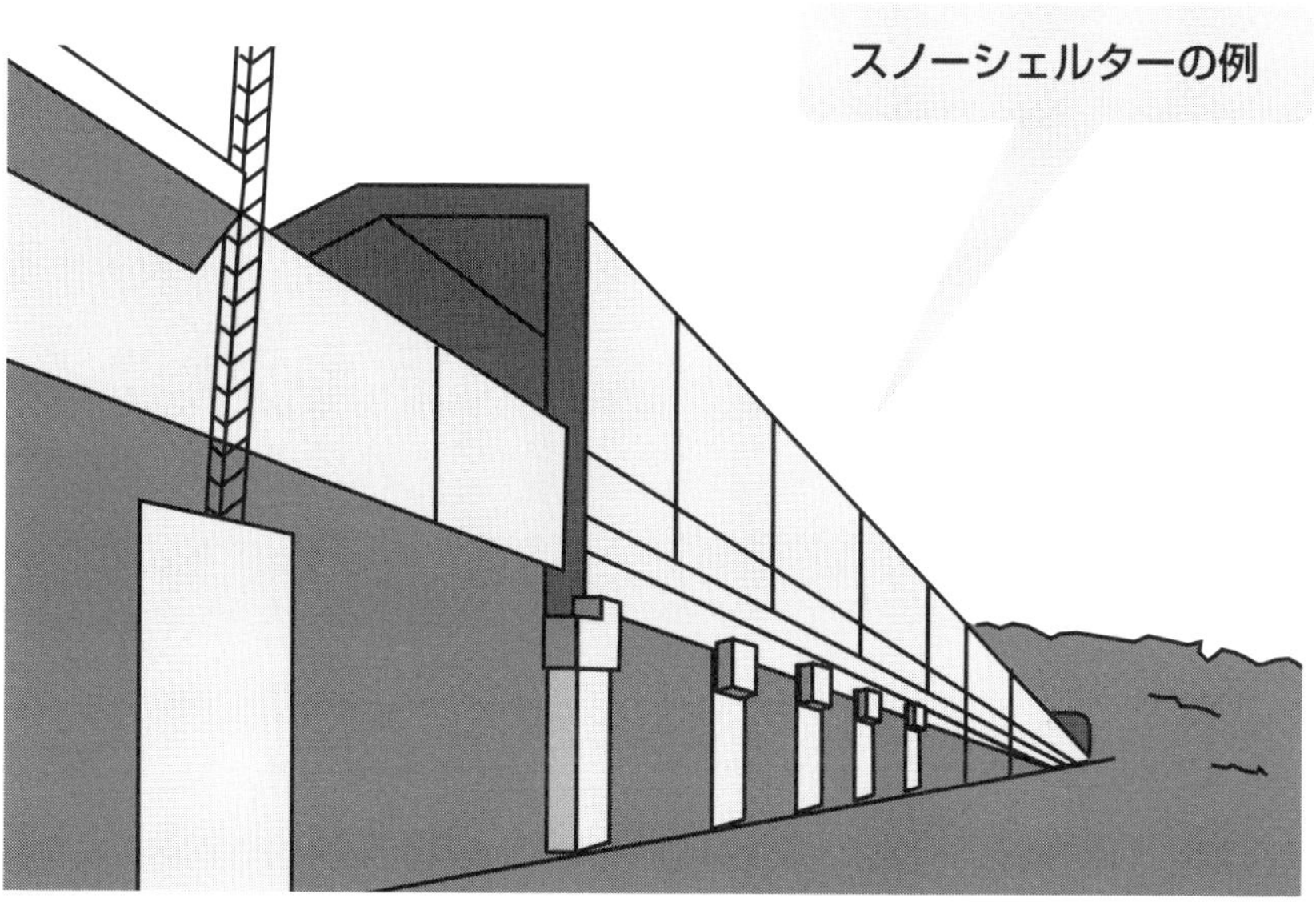

出典:日本鉄道建設公団編、『上越新幹線工事誌　大宮・新潟間』、日本鉄道建設公団、1984年3月、517ページ

橋りょう

新幹線には橋りょうがきわめて多い

河川の多い日本では鉄道を通すために、橋りょうを数多く架ける必要があります。もちろん、新幹線も例外ではありません。また、新幹線は全線が立体交差となっていますので、道路や他の鉄道を越える橋りょうがきわめて多い点も特徴です。

橋りょうのうち、河川や湖、海を越えるものをやはり橋りょうと呼びます。線路を越えるものは線路橋、道路を越えるものは架道橋、河川や道路、線路などを連続して越えるものを高架橋とそれぞれ呼び、これらも橋りょうの仲間です。

橋りょうの分類

新幹線の橋りょうは鋼鉄またはコンクリートによってつくられています。鋼鉄製の橋りょうは軽量で工事費が安価という利点をもっていますが、バラストなどの道床を設けることが難しく、騒音が大きくなることから、最初に開業した東海道新幹線以外ではほとんど採用されていません。

いっぽう、コンクリート製の橋りょうは鋼鉄製の橋りょうよりも重く、建設費が高いという難点があるものの、塗装が不要で保守費が安く、騒音を抑えられるといったメリットがあり、山陽新幹線以降の新幹線では主流となりました。

コンクリート製の橋りょうは鉄筋コンクリート製と、１１８ページでも取り上げたプレストレスト・コンクリート製とに大別され、その比率は大体半々です。プレストレスト・コンクリートとは、伸ばし切った鋼線を芯材とし、鋼線が元に戻ろうとする力を利用してコンクリートに圧縮力を加えたものを指します。コンクリートは引っ張る力には弱いものの、圧縮しようとする力には強いという特性を生かした構造で、鉄筋コンクリートよりも強度が増している点が特徴です。

新幹線の橋りょうの形状には桁橋《けたきょう》、トラス橋、ラーメン橋、アーチ橋、斜張橋がありますが、橋りょうの長さや越えるものの内容、橋りょうの両端に設けられた橋台や中間にある橋脚との間隔によって決められています。

新幹線の橋りょうのいろいろ

桁橋

トラス橋

ラーメン橋

アーチ橋

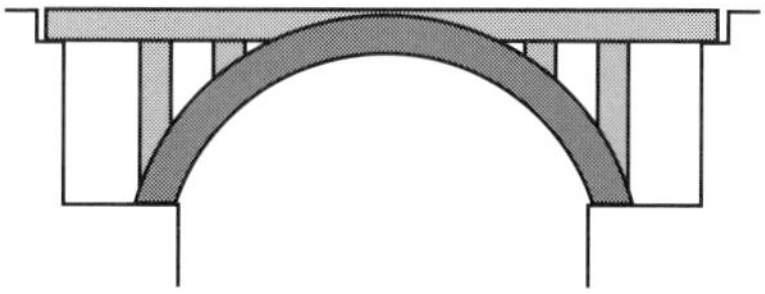

斜張橋

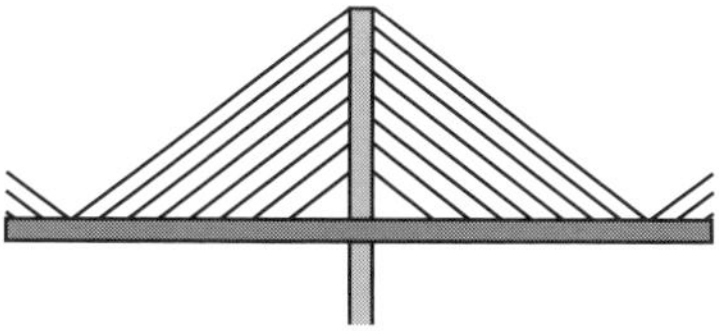

車庫のひみつ

新幹線の車庫はどこにある

東京や新大阪、博多、仙台といった大きなターミナル駅の近くには車庫が設置され、車両は営業運転に備えて待機しています。ターミナル駅を始発、終点とする列車が大多数ですから、この近くに車庫を置けば車両を効率的に運用することができるのです。

　車庫は車両基地と電車留置線とに分けることができます。車両基地とは車庫としての機能のほか、検査や修繕を行うこともできる施設です。東京（ＪＲ東海、ＪＲ東日本とも）、三島、名古屋、大阪（ＪＲ東海）、岡山、広島、博多、小山、仙台、盛岡、八戸、新潟、長野、川内《せんだい》に設けられました。

車両基地と電車留置線の機能とは

　まずは車両基地の構造を見てみましょう。最大で40万㎡程度の敷地をもつ車両基地には車庫として使用する線路が何本も敷かれ、このほかに検査や修繕を行うための検修庫が建てられています。また、一部の線路の上には自動洗車機や車輪を研削するための装置も設けられました。ここでは車両をゆっくり走らせることで洗車や車輪の研削が行われます。

　車両基地では車両内部の清掃、便所や洗面所から生じた汚水をタンクから抜き取る作業も必要です。ごみを車両基地で処理することはなく、専用の処理施設まで運ばれますので、車両基地内には大型トラックが通ることのできる道路が張りめぐらされました。

　ＪＲ西日本の博多総合車両所やＪＲ東日本の新幹線総合車両センター（宮城県宮城郡利府町）は大規模な検査修繕施設をもっています。これらの車両基地では次項で述べる車両工場の機能も備えているのです。

　電車留置線とは折り返しのための車両を短時間止めておいたり、事故などが発生して列車の運行ができなくなったときに車両を収容する施設です。静岡、名古屋駅構内、新大阪駅構内、那須塩原、越後湯沢で見ることができます。数本の線路が並べられた簡素な施設で、あとは乗務員が待機するための建物が設けられている程度です。

JR九州川内新幹線車両センター配線略図

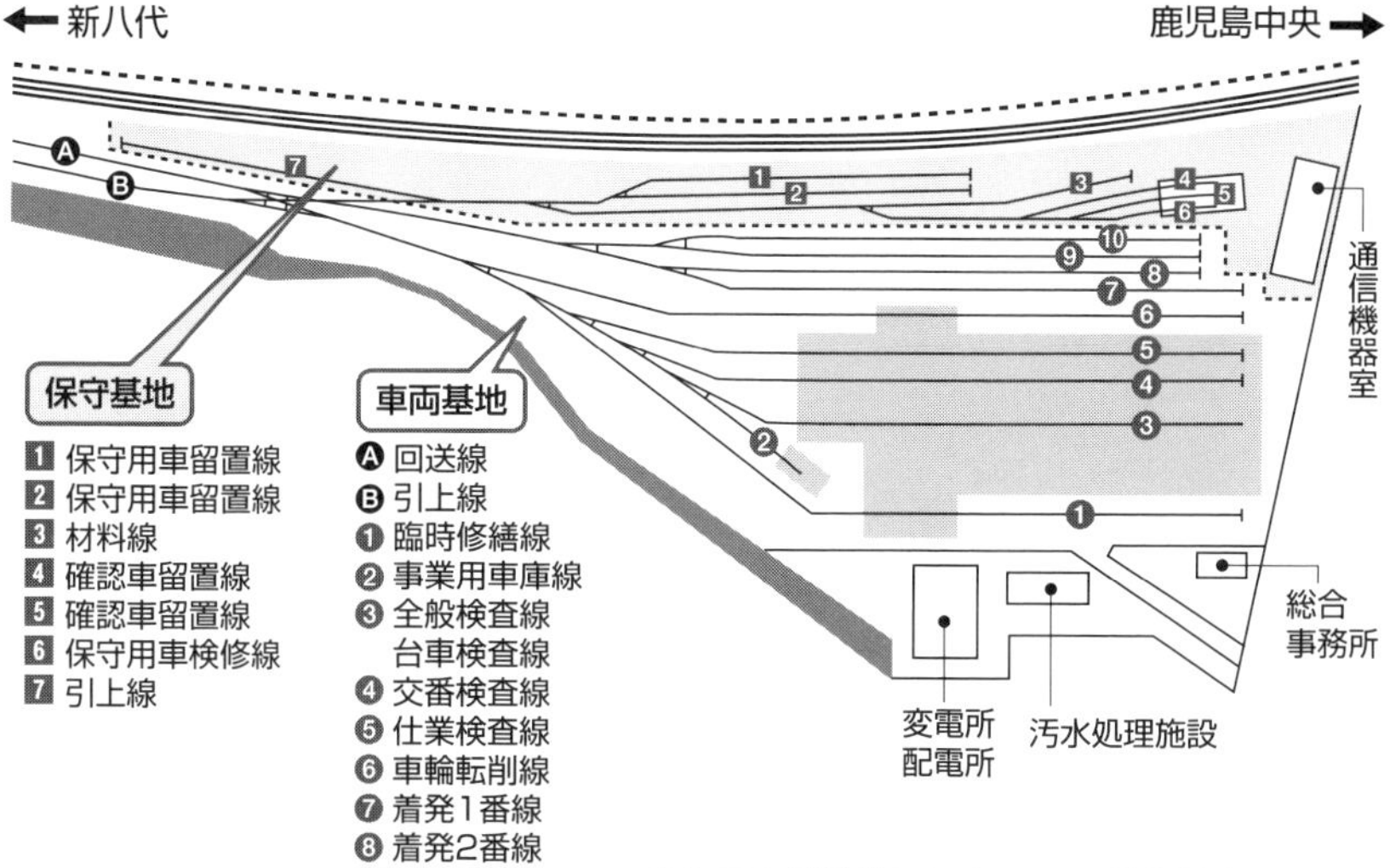

出典:JR九州が制作したパンフレット『新幹線鉄道事業部のご案内』、九州旅客鉄道株式会社新幹線鉄道事業部

▲JR東海の車両基地の一つ、東京第一車両所の着発収容線に停車中の車両群。着発収容線あるいは上図に登場する着発1～3番線は電車留置線と同じ機能をもつ。

10 車両工場のひみつ

車両の検査や修繕を行う車両工場

車両工場とは車両の検査や修繕を専門に行う施設です。また、車両の収容をはじめ、車両が受けなくてはならないすべての検査や大規模な修繕といった機能をもつ施設もあり、総合車両所あるいは総合車両センターと「総合」という名が冠せられています。

新幹線の施設のなかで車両工場の機能しかもっていないところはＪＲ東海の浜松工場１カ所しかありません。ここではＪＲ東海に在籍する新幹線の全車両の全般検査を実施するほか、各種の修繕作業、車内の改装や機器の更新といった改造工事、古くなって廃車となった車両の解体作業まで実施することができます。珍しいところでは、モックアップといって新型の車両を製造する前のモデルルームのようなものをつくったり、車両そのものを製造したこともありました。

新幹線の主流は車庫と車両工場機能をもつ施設

近年は車両工場に車庫の機能をもたせた施設が主流です。「総合」と名の付く施設はＪＲ西日本の博多総合車両所、ＪＲ東日本の新幹線総合車両センター、やや特殊ですがＪＲ九州の鹿児島総合車両所の３カ所が設けられています。これらの施設では浜松工場と同様の機能を備えていますが、新幹線の車両を製造したことはまだありません。

「総合」と名の付く施設への変化には理由があります。検査や修繕のたびに車両を車両工場に送るのは効率的ではなく、また都市化の進展で車庫と車両基地それぞれの敷地を確保することが難しくなってきたからです。

先ほど特殊といいましたとおり、鹿児島総合車両所は車庫の機能をもっていますが、新幹線の車両を収容することはできません。ここは在来線の車庫と車両工場でもあり、新幹線の車両に対しては検査と修繕だけを行っています。

実は鹿児島総合車両所と九州新幹線との線路はつながっていません。したがって、ここで検査や修繕を受ける新幹線の機器はトレーラーで運ばれます。これは九州新幹線博多―新八代間が開業するまでの暫定的な措置です。

JR九州鹿児島総合車両所

▲九州新幹線の800系が全般検査を受けるJR九州鹿児島総合車両所。800系の台車や機器類はトレーラーに載せられ、この門から車両工場へと運び込まれていく。なお、800系の車体の検査と修繕は川内新幹線車両センターで行われる。

▲鹿児島総合車両所の内部。写真の軸箱取外装置では台車に取り付けられている車軸と台車枠とを分解することができる。

11

保守基地のひみつ

メンテナンスの最前線、保守基地

保守基地とは新幹線の線路や架線のメンテナンスを行うために欠かせない施設です。ここには工事や修繕に必要な人材や保守用の機械が各種配置され、レールやバラスト、電線といった資材の受け渡しや貯蔵といった機能も備えられています。

大多数の保守基地は駅や車両基地、車両工場、電車留置線に併設されており、単独で設置されている例はほとんどありません。また、各駅に保守基地が設置されているとは限らず、大体2〜3駅ごとに1カ所併設されている例が一般的です。

ちなみに、単独で設けられた保守基地としては、東海道新幹線米原―京都間にある栗東信号場《りっとうしんごうじょう》、山陽新幹線小倉―博多間にある鞍手《くらて》信号場、東北新幹線大宮―小山間にある鷲宮《わしのみや》信号場が挙げられます。栗東信号場と鷲宮信号場の場合、京都駅、小山駅にそれぞれ保守基地を設けられなかったからで、鞍手信号場の場合はバラスト軌道のメンテナンスが頻回に必要な個所であるにもかかわらず、小倉駅と博多総合車両所内の保守基地から離れているといった理由で設置されました。これらの保守基地は駅構内以外の場所で分岐しているため、鷲宮信号場を除いて、法規上は駅と同等の資格をもつ信号場と呼ばれています。

横取基地では保守用車だけを置く

さて、保守用の機械の多くは保守用車といって作業地点まで自力で進むことが可能です。しかし、新幹線の場合、保守基地どうしの距離が数10㎞と長いため、往復に時間を取られるとメンテナンス時間が少なくなって無駄が生じます。そこで、こうした保守用車だけを収容するために駅と駅の間に横取《よこどり》基地が設置されました。設置間隔はおおむね15㎞です。

横取基地は新幹線の本来の線路に平行、または直角に短い線路を1本敷いただけの構造で、分岐器などで結ばれてはいません。保守用車が横取基地に出入りする際には接続用のレールを上に載せ、保守用車が搭載したジャッキによって移動しています。

保守基地

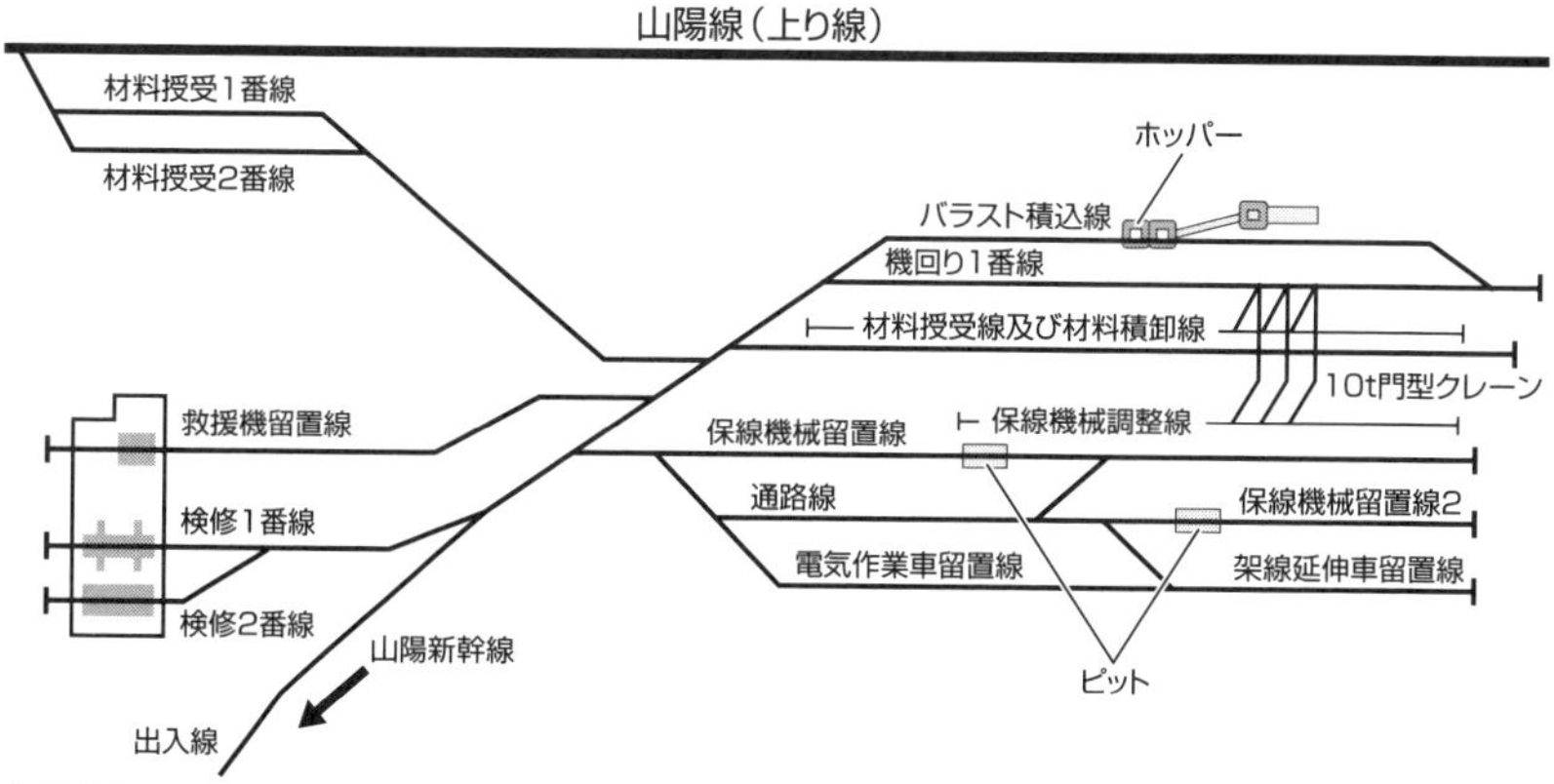

図は山陽新幹線新下関駅構内に設置されている新下関保守基地の線路配置図(国鉄時代)である。工事用の資材は在来線の山陽線から運ばれてくるため、材料授受線が2線設けられた。新幹線と在来線とでは軌間(レールの幅)が異なるので、材料線は両者に対応した三線軌条が敷かれている。

出典:日本国有鉄道下関工事局編、『山陽新幹線工事誌　小瀬川・博多間』、日本国有鉄道下関工事局、1976年3月、1047ページ

横取基地

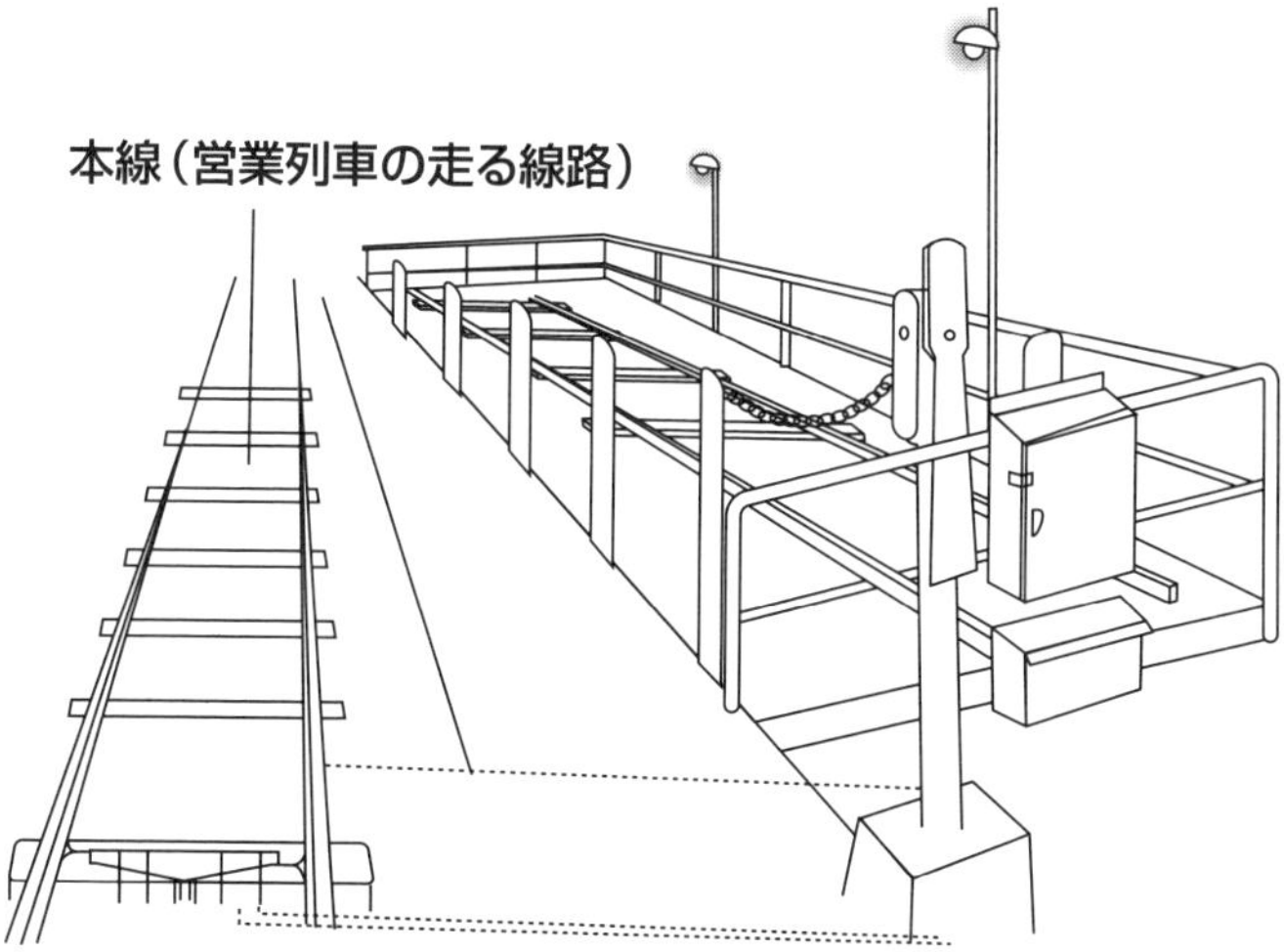

『新幹線信号設備』、日本鉄道電気技術協会、2002年4月、198ページ

Column

新幹線の荷物輸送サービス

■急送小荷物を運ぶレールゴー・サービス

在来線では明治時代から小荷物の輸送が行われていましたが、新幹線のスピードと定時性を活かして急ぎの荷物を輸送しようという発想は、昭和50年代に国鉄の増収策の一つとして生まれました。これが、1981（昭和56）年8月1日に東京—新大阪間で始まったレールゴー・サービスです。在来線では専用の荷物室を備えた車両で輸送をしていましたが、新幹線では使用していない乗務員室に荷物を載せることとしたため、輸送品目としては書類、サンプル品など小型の荷物を想定していました。当初は発送、受け取りとも新幹線の駅だけで行っていましたが、1986（昭和61）年11月1日から集荷と配達も行うひかり直行便がスタートしています。

このサービスはさらに山陽新幹線、東北・上越新幹線にも広がりました。数時間以内で荷物を届けることが可能なことから、当時としては画期的で、広く普及しました。1986年11月1日に国鉄の小荷物輸送が原則としてすべて廃止された後も、レールゴー・サービスは拡充のうえ存続し、JR各社に受け継がれたのです。

■宅配便の発達で東海道・山陽新幹線では廃止

その後、より格安で手軽な宅配便がまたたく間に発達、普及し、レールゴー・サービスは取扱い高を減らしてしまいました。輸送する列車を「ひかり」から「のぞみ」に変えるなどのテコ入れも行われましたが、東海道・山陽新幹線では2006（平成18）年3月18日限りで廃止されています。

現在は、運送業者が新幹線の荷物用スペースを借りて運ぶ宅配便サービスのみが残っています。

東北・上越新幹線ではJR関連会社によるレールゴー・サービスが健在です。取り扱い区間は東京と新潟、仙台、盛岡との間で、30kgまでの荷物を受け付けます。東京—仙台間ではひかり直行便も利用できます。運んでいる列車は「やまびこ」なのですが、「ひかり」の名前がそのまま使われているのが面白いところです。

7章

運行のしくみ

01

列車ダイヤのつくり方

さまざまな情報をもとに作成

新幹線の列車の運転状況を表した図が列車ダイヤです。縦軸には距離と駅、横軸には時間が配され、列車は斜めの直線として表示されます。

列車ダイヤを作成する際にはさまざまな情報が必要です。なかでも最も重要といえるのは、どの程度の輸送需要があり、いつどこに何本の列車を運転すればよいのかという点でしょう。すでに開業している路線ならば、過去のデータを参考にし、新たに開業する路線であれば、在来線や他の交通機関の動向も調査したうえで適切な輸送力を算出します。

また、線路に関するデータも必要です。1時間当たり何本の列車を運転でき、その最小運転間隔が何分となるのかは、駅に何本の線路があり、それらの線路がどのように配置されているかをはじめ、ＡＴＣなどの信号保安設備の能力によって決まります。

車両に関する情報も疎かにはできません。最高速度だけでなく、加速力や減速力、曲線や勾配区間での最高速度などが必要で、これらのデータをもとに運転時分が定められているのです。

コンピューターで出力し、ベテラン社員がチェック

新幹線には毎日運転される定期列車のほか、特定の日に運転される季節列車や臨時列車が多数設定されています。これらを輸送需要に合わせて運転していくのですから、人の手だけで列車ダイヤを作成するのは困難です。

現在、新幹線の列車ダイヤは大型コンピューターによって作成されます。このコンピューターは毎日運転される列車を中心にまとめた基本計画、多客期に運転される季節列車や臨時列車を盛り込んだ波動計画を作成し、これらをもとに定期列車と季節・臨時列車とを組み合わせ、当日の列車ダイヤである実施計画を出力することが可能です。

コンピューター化されたとはいえ、列車ダイヤの最終的な確認作業はベテランの社員の手に委ねられています。最良の列車ダイヤは人と機械との融合で誕生しているのです。

列車ダイヤの例

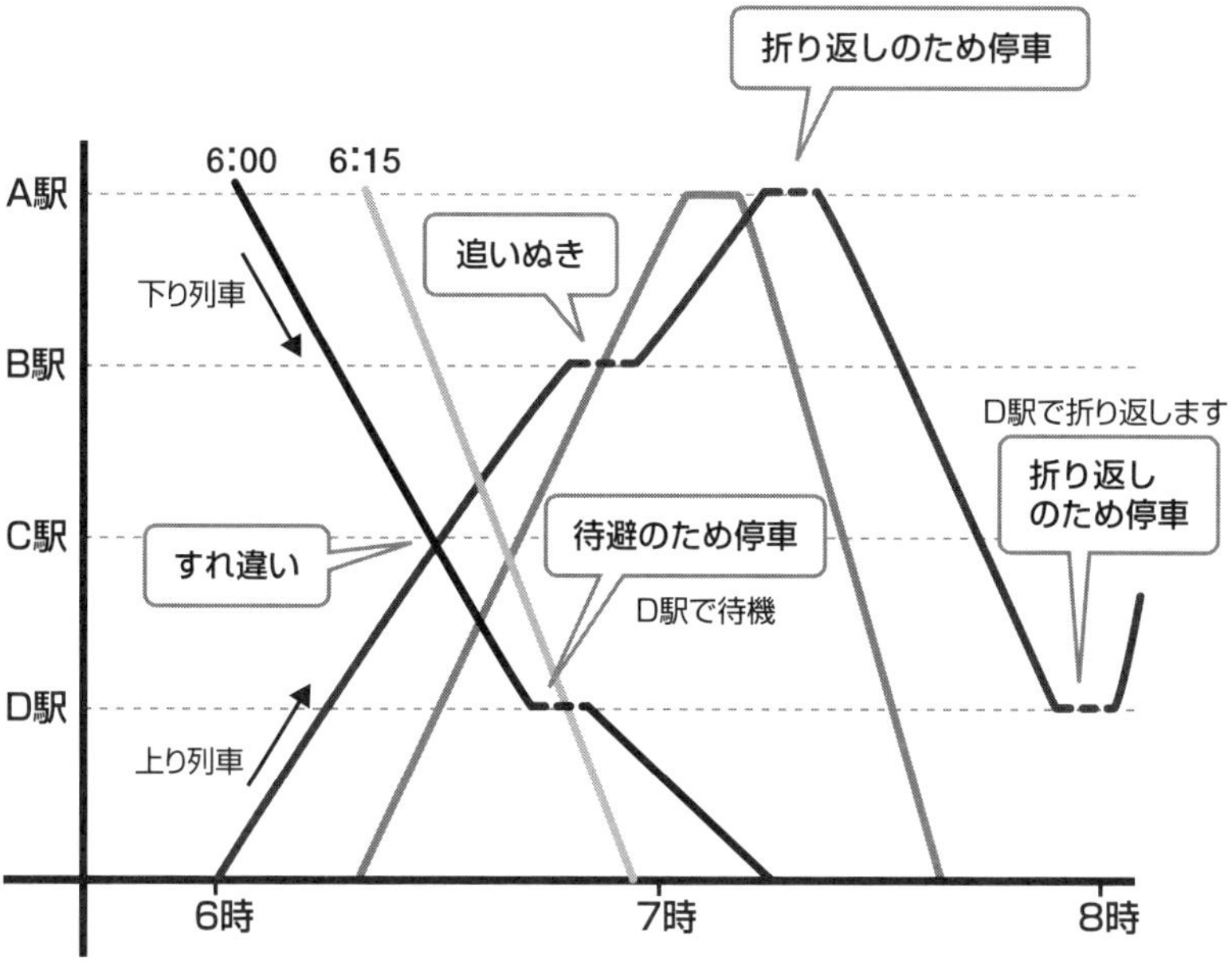

列車ダイヤのつくり方

列車ダイヤの基本的な骨組みの部分はJR各社の大型コンピューターを用いて作成される。

最終的な列車ダイヤは熟練の社員によって仕上げられる。

作成された列車ダイヤの用途

列車ダイヤを文字化し時刻表や行路票を作成

大型コンピューターによって出力された列車ダイヤはさまざまな用途に活用されます。最も身近なものは駅で配られたり、市販されている時刻表への転用でしょう。時刻表には列車の発着時刻や発着番線といった情報が掲載されていますが、これらはすべて列車ダイヤを文字に置き換えたものなのです。

少し補足しましょう。時刻表を作成する際は列車ダイヤのうち、基本計画と波動計画が用いられます。基本計画はダイヤ改正ごとに、波動計画は四半期ごとに変更されるため、購入する時期によって列車の運転時刻などが変わっていることはいうまでもありません。

運転士や車掌は乗務の前に行路票を渡されます。これはその日の勤務内容を記したもので、車両基地の発着時刻と番線、通過となる駅や線路が分岐する場所といった運転上重要となる個所の通過時刻が記載されている点が特徴です。

行路票は列車ダイヤのうち、実施計画をもとにつくられます。実施計画は当日を含めて12日先（東海道新幹線の場合）まで作成されますので、乗務員が所属する部署では11日後までの行路票をつくっておくことが可能です。

コムトラックやＰＩＣにもデータが送られる

新幹線の列車はコムトラックによって進路が自動的に設定されます。コムトラックを作動させるには列車ダイヤのうち、実施計画を入力する必要があり、これが列車ダイヤの最も重要な用途と言えるでしょう。

実施計画のデータはＰＩＣ（Passenger Information Controller）と呼ばれる新幹線駅旅客案内情報処理装置をつかさどる大型コンピューターにも送られます。ＰＩＣとは駅の改札口やホームに設けられた発車標や自動案内放送を制御する機器です。

発車標には列車名や運転時刻だけではなく、何両編成の列車であるかとか、自由席や禁煙席の両数も表示されます。こうした情報は列車ダイヤにはなく、実施計画と同時に作成される車両の割り当てによって決まります。

さまざまな列車ダイヤの用途

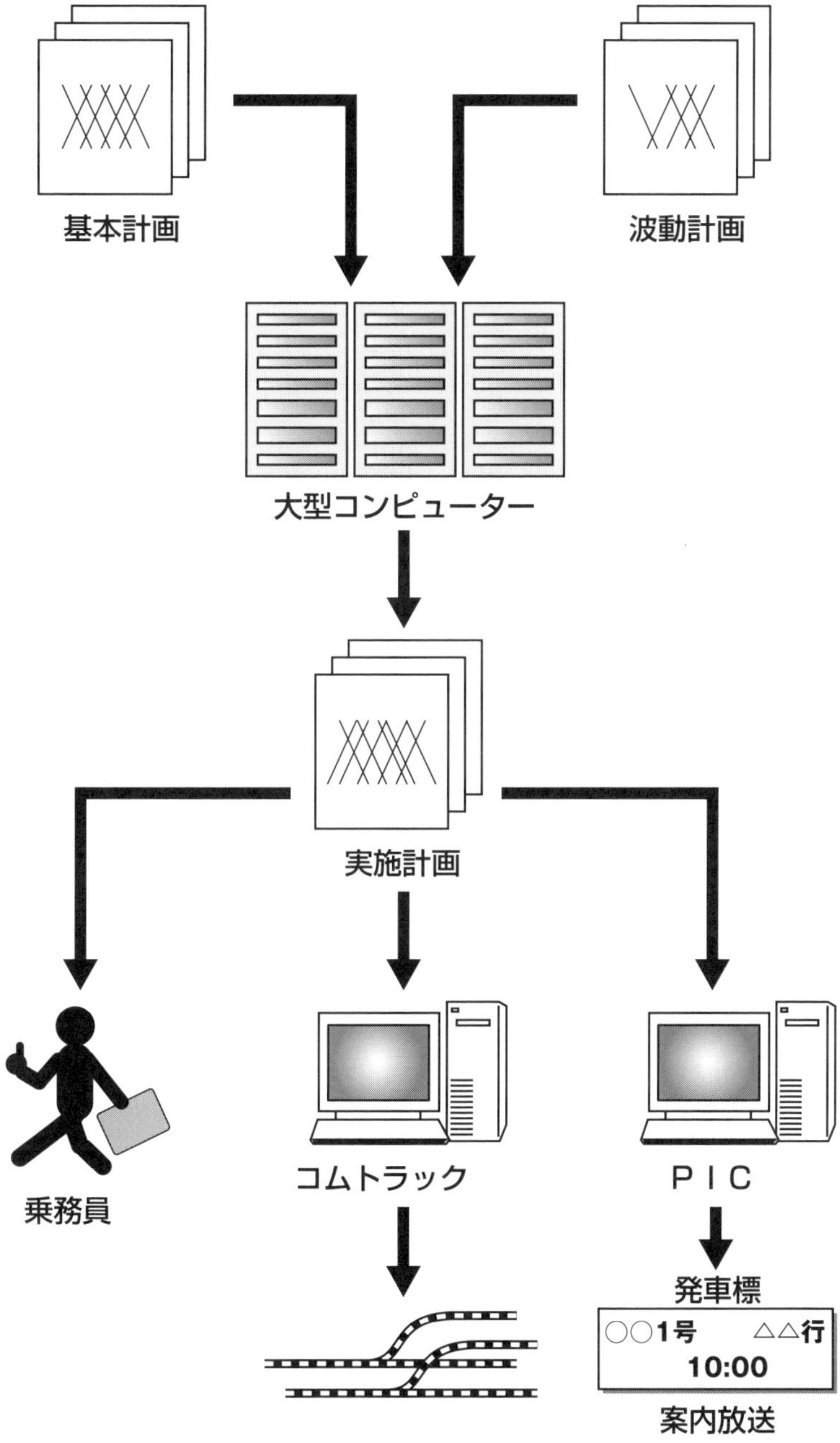

03

列車ダイヤの変遷

基本は速達列車と各停停車の列車との組み合わせ

東海道新幹線の開業時には、途中名古屋、京都だけに停車する速達列車の「ひかり」と各駅に停車する「こだま」とが設定されました。以後、新幹線の列車ダイヤはこれらの組み合わせと見てよいでしょう。

山陽新幹線が開業すると基本的に「ひかり」が乗り入れましたが、同じ「ひかり」でも岡山、広島、小倉の主要駅に停車するタイプのほかに、停車駅を増やしたタイプ、各駅に停車するタイプが設定されました。「ひかり」を抜く「ひかり」が数多く現れるなど、利用客にとって必ずしも便利な列車ダイヤではなかったのです。とはいうものの、現在は「のぞみ」の登場でわかりやすくなりました。この列車は主要駅に停車する「ひかり」をスピードアップしたといえます。

複雑なうえ整合性のない例も

東北、上越新幹線も開業時は「ひかり」タイプの「やまびこ」「あさひ」と「こだま」タイプの「あおば」「とき」との組み合わせでした。ところが、上野―大宮間が開業した際、同じ「やまびこ」に主要駅のみ停車で240km/h運転を行う列車が設定され、早くも原則が崩れ出します。

現在、東北新幹線には東京―八戸間の「はやて」、東京―盛岡間の「やまびこ」、東京―郡山間の「なすの」が運転されていますが、「はやて」を除いて愛称名だけでは停車駅を知ることはできません。各駅停車の列車は「やまびこ」にも「なすの」にも存在しているからです。

上越新幹線も似たような傾向で、東京―越後湯沢（ガーラ湯沢）間の区間列車が「たにがわ」、それ以外は「とき」と一応の区別があります。しかし、「とき」は上野、大宮、高崎、越後湯沢、長岡、燕三条の停車を基本とするものの、東京―新潟間ノンストップの速達列車や各駅停車の列車も運転されているのです。

長野新幹線ではその傾向がさらに徹底しています。愛称名は「あさま」しかないにもかかわらず、開業時から一貫して、ほぼ列車ごとに停車駅が異なっているからです。需要に柔軟に応じた列車ダイヤともいえます。

東海新幹線と東北新幹線の列車の停車パターン

東海道新幹線

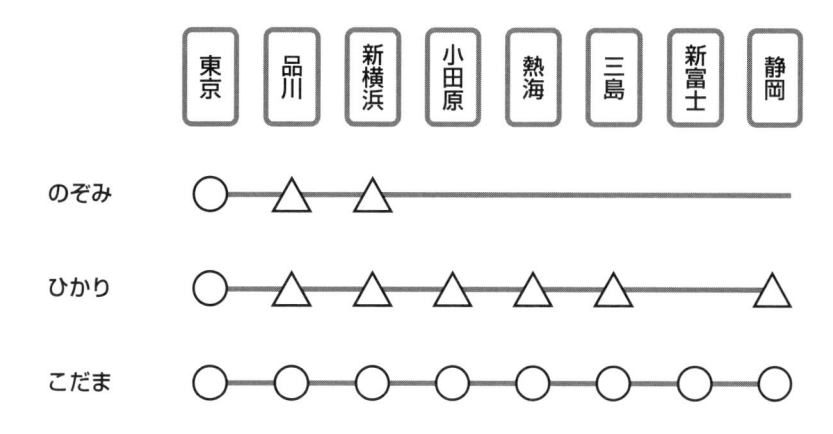

	東京	品川	新横浜	小田原	熱海	三島	新富士	静岡
のぞみ	○	△	△					
ひかり	○	△	△	△	△	△		△
こだま	○	○	○	○	○	○	○	○

東北新幹線

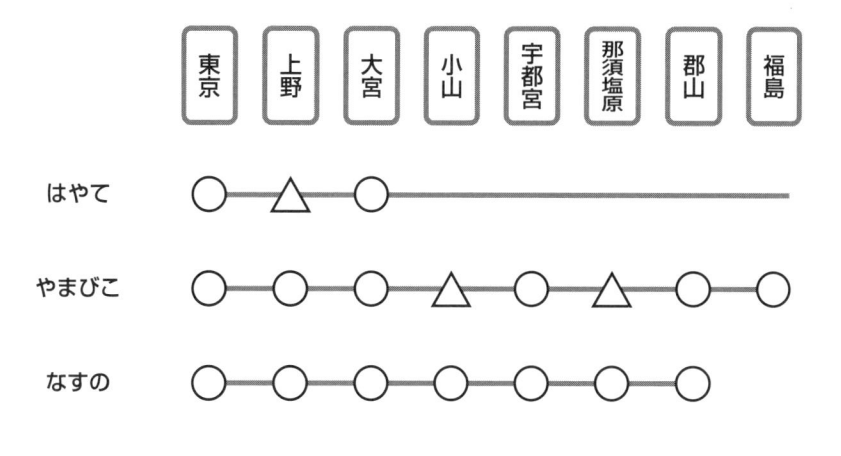

	東京	上野	大宮	小山	宇都宮	那須塩原	郡山	福島
はやて	○	△	○					
やまびこ	○	○	○	△	○	△	○	○
なすの	○	○	○	○	○	○	○	

○ 全列車が停車　△ 一部の列車が停車

04

車両の運用

編成の使用方法は車両の運用によって決まる

新幹線の車両は編成の種類ごとに管理されています。これらの編成の使用方法をまとめたものが車両の運用で、図表化したものが車両の運用表です。

一般的な車両の運用について説明しましょう。まず、１本の編成が１日どのように走行するのかを定め、次に翌日の行程を作成します。１日目の終わりと２日目の始まりは同じ場所でなくてはなりません。このようにして在籍する編成の数だけの日数の行程を作成し、車両の運用が完成します。毎日１本ずつの編成を順序どおりに充当していくことで、多数在籍している同種の編成を均等に使用することが可能となるのです。

定期検査を考慮し、車両を最大限に使用する

車両は国土交通省やＪＲ各社が定める定期検査を受けるため、車両の運用も定期検査を考慮してつくられます。比較的短時間で完了する仕業検査や交番検査は車両の運用に組み込まれていますが、日数を要する台車検査や全般検査は組み込まれていません。したがって、台車検査や全般検査を受ける編成を車両の運用から外しておくことが必要です。

ところで、新幹線の場合、編成１種類当たりの数が多いため、車両の運用が終わるまでに最低でも１週間ほど、長いものでは２カ月近くにも及びます。しかも、距離が長いため、車両の運用が終了するまでの間に何万kmと走らざるを得ません。

通常、新幹線の車両は走行距離に応じて台車検査や全般検査を受けています。その際、これらの検査が必要な走行距離に近づいたからといって、その編成を車両の運用に充当しないようにするのは無駄です。同様の状況に置かれた編成が何本も発生し、予備として用意する編成の数が増えてしまうからです。

新幹線では車両の走行距離を厳密に管理し、定期検査が必要な距離に達した編成を車両の運用の途中で外し、ここから先は定期検査を終えた編成などが担当します。こうすることで、高価な車両を効率的に運転することができるようになったのです。

車両の運用表の例

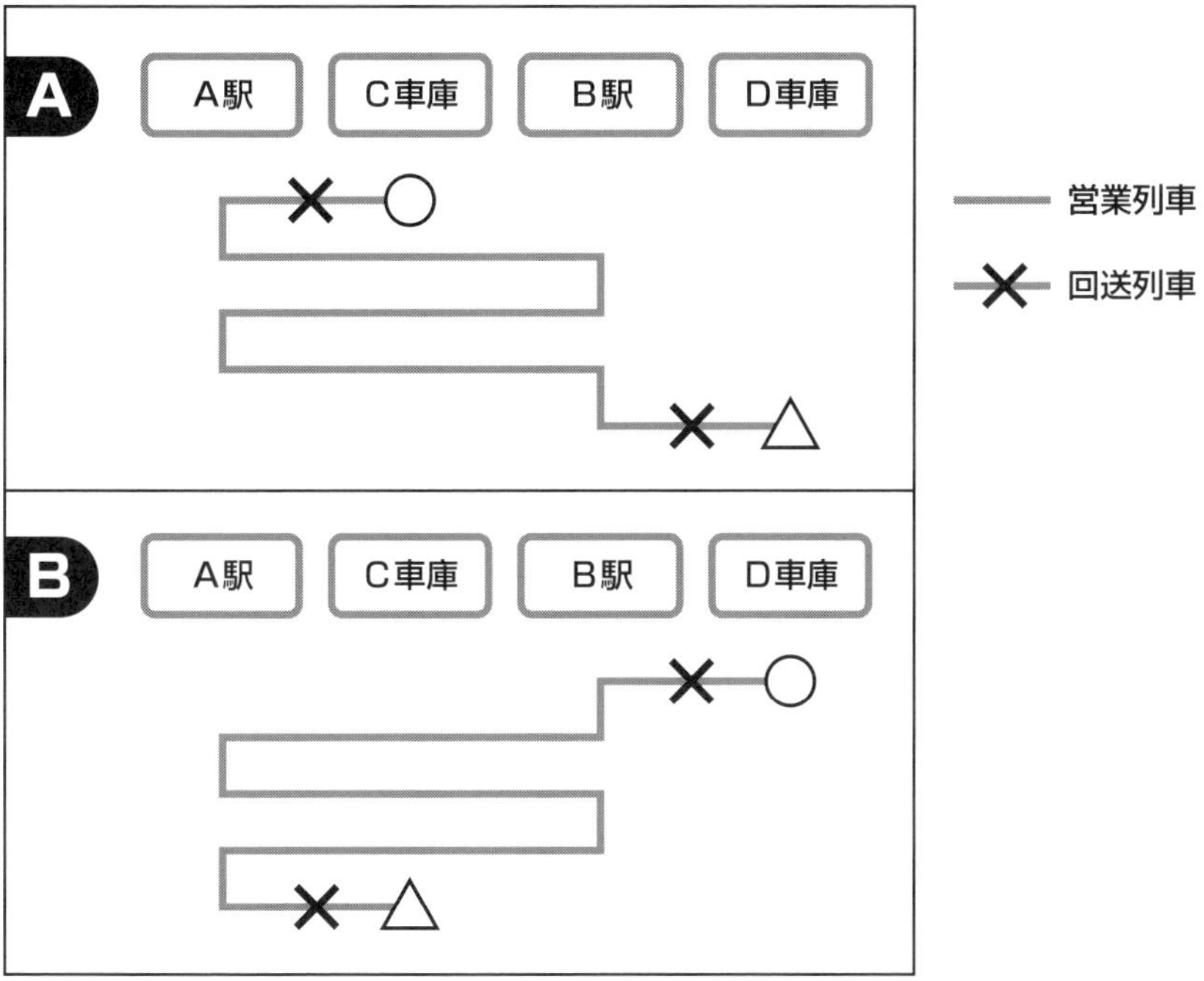

500系の車両の運用例

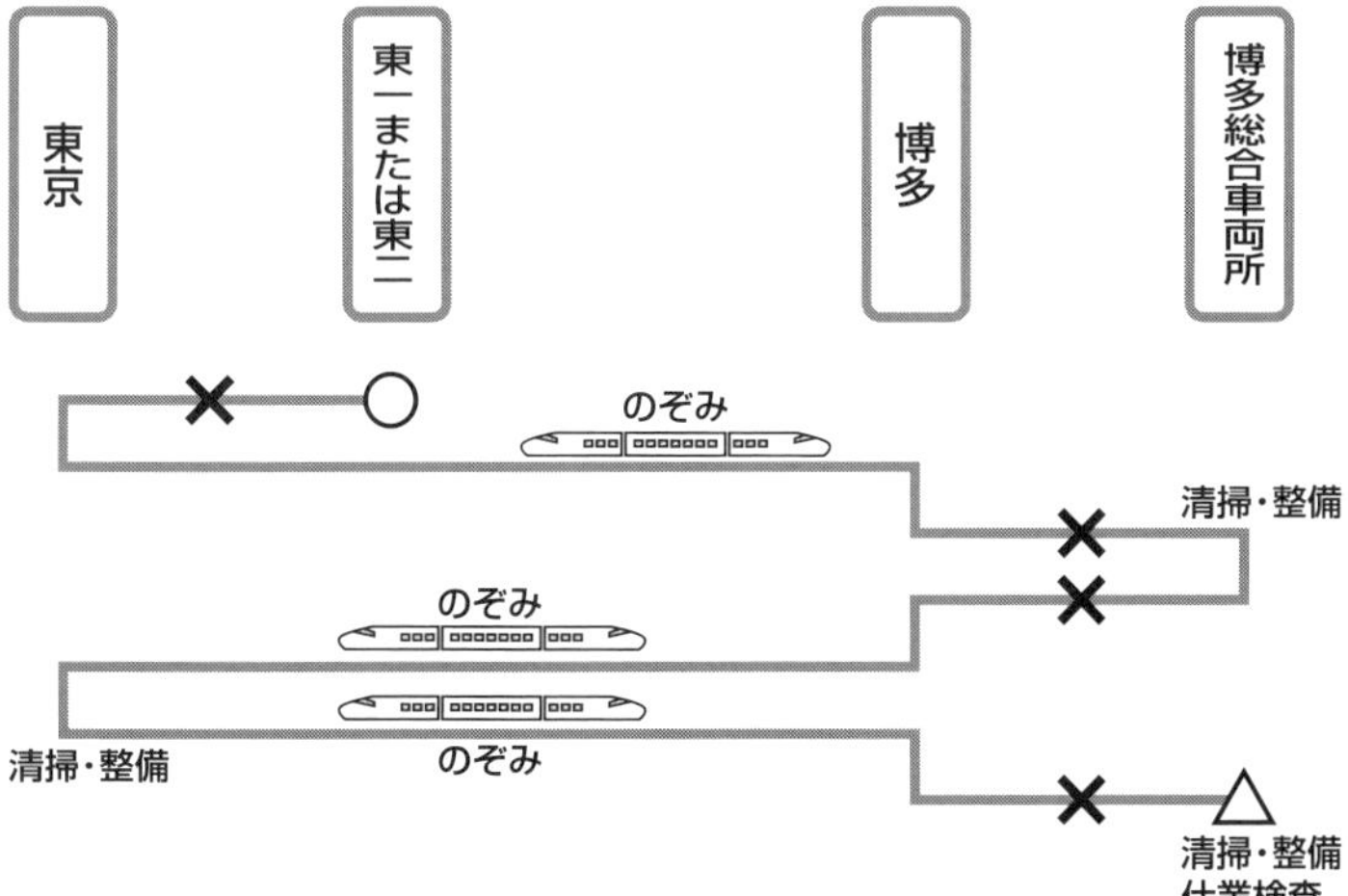

※東一または東二…東京第一車両所または東京第二車両所

乗務員の運用

各社の勤務制度によって決まる乗務員の運用

列車ダイヤや車両の運用とともに運転士や車掌といった乗務員の運用も作成しなければなりません。車両とは異なり、乗務員は人間ですから、ＪＲ各社の勤務制度に従ってつくる必要があります。

ＪＲ東海を例に説明しましょう。１日の基準労働時間は7時間、１週間の労働時間の合計は40時間以内と定められています。この条件は運転士も車掌も変わりはありません。

実際の乗務時間は列車ダイヤに左右されるので、日によって長短があります。基本的に、定められた乗務行路を順序どおりに務め、法律で定められた休日をはさみつつ、一巡した時点でのトータルの勤務時間が各人均等かつ規定内に納まるように組まれるしくみです。

なお、ダイヤの乱れなどに即応するため、勤務時間には待機時間も含まれます。車両と同様、多客期には総出となり、閑散期には待機となる人が増えるのは新幹線の宿命といえるでしょう。

各部署で乗務する列車を決めていく

列車への乗務は乗務員区や車両基地から始まります。基本的に自宅からの出勤となりますが、深夜まで及ぶ勤務や早朝から始まる勤務、さらには遠く離れた場所で乗務を開始するケースもあるので、このようなケースではＪＲ各社の施設に宿泊しなければなりません。

また、１本の列車に乗り組む運転士や車掌の人数はどの列車でも同じではなく、区間によって異なるように定められているケースも多々あります。こうした条件も考慮に入れなければならないことから、従来、乗務員の運用を作成するには多大な手間と時間が必要でした。

いまでは乗務員の運用はコンピューターを用いて作成されるしくみです。まずは運転士や車掌が所属する各部署で各人の行路を端末に入力します。これらのデータは列車ダイヤを作成する大型コンピューターに送られ、車両の運用などと照合した後、行路票のできあがりです。行路表をもとに各部署では人数チェックなどの最終確認を行い、実際の乗務となります。

乗務員の運用のつくり方

コムトラックを用いた例

乗務員区所の端末

運転士や車掌の行路データをマークシートを使用して入力

↓

コムトラック

送られてきた行路データを列車ダイヤや車両の運用と突き合わせ、乗務員が乗務しない列車や異なる乗務員区所で同じ列車に乗務することがないかなどの矛盾点をチェック

↓

乗務員が実際に乗務する際に携える行路票、出先点呼確認簿(乗務員が所属する乗務員区所から離れた場所で行う点呼を確認する)などを作成し、出力するとともに各乗務員区所の端末に転送する

↓

乗務員区所の端末

交番予定表(勤務順序を記した表)、出勤点呼確認簿、退出点呼確認簿などを作成し、各列車に規定の人数の乗務員が乗務することになっているかどうかを確認する。

出典:『新幹線信号設備』、日本鉄道電気技術協会、2002年4月、166ページ

06

特徴のある運用

東北新幹線で行われる併結運転

ＪＲ東日本の東北新幹線では「Ｍａｘやまびこ」と「つばさ」、「はやて」と「こまち」のように2本の列車が一緒に連結（併結）されて運転されているのが特徴です。併結運転にはさまざまなメリットがあります。2本の列車を別々に運転すれば2人の運転士が必要となりますが、併結運転ならば1人で運転することが可能です。また、東北新幹線東京―大宮間のように上越新幹線や長野新幹線の列車も乗り入れて混み合う区間では線路を効率よく使用することもできます。

ＪＲ東日本のＥ４系は、輸送需要に応じて8両編成で運転したり、2編成を連結して16両編成で運転できる点が大きな特徴です。朝夕の利用客の多い時間帯では16両編成とすることで一度に１６３４人もの利用客を乗せることができます。しかし、首都圏周辺以外の地域や日中の時間帯にはこれほどの輸送力は必要ありません。このため、駅や車両基地で連結作業を行って輸送力を調整しているのです。

併結運転にはデメリットも

併結運転には欠点もいくつかあります。一つは列車ダイヤが乱れた際、混乱に拍車をかけてしまうという点です。たとえば、連結を行う駅でどちらかの列車が遅れた場合、平常通りにやって来た列車を待たせてしまうとその列車も遅れてしまいます。そこで、ＪＲ東日本はそれぞれの列車の遅れに応じて、待機あるいは併結運転を中止して2本の列車を単独で運転させるか、さらには片方の列車を途中駅で打ち切るといった策を選択することとなりました。

併結作業を安全に実施するには、車両や総合指令所、駅の信号保安設備に多額の投資が必要です。ＪＲ東日本が総合指令所で用いていたコムトラック（１６２ページ）を併結運転に対応したコスモス（ＣＯＳＭＯＳ：COmprterized Safty,Maintenace and Operation System of Shinkansen＝ニュー新幹線総合システム）に更新した際、数百億円の費用を要しました。併結運転はこうした欠点を上回るメリットがあって初めて可能なのです。

「Maxやまびこ」と「つばさ」との併結運転

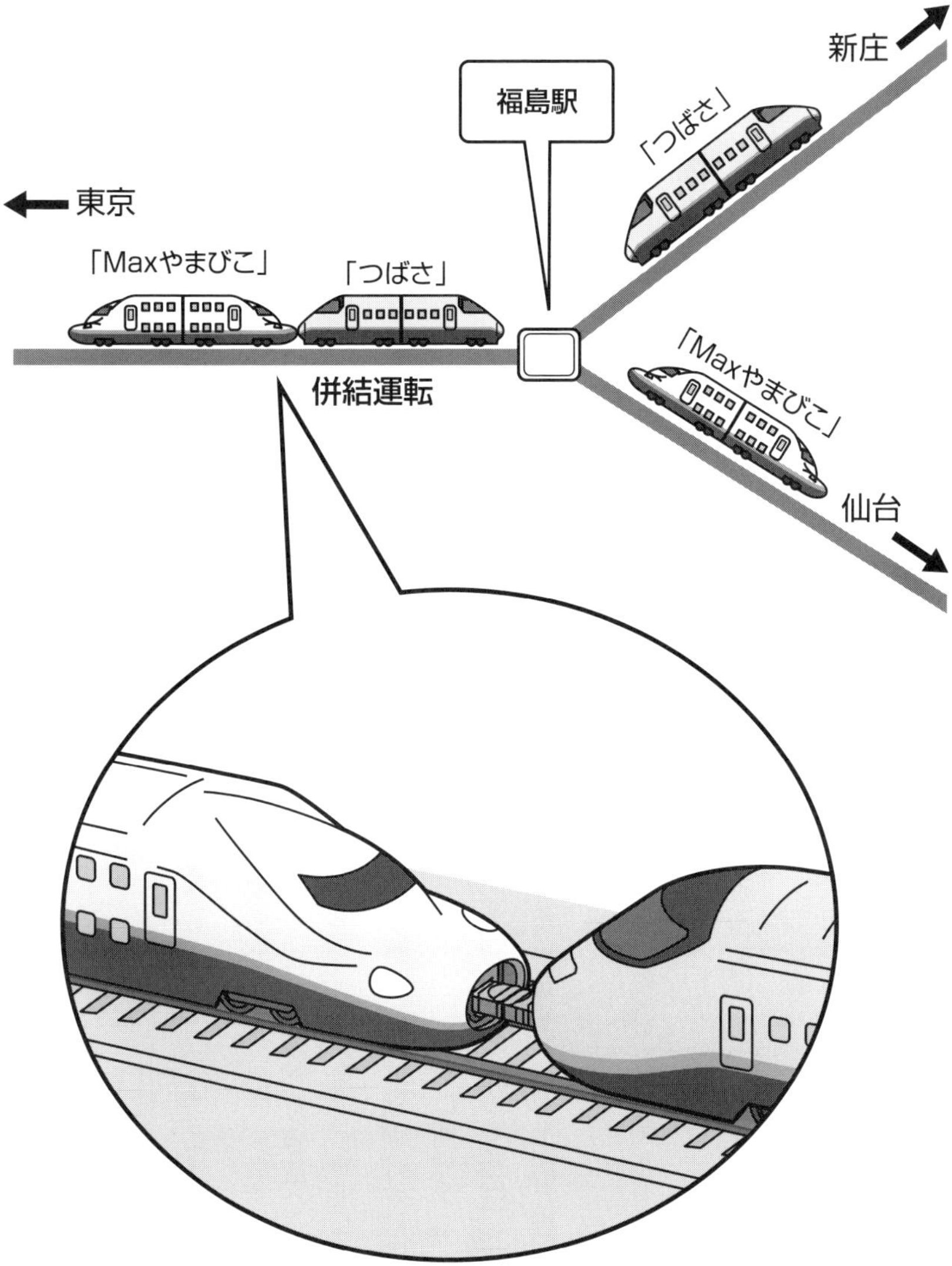

総合指令所

新幹線の列車は総合指令所で集中的に管理される

新幹線の列車の運行を区間ごとに分け、駅などで管理させることには困難が伴います。超高速で運転され、駅間距離も長いからです。

そこで、新幹線では総合指令所が設けられ、列車の運行を1カ所で集中的に管理しています。総合指令所はその機能を果たすため、列車集中制御装置（CTC：Centralized Traffic Control）、電力遠方監視制御装置（CSC：Centralized Substation Control）、通信情報監視制御装置（CIC：Centralized Information Control）の三つのシステムが導入されました。

ＣＴＣとは新幹線のすべての列車の運行を一括して管理し、同時に列車の進路も設定するシステムです。しくみについては１７６ページで解説していますので、そちらをご参照ください。

ＣＳＣは新幹線の電力を管理するシステムです。沿線各所に設置された変電所や力行切替セクションなどを遠隔操作し、電力を車両に円滑に供給します。

新幹線では総合指令所の担当者（指令員）が列車との連絡を取るために列車無線装置が装備され、各種の連絡用に通信設備も設置されました。ＣＩＣはこれらの無線、通信設備を管理するシステムです。

総合指令所の指令業務は6部門から成り立つ

三つのシステムを活用し、総合指令所の指令業務は旅客、列車、運用、施設、電力、信号通信の6部門に分けられました。これら6部門の指令員は関係する部署を統括するほか、他の部門の指令員と調節、連携して新幹線の列車の円滑な運転に努めます。旅客部門と列車部門の指令業務については１６４～１６７ページで紹介しますので、施設、電力、信号通信の各部門の指令業務を見ていきましょう。

これら3部門では線路や電力システム、信号設備や無線、通信設備の稼働状況を監視し、異常が発生した際にはすぐに復旧の手配を取ります。また、メンテナンス作業の計画を立て、円滑に実施できるように手配することも重要な業務です。

総合指令所とは

旅客、列車、運用、施設、電力、信号通信の6部門の担当者が一同に会し、担当する新幹線の全列車の運行を管理する場所を総合指令所という。

コムトラックとコスモス

CTCを自動的に制御するコムトラック

かつて総合指令所では列車部門の指令員はＣＴＣの運転表示盤を凝視してすべての列車の運行状況をチェックし、制御盤を操作して列車の進路を設定していました。しかし、列車の本数が増加し、列車ごとに異なる停車パターンの導入が検討されるようになると、指令員によって操作することは困難です。そこで、コンピューターによって列車の進路を自動的に制御するコムトラック（COMTRAC：COMputer aided TRAffic Control）が導入されました。

コムトラックを作動させるには当日の列車ダイヤを入力し、さらに、ＣＴＣからも情報を入手し、列車の運転状況を監視します。これらの情報をもとに、コムトラックは決められた時刻に列車の進路を設定することが可能となりました。ダイヤが乱れたときには指令員に警報を発するとともに、進路を変更するなどの措置を実施して復旧に努めます。

システムの誤作動は事故のもとです。このため、コムトラックは3台のコンピューターを使用し、常に作動している2台のコンピューターのデータが一致したときだけ制御を行います。もしも2台のコンピューターのデータが一致しない場合、誤ったデータを出力していると判断されたコンピューターを切り離し、予備のコンピューターと組み合わせて2台で進路を設定するしくみです。

他の5部門もコンピューター化

コムトラックの成功で、総合指令所の他の5部門の指令業務に必要なデータを一括して管理するシステムが考案されました。これはスミス（Shinkansen Management Information System）と呼ばれます。

ＪＲ東日本の新幹線ではコムトラックとスミスとを統合したコスモス（COSMOS：COmputerized Safty,Manitenance and Operation Systems of Shinkansen）が導入されました。コスモスによって列車の分割、併合運転にも対応し、列車ダイヤが乱れた場合は予想ダイヤを作成して復旧までの過程を支援することも可能です。

コスモス全体構成図

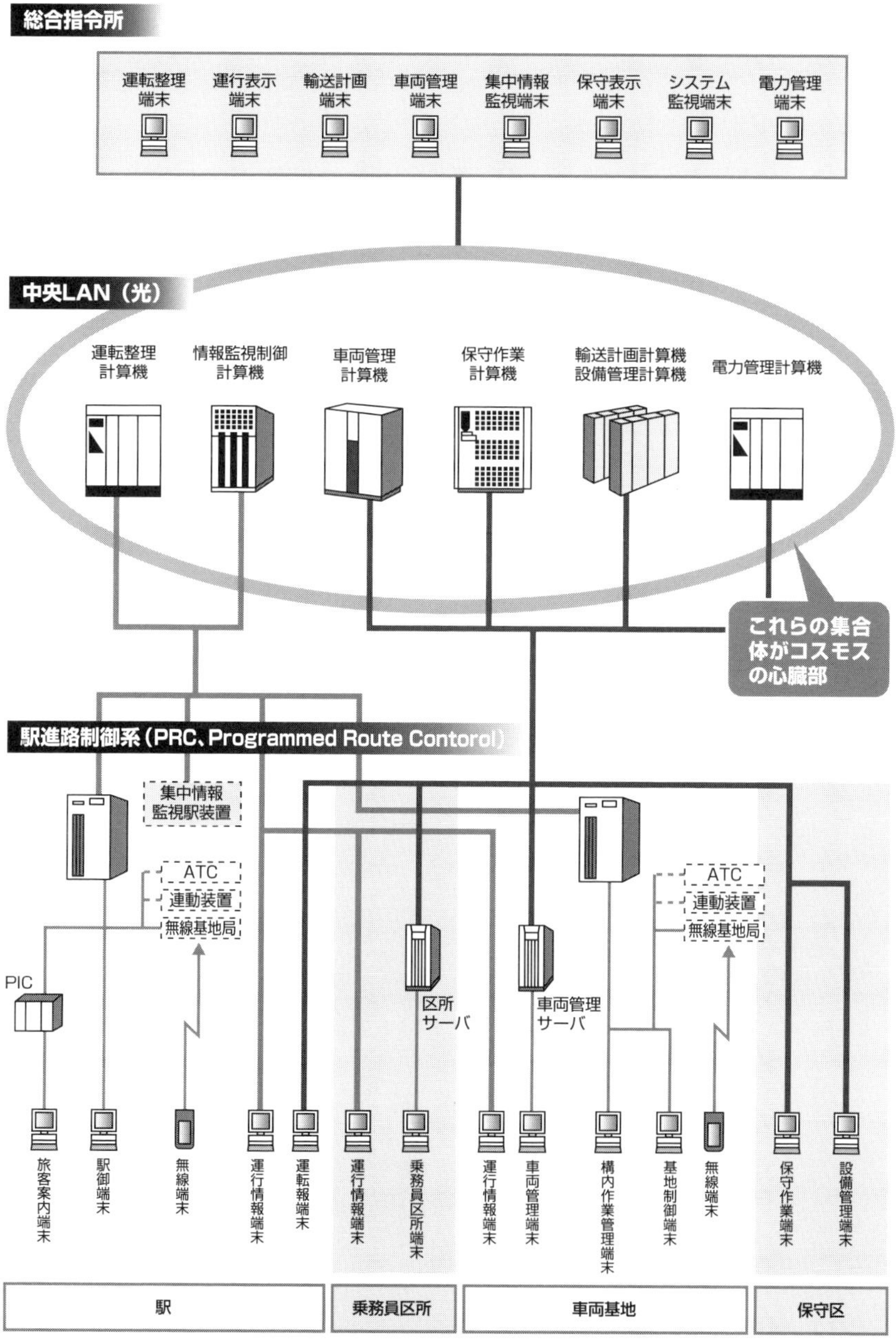

出典:『新幹線信号設備』、日本鉄道電気技術協会、2002年4月、175ページより一部改変

09

異常が発生したら（旅客編）

旅客に関する輸送手配を担う指令員

新幹線の列車にはさまざまな目的をもった多くの利用客が乗車しているため、異常が発生すると大きな影響を及ぼしてしまいます。このため、新幹線では総合指令所の旅客部門の指令員がさまざまな輸送手配を行い、快適な旅行ができるしくみが構築されました。

一例として新幹線の列車に遅れが生じた場合を見ていきましょう。利用客には在来線の特急列車に乗り換えて旅行を続ける人が多数います。したがって、在来線の特急列車を待たせておくのか、あるいは後続の列車に案内するのかを指令員は各部署と協議して決めなければなりません。また、その結果を遅れている新幹線の列車の車掌に連絡し、利用客への誘導を図るように手配することも重要です。

社内の各部署をはじめ、他社等にも手配を行う

大規模な輸送障害が生じて列車が大幅に遅れたり、運休となると指令員の役割はさらに重要なものとなります。列車の到着が深夜にずれ込んでしまう場合、在来線や民鉄各社に臨時列車の運転を依頼し、利用客が帰宅できるように手配しなければなりません。また、すべての方面に臨時列車が運転されるとは限りませんから、ホームに停車中の車両を休憩施設とするように指示する必要も生じます。

これだけの異常事態となりますと、切符の取り扱い方法を変えなくてはなりません。特急料金の払い戻しが多数発生しますし、指定席特急券を新たに販売すると混乱に拍車をかけるからです。また、新幹線でいう旅客には利用客のほか、レールゴー・サービスとして運んでいる小荷物の荷主も含まれます。こうした小荷物が無事に届くように手配することも重要です。

輸送手配に当たっては、各部門の指令員間での協議、大規模な輸送障害の場合は対策本部からの情報、総合指令所にある総合表示盤などを参考にします。指令員によって出された指示は、駅や車両基地といった社内の各部署をはじめ、車内販売や車両の清掃を行う関係各社にも一斉に伝達されるしくみです。

異常が発生したときの手順

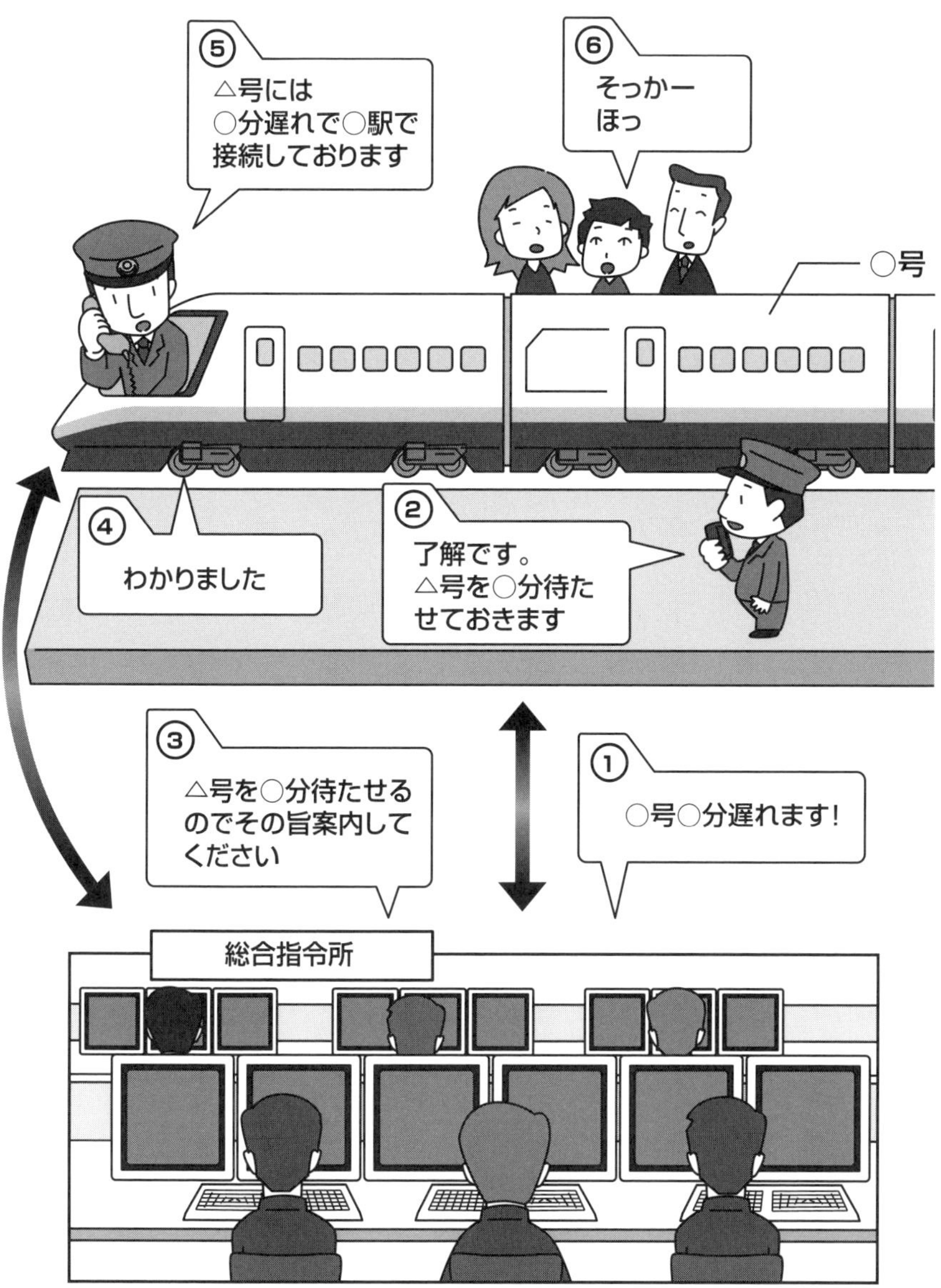
①
○号○分遅れます!
②
了解です。
△号を○分待たせておきます
③
△号を○分待たせるのでその旨案内してください
④
わかりました
⑤
△号には
○分遅れで○駅で接続しております
⑥
そっかー
ほっ
○号
総合指令所

10

異常が発生したら（列車編）

列車部門の指令員によって変更される列車ダイヤ

事故や災害によって輸送障害が発生し、列車ダイヤに遅れが生じたら、まずはその原因を取り除かなくてはなりません。このとき、列車が正常に運転されるよう、復旧への手配を中心となって行うのは総合指令所の列車部門の指令員です。

指令員は各部門の指令員と協議し、復旧の手順を決め、その時期を予測します。列車に充当されている車両や発着するホームなどに変更が生じるため、こうした情報をコムトラックに入力する作業も重要です。新しい情報は社内の関係各部署に自動的に伝達されるようになっていますが、該当する列車の運転士に対しては指令員から直接伝えられるようになっています。

コムトラックやＪＲ東日本が導入しているコスモスには、指令員を支援する目的で予測機能が採用されました。これはそれまでの運転状況をもとに、今後予想される状況を提供する機能です。近年ではこの機能をさらに一歩進め、復旧に向けて列車ダイヤを作成することもできるようになりました。もちろん、指令員が手動で新たな列車ダイヤを作成することも可能です。コスモスには作成された列車ダイヤを検証する機能があり、同じホームに２本の列車が到着するなどの矛盾点が生じている場合には警告を発します。

運用の変更は運用部門の指令員が担当

列車ダイヤの復旧に際して車両や乗務員の運用に変更が生じた場合、その手配を担当するのは総合指令所の運用部門の指令員です。車両の運用の変更には新幹線の車両の走行距離や検査、修繕状況をデータベース化したスミス、ＪＲ東日本の場合はコスモスを活用し、異常が発生した当日だけでなく、翌日の運用を作成することができます。

ちなみに、車両の運用変更を伴う異常事態の原因として最もよく見られるのは車両の故障です。その際、指令員は運転士と連絡を取り、応急処置の指導や指示を行うほか、できる限り早く予備の編成と交換するように手配します。

運行を打ち切るときの手順

②
途中の○○駅で運転を打ち切りたいのですが
⑧
（乗客に案内）
⑦
代わりの車両を手配しましたので案内をお願いします
①
どうしましたか？終点まで走れそうですか？
③
了解しました。代わりの車両を手配します
総合指令所
④
ダイヤのつくり直し
⑥
わかりました
⑤
代わりの車両を○○駅まで持ってきてください
車庫

Column

新幹線の営業キャンペーン

■きっかけは日本万国博覧会

東海道新幹線の開業当初は輸送力が相当に逼迫《ひっぱく》している状態で、特別な集客策は取られませんでした。しかし、昭和40年代に入って国鉄が赤字に転落すると、さまざまな集客キャンペーンが行われるようになりました。

その大きなきっかけとなったのが、1970（昭和45）年に大阪で行われた日本万国博覧会です。期間中、東海道新幹線の利用客は1000万人に上ると見られ、車両の大量増備などが実施されました。その輸送力を活用するため、万博の入場券と新幹線のきっぷをセットにした企画商品、乗り降り自由なフリー区間を設けた万国博記念回遊券などが積極的に販売されたのです。

日本万国博覧会の終了後、今度は旅行客の落ち込みを防ぐために、国鉄は1970（昭和45）年秋からディスカバージャパンキャンペーンを始めます。これは新幹線に限らない全国的な宣伝、営業戦略で、高山や津和野といった観光地がスポットライトを浴び、旅特集を掲載した女性誌から名付けられた「アン・ノン族」が新幹線の車内で多く見かけられました。

■修学旅行も新幹線時代に

いっぽう、それまで在来線の専用列車によって行われていた修学旅行生の輸送も、1971（昭和46）年から次第に新幹線が担うようになりました。閑散期に安定した団体利用が見込めることや、若年層に新幹線の旅の魅力をアピールできるためです。国鉄はセールスに力を入れ、以後、新幹線での修学旅行が定着しました。

国鉄のキャンペーンは、その後、「一枚のキップから」、「いい日旅立ち」、「エキゾチック・ジャパン」と続き、山口百恵が歌ったイメージソングが大ヒットを放つなど話題を呼びました。しかし、いわゆる「国鉄離れ」の風潮のなかで全国的な宣伝展開は次第に下火となっていきました。フルムーン夫婦グリーンパスによるフルムーンブームなどはあったものの、国鉄の分割、民営化後はJR各社による地域ごとのキャンペーンが中心となっています。

8章

安全と環境を守るしくみ

ATC（自動列車制御装置）のはたらき1

新幹線を支えるATC

新幹線は超高速で走行するため、信号機や制限速度を記した標識などを地上に建てても、運転士が確認することは困難です。そこで、ATC（Automatic Train Control device＝自動列車制御装置）が開発され、運転台の速度計に信号を表示する保安システムが採用されました。

ATCは、駅や線路の近くに設置された地上装置と、車両に搭載された車上装置とで構成されます。地上装置から送られた信号は電流としてレールを通じて車上装置へと送られ、速度計に制限速度を表示するしくみです。信号を送る方式にはアナログ式とデジタル式の2種類があり、両者には互換性はありません。アナログ式のATCから見ていきましょう。

送信された信号どおりに列車は減速する

先行する列車や駅、急カーブなどに後続の列車が接近すると、地上装置は距離に応じて信号を後続列車の車上装置に送ります。車上装置は受け取った信号と実際の列車の速度とを比較。列車の速度のほうが高ければ自動的にブレーキを作動させ、信号どおりのスピードとなればブレーキを緩めます。

長野新幹線を最高速度260km／hで走行中の列車が駅に停車するケースを例に説明しましょう。速度計に最初に表示される信号は210km／hです。信号は3kmごとに切り替わるようになっており、この距離を走る間に信号が表示する速度まで落ちるよう、列車には普段使用しているブレーキのなかで最も強力なブレーキが作動します。続いて表示される信号は160km／hです。やはり3km以内にこの速度となるよう、再びブレーキが作動します。以下、3kmごとに70km／h、30km／hと信号は変化。30km／hまで速度が下がったら、ホームの停車位置に合わせて運転士は手動でブレーキをかけて列車を停止させます。

アナログ式のATCは東海道新幹線の開業と同時に実用化されました。いまでも山陽・上越・長野の各新幹線で使用されています。

アナログ式ATCの動作のしくみ

駅に停車するまでのATCの動作

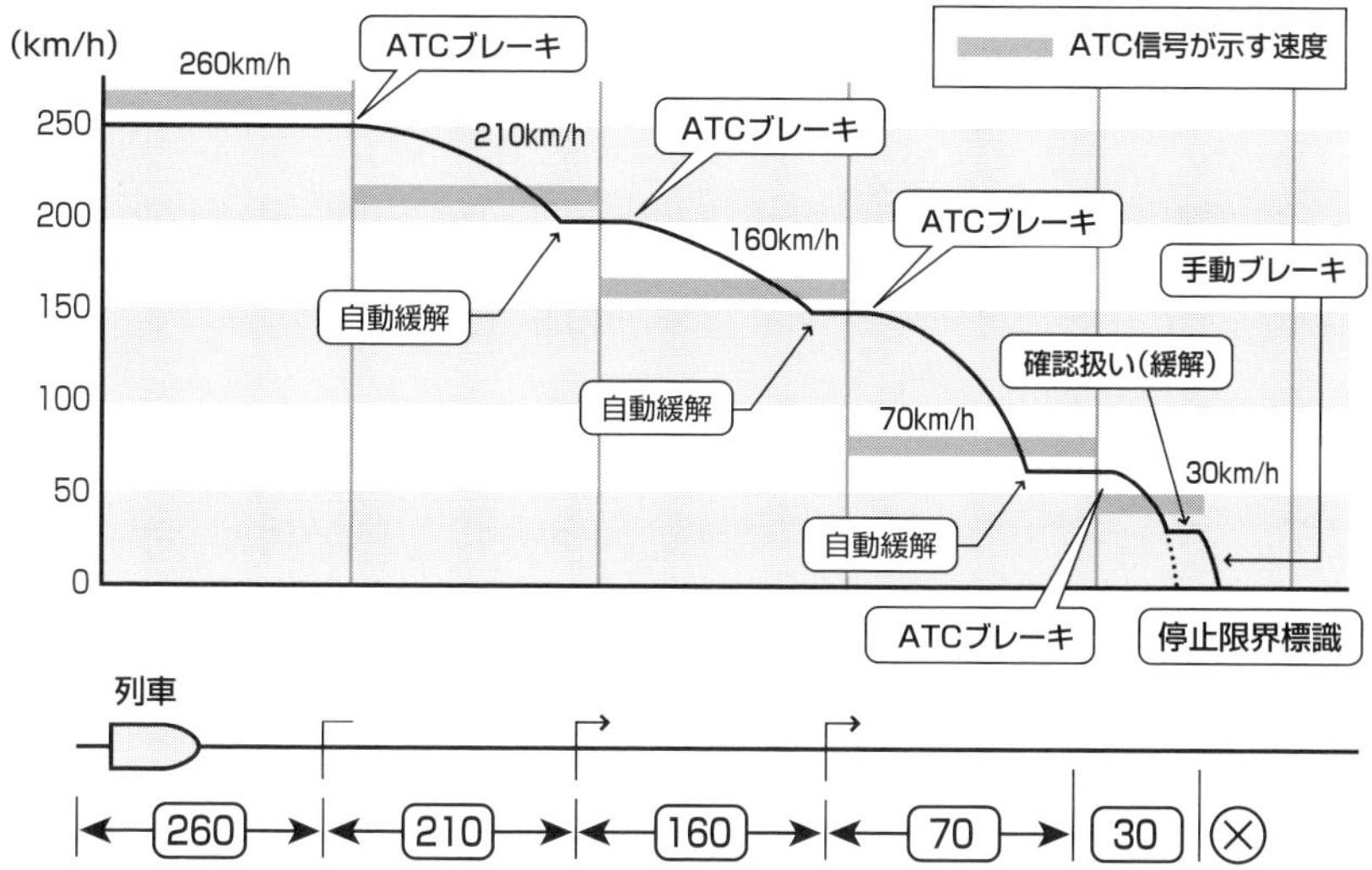

先行列車に接近したときのATCの動作

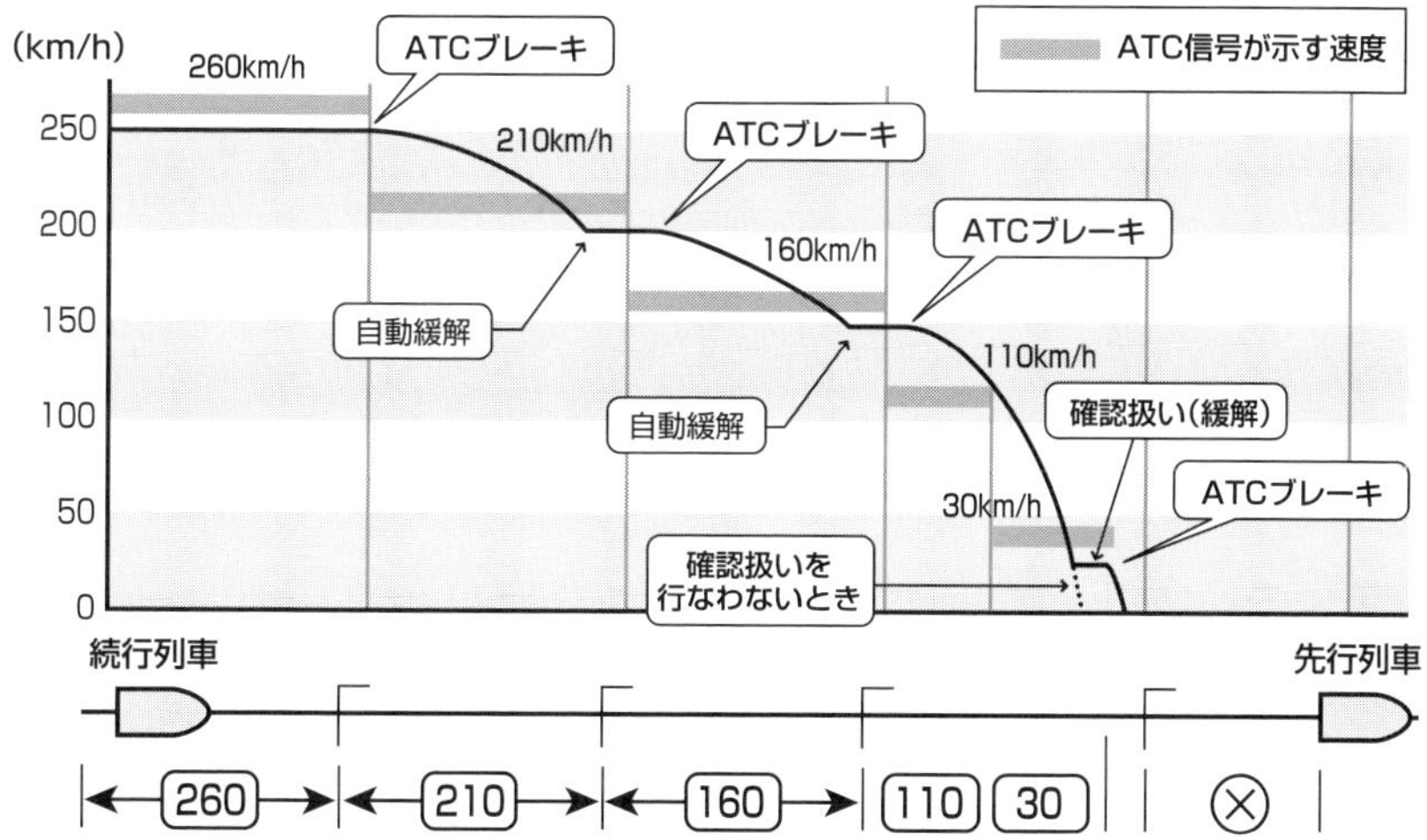

出典:『新幹線信号設備』、日本鉄道電気技術協会、2002年4月、69ページより

ATCのはたらき2

従来のATCの欠点を改良

ATCは非常に優れた保安システムであるため、新幹線は開業以来、列車の衝突といった重大な事故は1件も起きていません。しかし、アナログ式のATCにはいくつかの欠点があります。たとえば、停止するまでの間にブレーキの作動と緩めることを繰り返すため、乗り心地が悪くなり、所要時間も伸びてしまうのです。また、車両の性能が向上し、より短い距離で停止できるようになっても、地上装置を更新しない限り、その結果を反映することができません。

　こうした欠点を解消するためにデジタル式のATCが開発され、現在、東海道新幹線、東北新幹線（一部区間）、九州新幹線で使用中です。そのしくみを紹介しましょう。地上装置は車上装置に対し、停止すべき場所の情報をデジタル信号として送ります。信号を受け取った車上装置はその時点で走行中の場所から停止すべき場所までの条件を検索。車両の性能を考慮のうえ、1回または2回のブレーキだけで停止可能なプログラムを構築して車両のブレーキを作動させます。

ショックが少なく、スムーズに停車

東北新幹線で採用されているDS（Digital communication & control for Shinkansen）－ATCを例にとり、駅に停車する際の動作を見ていきましょう。最高速度（275km／hまたは240km／h）で走行中の列車が地上装置からのデジタル信号を受け取ると、まずは弱めのブレーキが作動し、列車の速度が落ちはじめると普段用いている最も強いブレーキが作動します。こうすることで、ブレーキのかけ始めに生じるショックを減らしているのです。

　一定のブレーキ力で75km／hまで速度が落ちると、弱めのブレーキに切り替わって衝撃を和らげた後、ブレーキを緩めます。ここから先は運転士が手動でブレーキを操作し、ホームの決められた位置に列車を止めるのです。

　アナログ式のATCとは異なり、速度計にはその時点で出してよい速度が棒グラフとして表示されます。これは制限速度が刻一刻と変化しているからです。

デジタル式ATCの動作のしくみ

駅に停車するまでのATCの動作

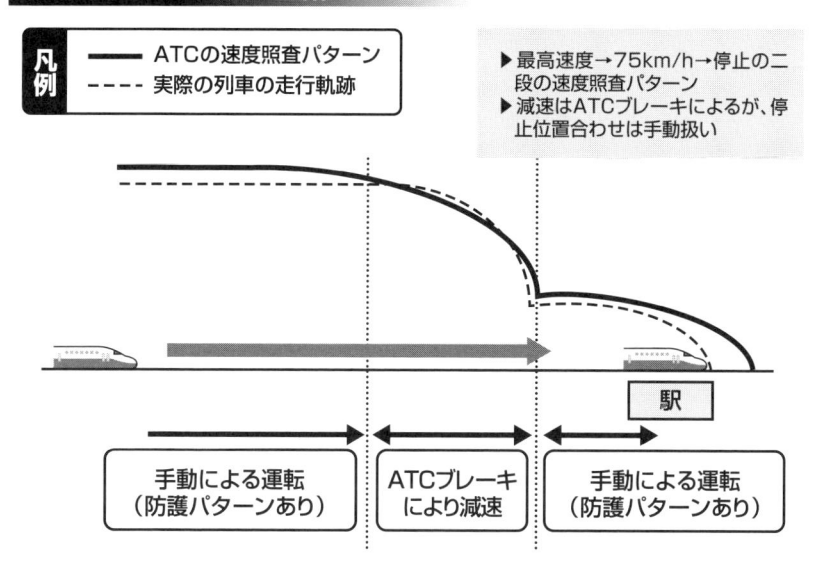

凡例
—— ATCの速度照査パターン
- - - - 実際の列車の走行軌跡

▶最高速度→75km/h→停止の二段の速度照査パターン
▶減速はATCブレーキによるが、停止位置合わせは手動扱い

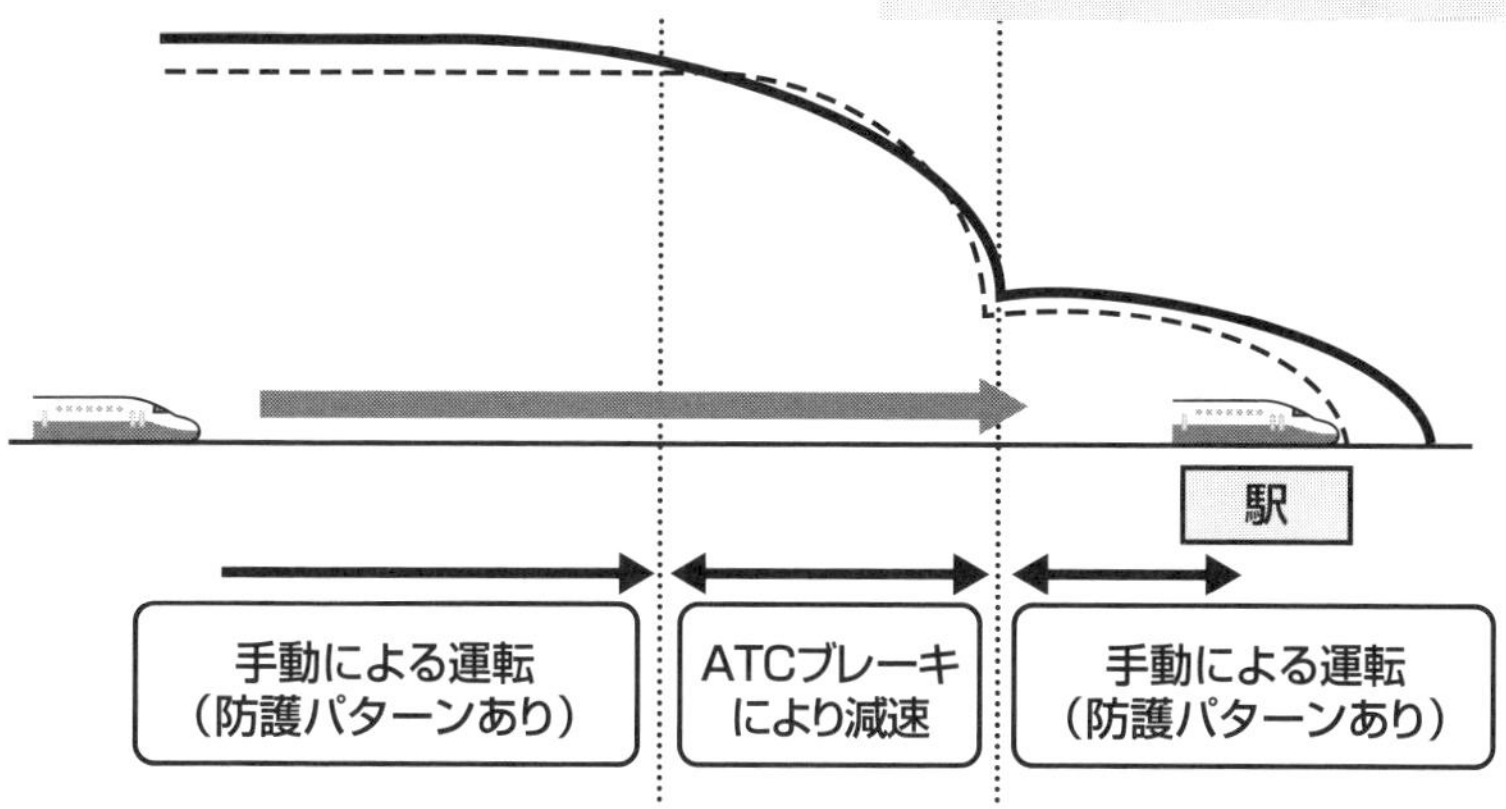

先行列車に接近したときのATCの動作

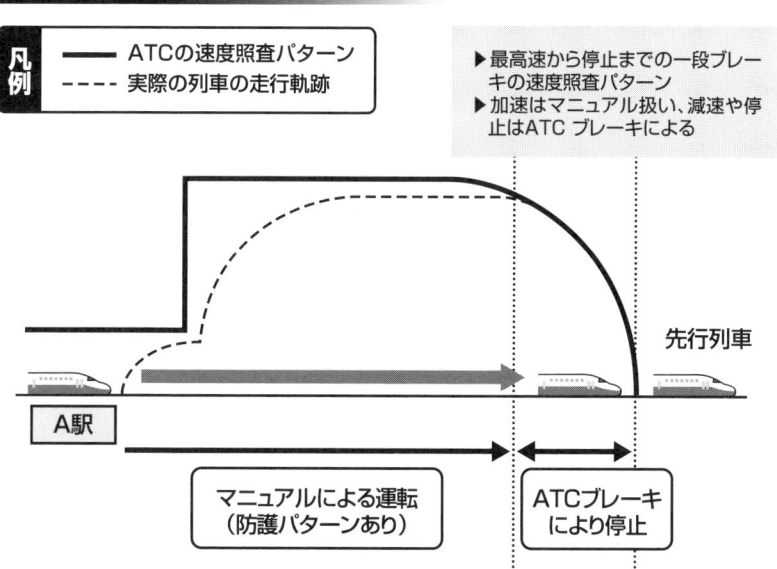

凡例
—— ATCの速度照査パターン
- - - - 実際の列車の走行軌跡

▶最高速から停止までの一段ブレーキの速度照査パターン
▶加速はマニュアル扱い、減速や停止はATC ブレーキによる

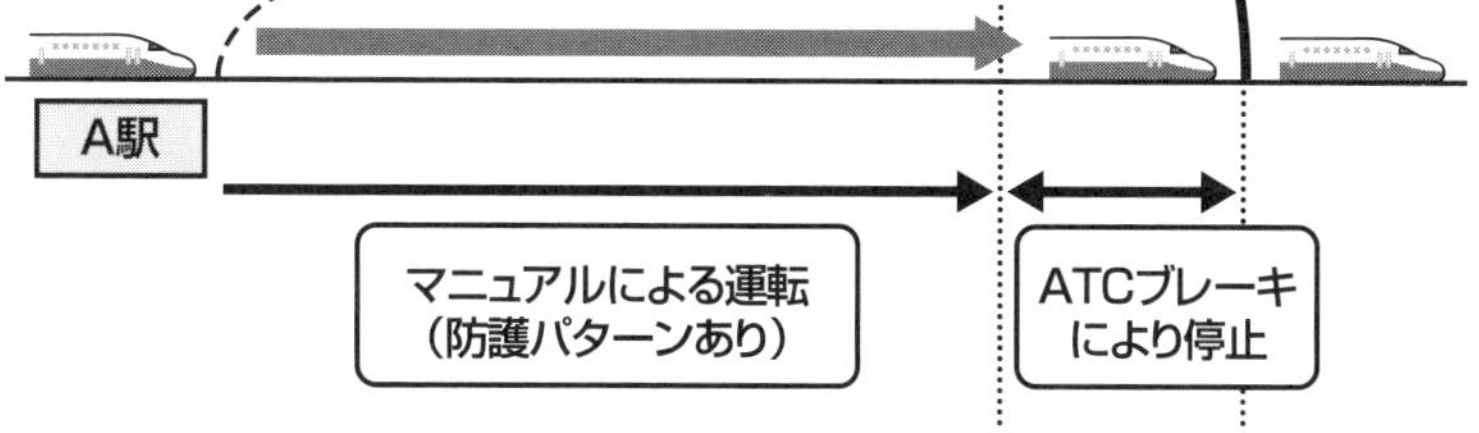

出典:長谷部和則・市原良和・横山啓之、「デジタル伝送技術を用いた新幹線ATCシステム(DS-ATC)」、『Rolling stock & machinery』2002年12月号、日本鉄道車両機械技術協会、9ページ

ＡＴＣが故障したら

二つの信号を組み合わせ、誤作動を防止

新幹線の安全はＡＴＣによって守られているので、ＡＴＣが誤作動を起こしたり、故障すると列車を運転することができなくなってしまいます。このため、ＡＴＣには安全対策が施され、万一故障した場合に備えてバックアップのためのシステムが構築されました。

まずは安全対策から見ていきましょう。ＡＴＣは本来ならば停止信号を出さなければならないところ、２１０km／hの信号を出してしまったことがあります。地上装置の近くで生じたごくわずかな妨害電流によって誤った信号を送信してしまったのです。

このようなことのないよう、アナログ式のＡＴＣでは主信号と副信号、デジタル式のＡＴＣではチャンネル１とチャンネル2という具合に2系統の信号を車上装置に送る方式が採用されました。二つの信号を組み合わせ、速度計には一つの信号として表示するのです。もしも、どちらか一つの信号が欠けてしまった場合は即座に停止を表示。列車のブレーキが自動的に作動するしくみです。

故障時はバックアップ装置によって運転可能

地上装置は電源系統をはじめ、何重もの回路で構成され、故障に備えています。

しかし、それでもＡＴＣが作動しなくなる可能性は捨て切れません。そこで、ＡＴＣに代わるバックアップシステムも導入されました。これが、列車検知装置と呼ばれるものです。

ＡＴＣが故障した際、駅と駅との間に1本の列車を運転するように定めています。このとき重要なのは列車が駅間に存在しているのかどうかを知ることです。そこで、レールに電流を流してセンサーの役割を果たす列車検知軌道回路を駅の出口と入口とに設けました。

列車検知器は列車検知軌道回路によって列車が駅を出発したのか、あるいは駅に到着したのかどうかまで知ることが可能です。駅間に列車がいないとわかったら、この装置は後方の駅にある開通確認灯を点灯させます。そして、駅員によって信号機が切り換えられた後、列車は駅を出発できるのです。

アナログ式のATCの安全対策

ATC信号の意味

<table>
<tr><th>副(Hz)
主(Hz)</th><th>12.0</th><th>16.5</th><th>21.0</th><th>27.0</th><th>32.0</th><th>38.5</th></tr>
<tr><td>10.0</td><td></td><td>260信号</td><td rowspan="6">1周波
2周波
切　替
信　号</td><td>210信号</td><td></td><td rowspan="6">O_3信号</td></tr>
<tr><td>15.0</td><td></td><td></td><td>160信号</td><td></td></tr>
<tr><td>22.0</td><td>110信号</td><td></td><td></td><td></td></tr>
<tr><td>29.0</td><td>70信号</td><td></td><td></td><td></td></tr>
<tr><td>36.0</td><td></td><td></td><td></td><td>30信号</td></tr>
<tr><td>41.5</td><td></td><td></td><td></td><td>O_2E信号</td></tr>
</table>

ATC信号	意　味
260信号	最高速度段
210信号	中間速度段、カーブ制限用、臨時速度制限用
160信号	中間速度段、カーブ制限用、臨時速度制限用
110信号	列車運転時隔の改善用、臨時速度制限用
70信号	列車運転時隔の改善用、臨時速度制限用、分岐制限用
30信号	最終速度段、停止区間用
O_1信号	停止用(30信号+P点信号でO_1としている)
O_2信号	停止用(無電流区間)
O_3信号	絶対停止用

アナログ式のATCでは周波数の異なる主信号と副信号とを組み合わせて1つのATC信号を示す。空欄の組み合わせに新たなATC信号を表示することも可能で実際に行われていたこともある。

出典:『新幹線信号設備』、日本鉄道電気技術協会、2002年4月、70・74ページ

ＣＴＣのはたらき

列車を運行するためのさまざまな作業

新幹線の列車をダイヤ通りに運転するにはさまざまな作業が必要です。駅に設置されている分岐器のポイントを列車が進む方向に開通させ、発車時刻となったら、ＡＴＣが出発を許可する表示を出すように切り換えなければなりません。

在来線や民鉄の一部の路線ではこれらの作業を各駅で分散して行っています。しかし、超高速で長距離を走行する新幹線の場合、どこか1カ所でも取り扱いに遅れが生じると、すぐに全線が混乱してしまうのです。そこで、全線で行われるこうした作業を1カ所で集中して制御する列車集中制御装置（ＣＴＣ：Centralized Traffic Control device）が東海道新幹線の開業時から導入されました。

新幹線の列車の運行は集中的に制御される

まず、ＣＴＣは線路上に存在しているすべての列車の位置と列車名を調べます。列車の位置はレールを流れる電流をセンサーとして用い、列車名は車両から発振された信号を線路上に設置されたコイルが受信することでそれぞれ検知することが可能です。

検知が終わると、ＣＴＣはすべての列車の運転状況を総合指令所に設置された運転表示盤に表示します。発車時刻になると指令員は運転表示盤の手前に置かれた制御盤を操作し、進路を設定するのです。ここで行われた操作は回線を通じて駅に設置されている連動装置に伝えられ、ポイントが切り換えられます。連動装置は進路が設定されたのを確認した後、ＡＴＣに対して出発してよいという信号を送るように指示を出し、その結果はＣＴＣにも反映されるしくみです。

列車の本数が増えると指令員が操作することが困難になったため、コンピューターシステムのコムトラック（COMTRAC：COMputer aided TRAffic Control）が導入されました。コムトラックに当日のダイヤを入力しておくだけであとは自動的にＣＴＣの制御盤を操作します。しかも、ダイヤが乱れたときにも自動的に復旧させることが可能です。

CTCによる自動進路制御のしくみ

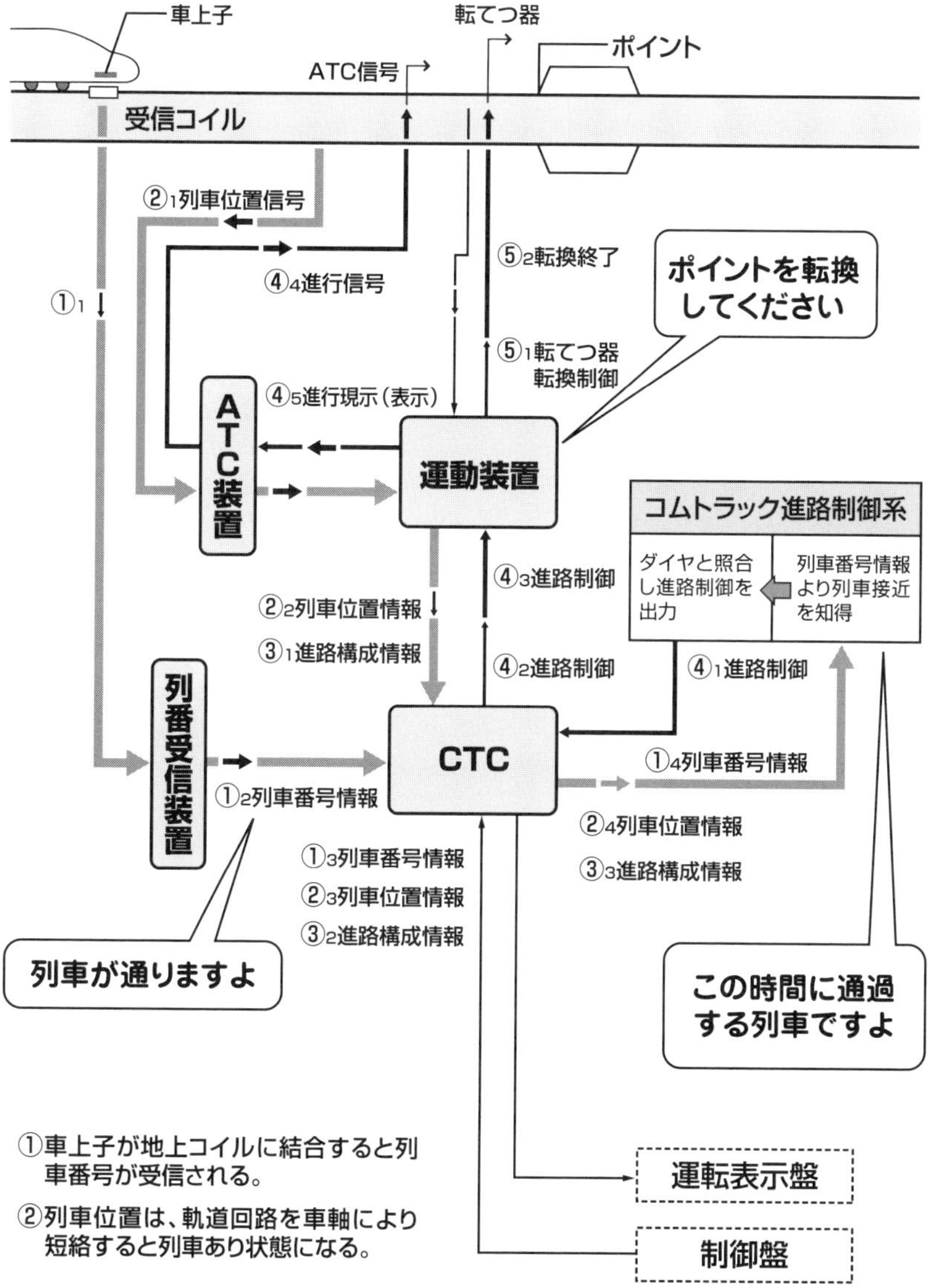

①車上子が地上コイルに結合すると列車番号が受信される。

②列車位置は、軌道回路を車軸により短絡すると列車あり状態になる。

出典:『新幹線信号設備』、日本鉄道電気技術協会、2002年4月、107ページ

大地震への備え1

P波を察知し列車を止めるユレダス

日本は世界有数の地震国です。したがって、新幹線の沿線でいつ大地震が発生したとしても何の不思議もありません。

新幹線の列車が２００km／hを超える速度で走行した状態で大地震に遭遇したとしたら大変危険です。新幹線では線路沿いに地震計が設置され、40ガル（震度4に相当）の地震が発生すると即座に列車を止めてしまいます。また、大きな被害をもたらす大地震が発生した場合は地震の揺れを感じてから列車を止めていたのでは手遅れとなりかねません。このため、ユレダス（URgent Earthquake Detection and Alarm System＝地震動早期検知警報システム）が導入されました。

地震が発生すると、まずＰ波（Primary Wave）と呼ばれる初期微動が先に到達し、次いでS波（Secondary Wave）や表面波といった主要動が伝わり、被害をもたらします。ユレダスはＰ波を検知し、S波による揺れが始まる前に列車を停止させるシステムです。

1〜3秒で送電を止め、列車のブレーキが作動する

ＪＲ各社は新幹線の沿線や周辺の地域にＰ波を察知するための検知点を多数設置しています。検知点は新幹線の線路から相当離れた場所にも設けられているのが特徴です。

一例ですが、東海道新幹線の場合、三重県の伊勢、和歌山県の新宮などにも検知点が設置されました。過去に起きた大地震の震源地に近いとか、断層があるといった理由で設けられたのです。

検知点でＰ波を観測すると地震の規模を示すマグニチュードを推定し、想定される震度や影響を及ぼす地域を3秒以内に解析します。近年、ＪＲ東日本に導入されたものはコンパクトユレダスと呼ばれ、この時間を1秒に短縮することに成功しました。

解析の結果、大地震と判断されれば、変電所の遮断機を作動させるための命令を専用回線を通じて変電所に伝えます。すると、架線への電力の供給は停止し、列車は非常ブレーキを作動させて停止するのです。

ユレダスのしくみ

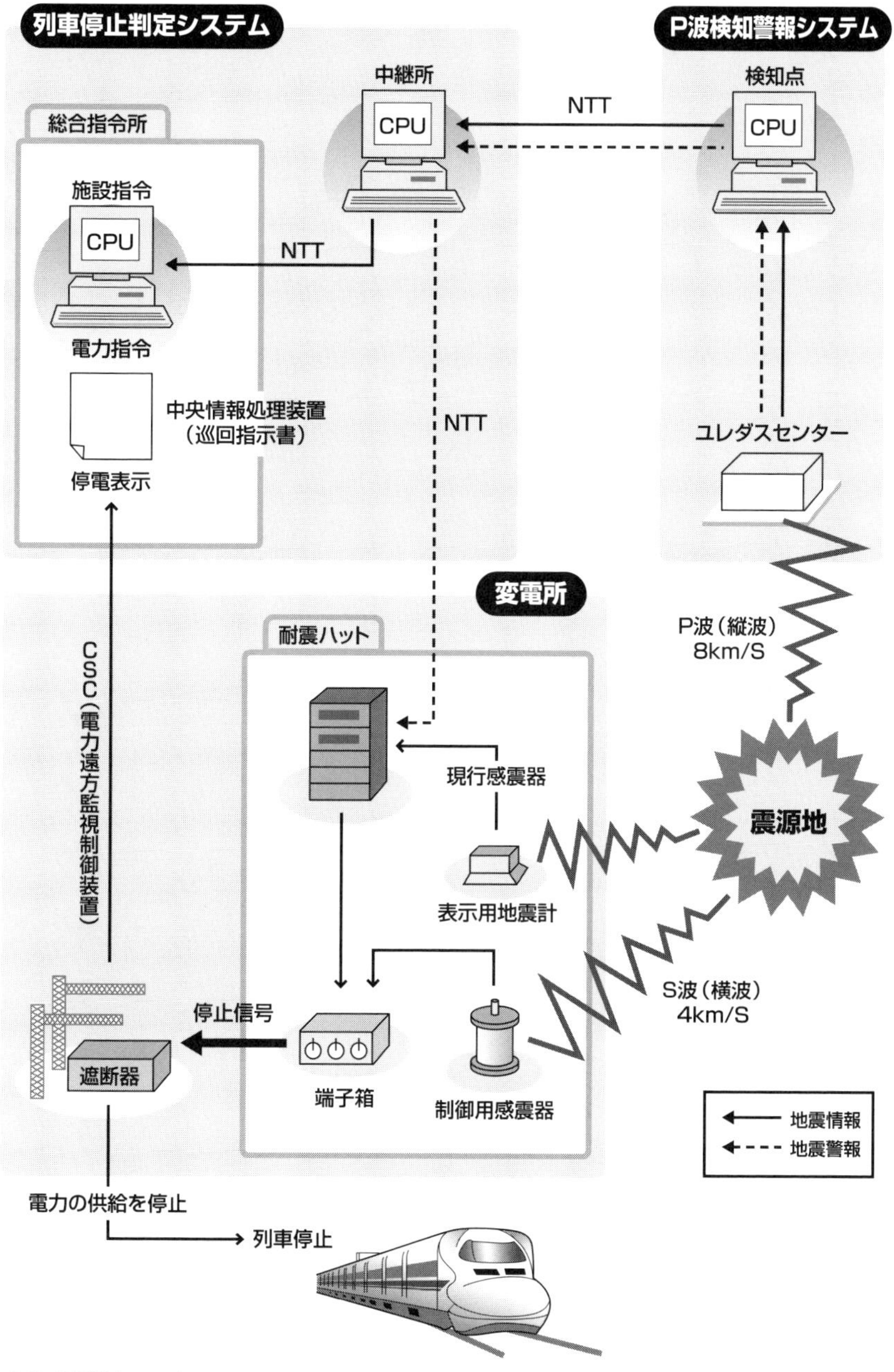

出典:『新幹線の30年』、東海旅客鉄道新幹線鉄道事業本部、1995年2月、646ページより一部改変

06

大地震への備え2

非常ブレーキがすぐに作動するように改良

ユレダスあるいはコンパクトユレダスによって地震への備えは整いましたが、これだけでは十分ではありません。というのも、２００４（平成16）年10月23日に発生した新潟県中越沖地震の際には、震源地付近を走行していた上越新幹線の列車が脱線する事故が起きてしまったからです。このとき、コンパクトユレダスは正常に作動し、列車は非常ブレーキによって停止しようとしている最中でした。そこで、新潟県中越沖地震後、ＪＲ各社は直下型の大地震が発生しても列車が安全に停止できるよう、新たな対策を施しています。

従来、新幹線の車両は架線に送電が停止されたことをＡＴＣの車上装置が察知して非常ブレーキを作動させていました。送電停止から非常ブレーキの作動までに要していた時間は３・58秒です。この時間をさらに短縮させるため、ＪＲ東日本は専用の停電検知装置を開発し、車両に搭載することとしました。この結果、所要時間は２・58秒に短縮されています。

万一の脱線に備えて線路と車輪にも対策が施される

２７０㎞／ｈで走行中の新幹線が非常ブレーキを作動させてから停止するまでにはどうしても約1分40秒を要し、約３㎞走行することが避けられません。その間、線路は激しく揺れていますが、それでも安全に停車できるような施策も導入されました。

ＪＲ東日本は左右の車輪の外側に逆Ｌ字形の金具を取り付けています。万一の脱線の場合も金具がレールに引っかかるので、車両が線路の外側に大きく逸脱することはありません。

いっぽう、ＪＲ東海は左右のレールの内側に設置する脱線防止ガードを採用することとなりました。このガードは外れようとする車輪を抑え、脱線を防ぎます。また、左右の車輪の中心部分に逸脱防止ストッパーを取り付け、車両が脱線したとしても線路から大きく離れないようなしくみも採用されました。

今後、山陽新幹線と九州新幹線にもＪＲ東日本またはＪＲ東海のどちらかの対策が導入される予定です。

脱線防止対策のいろいろ

L型車両ガイド

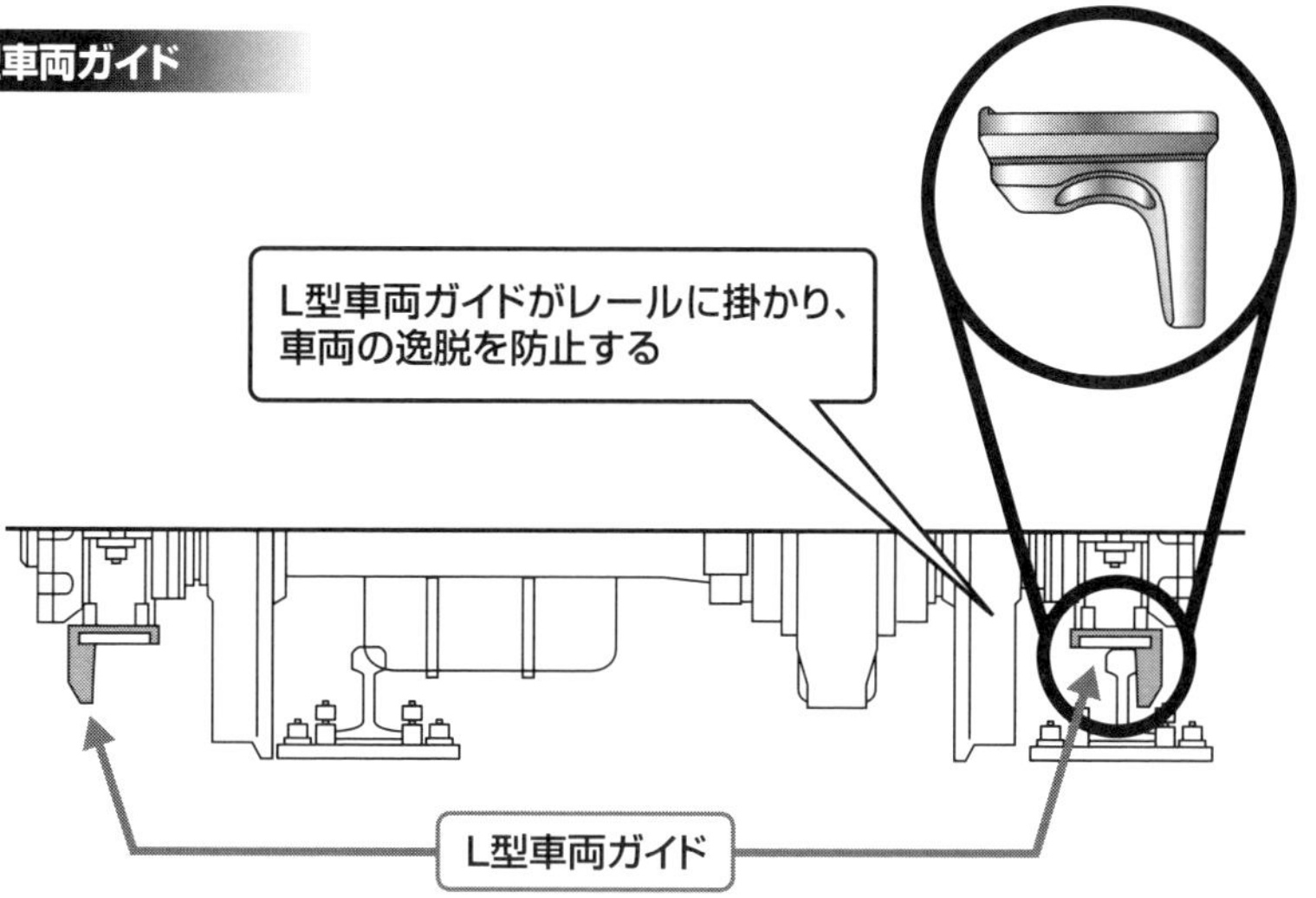

脱線防止ガード(逸脱防止機能付き)

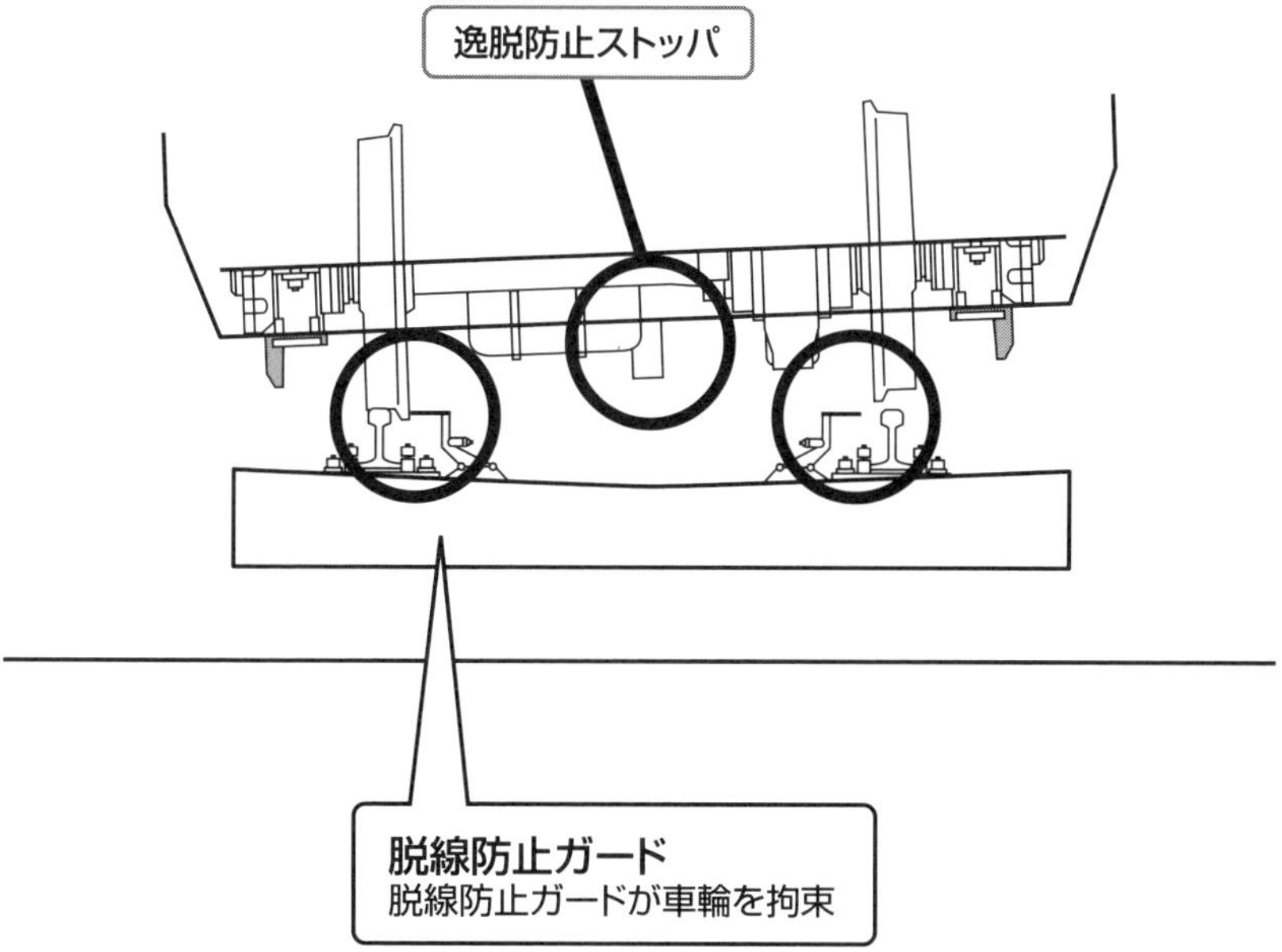

出典:『新幹線脱線対策に係るフォローアップについて』、国土交通省、2006年3月

降雨への備え

降雨に弱い個所を重点的に強化

日本列島は梅雨前線や秋雨前線、さらには台風と、降雨にたびたび見舞われます。新幹線の線路も被害を受け、その経験をもとに対策が強化されてきたのです。

降水量は新幹線の線路わきに大体10～20km間隔で設置された雨量計によって計測されています。ここで計測された数値は総合指令所に伝えられ、規制値を超えてしまった場合、指令員は即座に列車を停止させる決まりです。ちなみに、東海道新幹線では1時間当たりの降水量が60mmを上回ると列車の運転が中止となります。

線路のなかで最も降雨の影響を受けやすいところといえば盛土《もりど》といえるでしょう。これは土を盛り、地表面よりも一段高くした築堤の上に線路を敷く構造の建造物です。

盛土では法面《のりめん》と呼ばれる斜面が降雨によって沈下したり、崩落したりといったトラブルが多数発生しました。そこで、法面の内部に杭を打ち込んで補強するとともに、排水用のパイプを張りめぐらせて盛土に浸入した雨水を外にかき出すようにしています。また、開業当時の東海道新幹線の盛土のように、土がむき出しになっていた法面にはコンクリートのブロックを積み上げ、斜面を保護する対策も取られました。

排水ポンプによって冠水を防ぐ

トンネル内の浸水対策も重要です。通常、トンネルは湧き水を効率よく排水するよう、入口よりも中央部を高くするように掘られています。しかし、地形の関係上、すべてのトンネルがそうとは限りません。入口のほうが高いトンネルでは雨水が内部に浸入してしまうため、排水ポンプを用いて水を排出するシステムが導入されました。

一例ですが、東海道新幹線品川―新横浜間にある八ツ山トンネルでは最大で毎分10・8㎥の排水能力をもつ排水ポンプが設置されています。これは、1993（平成5）年8月27日の台風11号による集中豪雨で毎時48mmの降水量を記録し、トンネル内が冠水する被害を受けた教訓を生かしたものです。

盛土への対策のいろいろ

排水パイプ

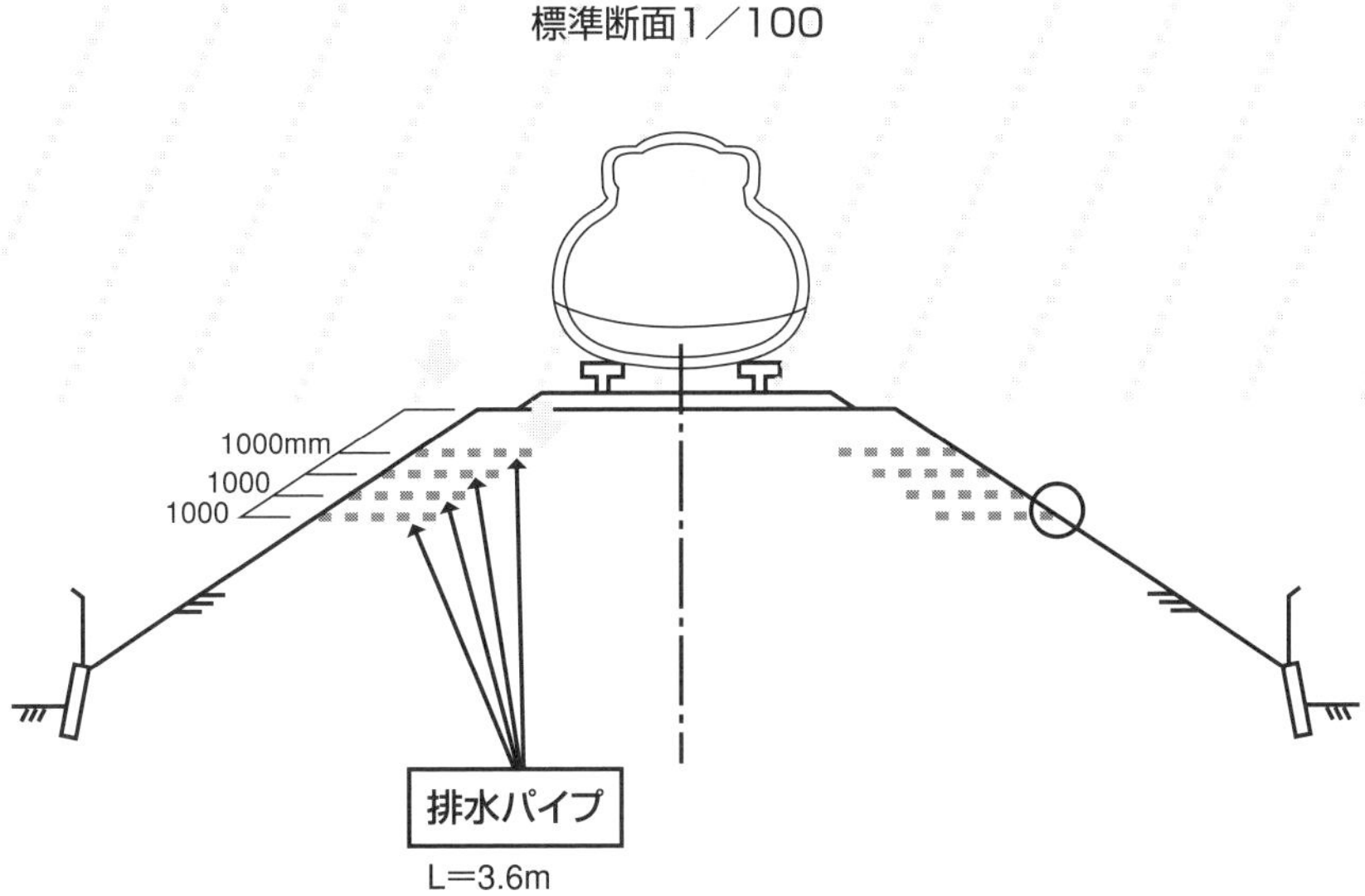

法面の補強

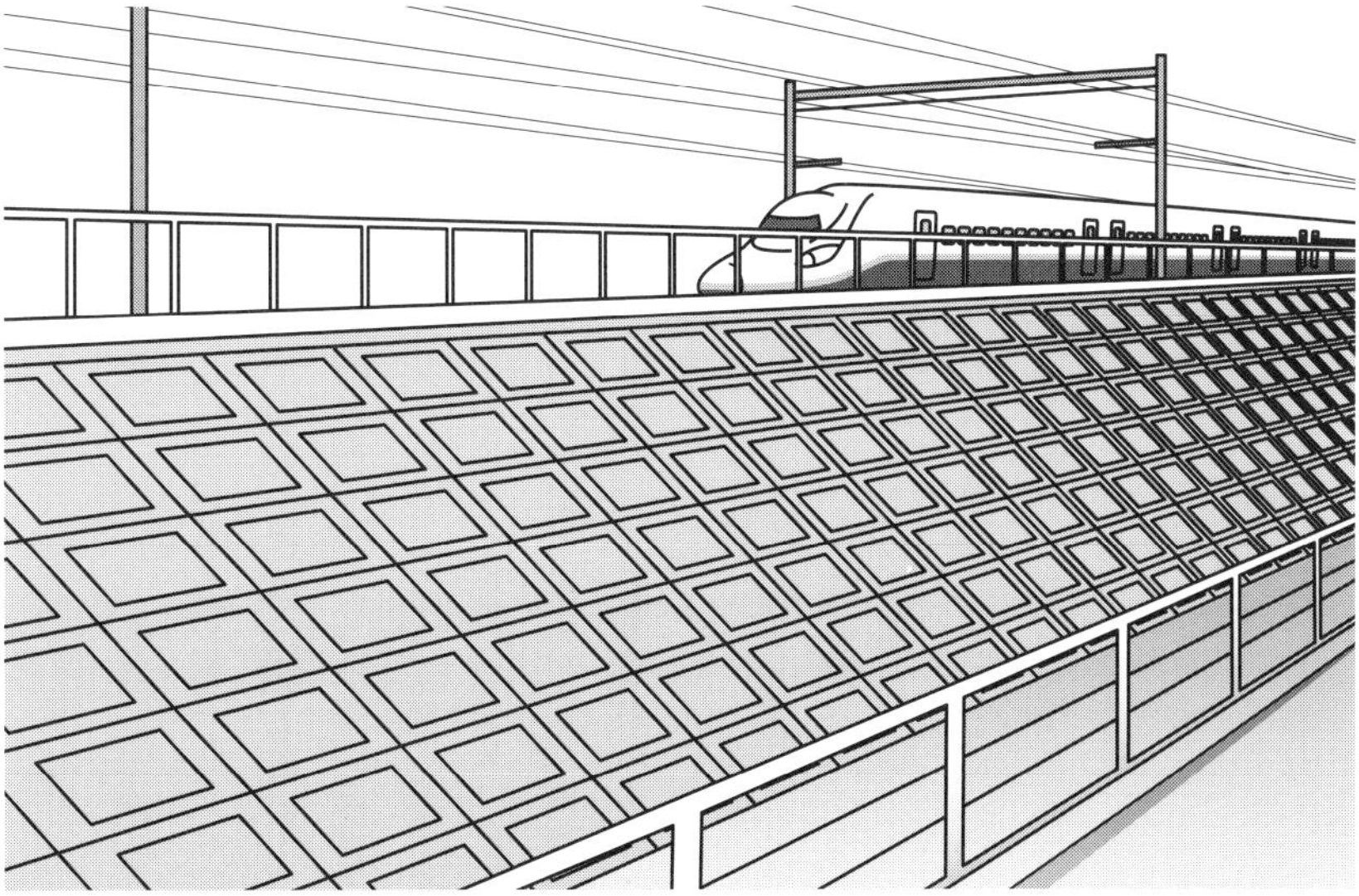

出典:『新幹線の30年』、東海旅客鉄道新幹線鉄道事業本部、1995年2月、463・771ページ

積雪対策

新幹線の積雪対策は2段階

新幹線で行われている積雪対策は豪雪地帯向けと寒冷地向けとの2段階に分類可能です。豪雪地帯向けの対策は上越新幹線、寒冷地向けの対策は東北と長野の両新幹線でそれぞれ取られています。

最も強固な積雪対策が導入された上越新幹線から説明しましょう。１ｍ以上の積雪に備え、線路沿いにはスプリンクラーが６ｍおきに設置されました。センサーが積雪を察知すると、1時間当たりの降水量に換算して40～70㎜の湯を自動的にまき、雪を溶かしてしまいます。湯はトンネルの湧き水や河川から汲み上げた水です。

さて、スプリンクラーで溶かされ、水となった雪は速やかに除去しなければなりません。高架橋に設けられた排水溝からスプリンクラーの湯を送る消雪基地へと運ばれます。ここでゴミを濾過し、トンネル内で生じた地下水を加えて過熱された後、再びスプリンクラーの湯として生まれ変わるのです。

このほか、凍結防止のため、ポイント部分にはヒーターが設けられ、雪を溶かしています。また、架線に雪が積もらないよう、架線柱には温風器も設置されました。

寒冷地では雪かき器で線路上の雪を取り除く

東北新幹線や長野新幹線に採り入れられている積雪対策を見てみましょう。両新幹線とも50㎝前後の積雪に備えて対策が施されました。ポイント部分にはスプリンクラーやヒーターが設置され、一部の架線柱には温風器が取り付けられています。これらは上越新幹線のものと変わりません。

ただし、上越新幹線ほどの積雪ではないことから、ポイント部分以外にはスプリンクラーは設置されませんでした。その代わり、高架橋または地面から最大で50㎝高い位置にレールを敷き、線路の両側には柵が設けられました。線路に積もった雪は先頭車に取り付けられた雪かき器がレールの周囲に落とします。雪は高架橋や地面に貯められ、そのまま雪解けまで待つのです。このようなしくみを貯雪式高架橋あるいは貯雪式バラスト軌道と呼んでいます。

積雪対策のいろいろ

スプリンクラー

貯雪式高架橋

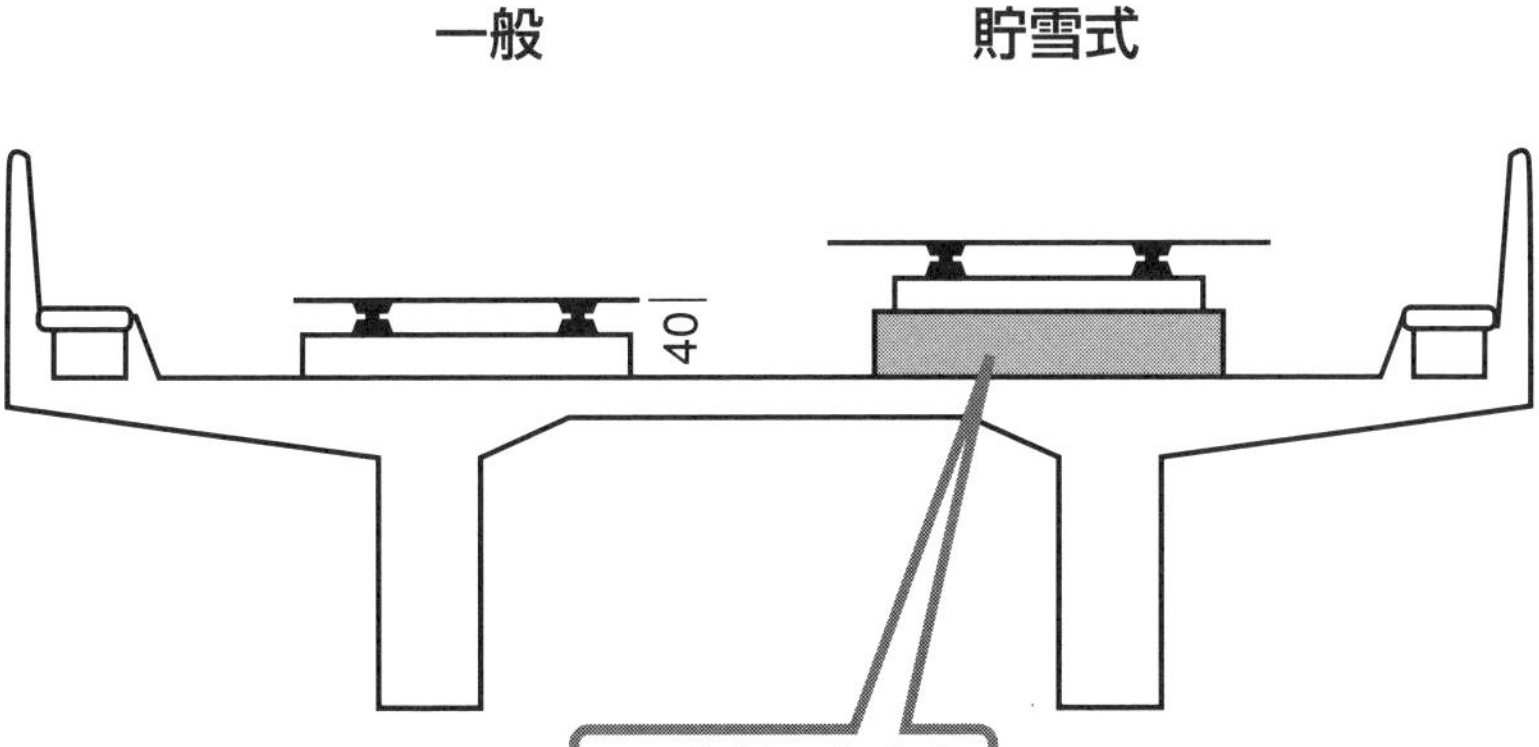

09 強風対策

風速監視装置で風を観測

地震や降雨、積雪と同様に強風への備えも重要です。新幹線は超高速で走行しているため、突風に見舞われると転覆の危険性が生じます。線路の幅が広いため、新幹線の車両は在来線の車両と比べると走行安定性が高いのですが、それだけでは十分ではありません。そこで数々の対策が施されました。

風の状況を把握するため、新幹線の線路沿いには風速監視装置が数多く設けられました。この装置には半円状の器具が回転することで風速を計測する風杯が取り付けられています。ただし、橋りょうであるとか風の通り道といった重点個所には飛行機のような形状の風向風速計が設置されました。

風速監視装置によって観測されたデータは総合指令所や駅に送られます。もしも、風速が毎秒20ｍを超えた場合、ＣＴＣの運転表示盤に警報として表示されるしくみです。警報が発せられたら、指令員は即座に徐行や運転中止といった手配を取ります。

このような対策をもってしても突風への備えは困難です。強風が予想される地点には防風柵を設置するなどの対策が取られていますが、まだ十分とはいえず、今後の課題といえるでしょう。

架線への風対策も重要

さて、新幹線の構造物のなかで強風に最も弱い個所は架線といえます。水平方向に吹く風に耐えられるよう、架線には改良が施されてきました。しかし、垂直方向に吹く風には弱く、架線が複雑に張りめぐらされている力行切替セクション付近では架線が碍子《がいし》に衝突して切れてしまう事故が起きてしまったのです。そこで、こうした場所では架線柱を増やして、架線が浮き上がらないように改良されています。

また、強風のために飛来する障害物によって架線が切断されたり、通常は絶縁されている架線柱との間でショートする事故も多発しました。このような事故が起きそうな場所には架線の近くにもう1本ダミーの架線を張り、ここで食い止めるようにしています。

強風対策のしくみ

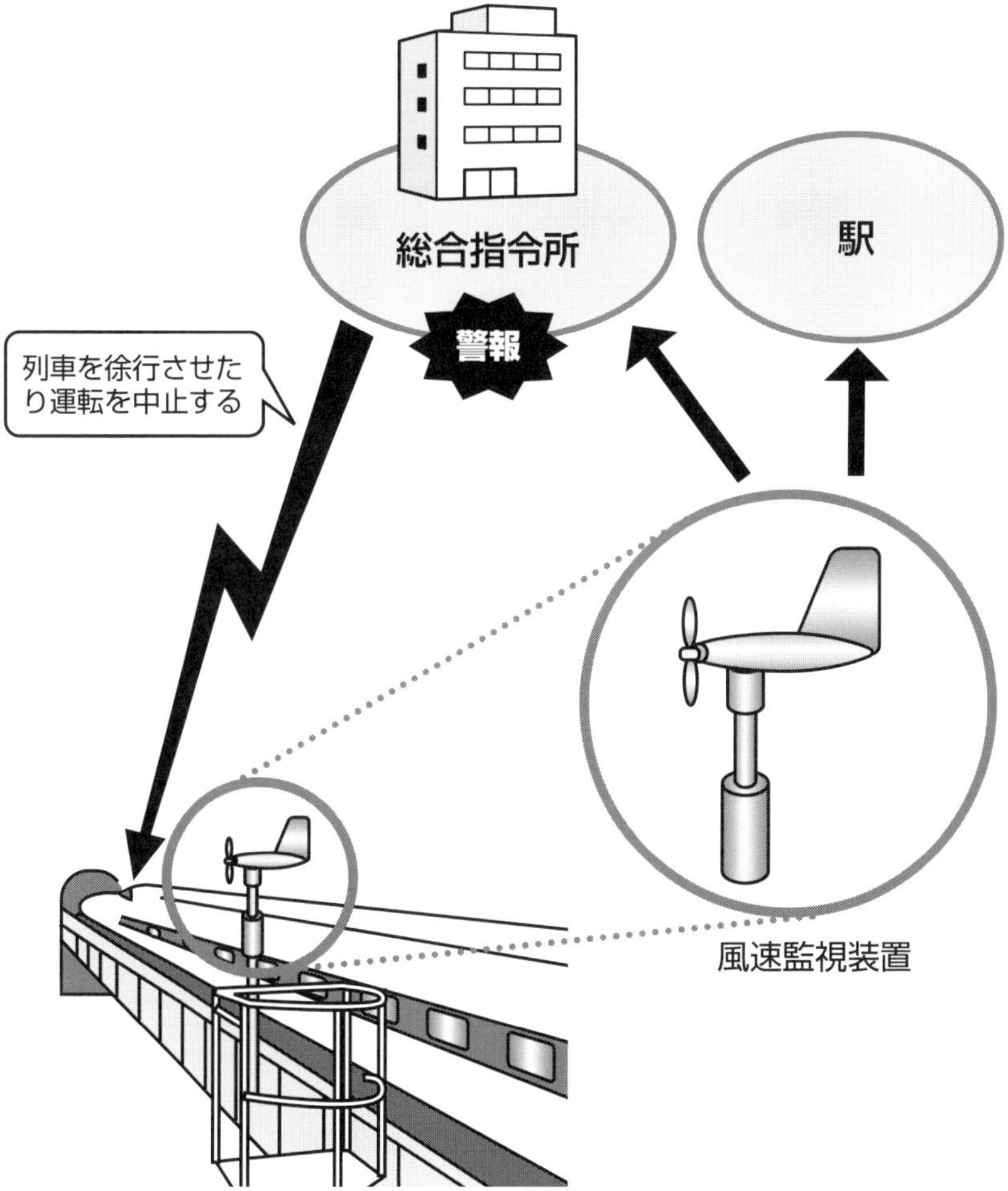

出典:『新幹線の30年』、東海旅客鉄道新幹線鉄道事業本部、1995年2月、755·778ページ

環境対策1

騒音と振動を抑えることが重要な課題となる

新幹線が営業を開始するとそれまであまり重要視されなかった問題が浮き彫りとなりました。それは、超高速で走行する車両が引き起こす騒音と振動です。東海道新幹線の沿線では騒音と振動をめぐって訴訟となりましたし、東北新幹線上野—大宮間の開業は住民の反対によって遅れ、和解時の申し合わせによって１１０km／hを超える速度で走行することができません。

沿線に及ぼす騒音と振動とを軽減するため、車両には数多くの改良が施されてきました。開業当時の車両と現在の車両とを比べると最も大きな違いは車体の形状です。かつては段差や突起が多く、通気用のルーバーなど開口部も多数設けられていたのですが、これらは皆騒音源となってしまいます。最新型の車両は車体の表面が滑らかに仕上げられており、大きな開口部は姿を消し、扉や連結面なども車体とほぼ一体化されました。車体の高さも下げられ、断面積を減少させる工夫も行われています。

研究の結果、パンタグラフから発生する風切音が最も大きいことが判明しました。このため、パンタグラフは大多数が前方投影面積の少ない1本のアームのものに取り換えられ、その周囲にはカバーが取り付けられています。さらに、かつては16両編成で8基搭載されていましたが、架線の給電システムを改めて現在は2基だけで電力を取り込むことができるようになりました。

車両の改良で振動を抑える

振動に対しても改良が続けられています。最大のものは車両の軽量化です。かつては鋼鉄製の車体で1両当たり60ｔに達するものもありましたが、いまではアルミニウム合金を使用して40ｔ前後に収められています。

また、スピードアップにより、列車がトンネルを通過する際に発生する圧力波が出口に達した際に大きな衝撃を生み出すようになりました。トンネル微気圧波です。このため、先頭部分の形状に検討が加えられ、現在は運転室部分が飛び出し、下部が丸められた形にデザインされています。

車両の環境対策のいろいろ

N700系の例

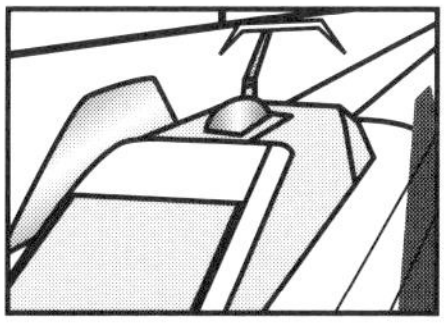

低騒音型パンタグラフ
風防カバー内に中間ヒンジや空気配管を収納し、スタイルを流線形状にすることで、車外騒音のさらなる低減を実現。また、車体傾斜時においても良好に集電可能な舟体構造を採用した。

先頭形状(エアロ・ダブルウイング形)
航空機の開発に用いる最新の空力シミュレーション(遺伝的アルゴリズム)を鉄道車両として初採用。高速走行に最適な空力特性を持つ新しい先頭形状を開発した。

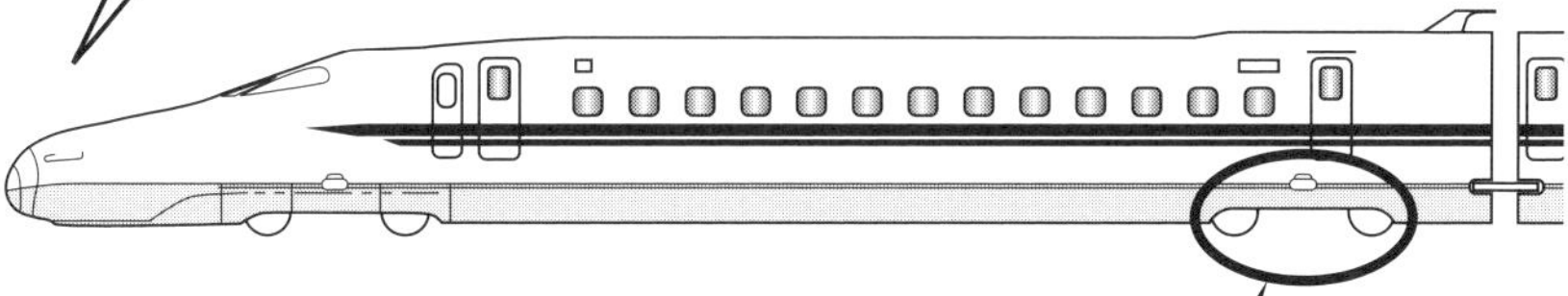

台車スカート
台車部の車外騒音低減のための全台車部に設置。リサイクルが可能な軽量高剛性のC-FRPを採用。遮音性に大きな効果があり、メンテナンス性にも優れる。

出典:JR東海、JR西日本が制作したN700系のパンフレット『Series N700』2-3ページより

11

環境対策2

防音壁で騒音をシャットアウト

新幹線の環境基準は国によって定められており、騒音と振動の数値を住宅地域では70デシベル以下、商工業地域では75デシベル以下としなくてはなりません。このような基準値を満たすため、線路や架線といった構造物にもさまざまな対策が施されました。

環境対策のなかで最もよく目に付くものといえば防音壁です。新幹線には直型、干渉型、逆L字型の3種類の防音壁が採用されています。

直型とは高さ2mの壁を垂直に立てて音をシャットアウトしようとする防音壁です。近年は壁面に発泡スチロールなどでできた吸音材が張り付けられ、効果を高めています。また、パンタグラフから生じる高周波音を低減させる目的で直型防音壁の上部を外側に張り出させたものも登場しました。このタイプのものは改良型防音壁と呼ばれます。

干渉型とは音の屈折や干渉原理を利用して騒音を低減する防音壁です。新幹線では、直型防音壁の外側に金属板を重ね合わせて構成されたブロックを線路沿いに並べたものがよく見られます。

逆L字型とはその名のとおり、逆L字型の壁を張りめぐらせた防音壁です。車両の台車部分から生じる走行音の低減に効果があり、都市部を中心に設置が進められました。ただし、高さが5m以上もあるためにものものしく、それだけではなく沿線の日照やテレビやラジオの電波にも影響を与えます。

振動にはまくらぎと架線への対策が有効

線路で実施されている振動対策として有効なものは弾性まくらぎです。これはまくらぎの下にウレタンゴムなどのクッションを敷き、列車の振動を和らげます。

パンタグラフが集電している最中に架線が不安定な状態となると振動が生じるため、さまざまな改良が施されました。1km当たりの架線の重さは従来の2t程度から5・5tと重くなり、強い力で張られるようになっています。従来、架線は10kN程度の張力で張られていましたが、いまでは19・6kNの区間もあります。

線路の環境対策のいろいろ

JR東海の例

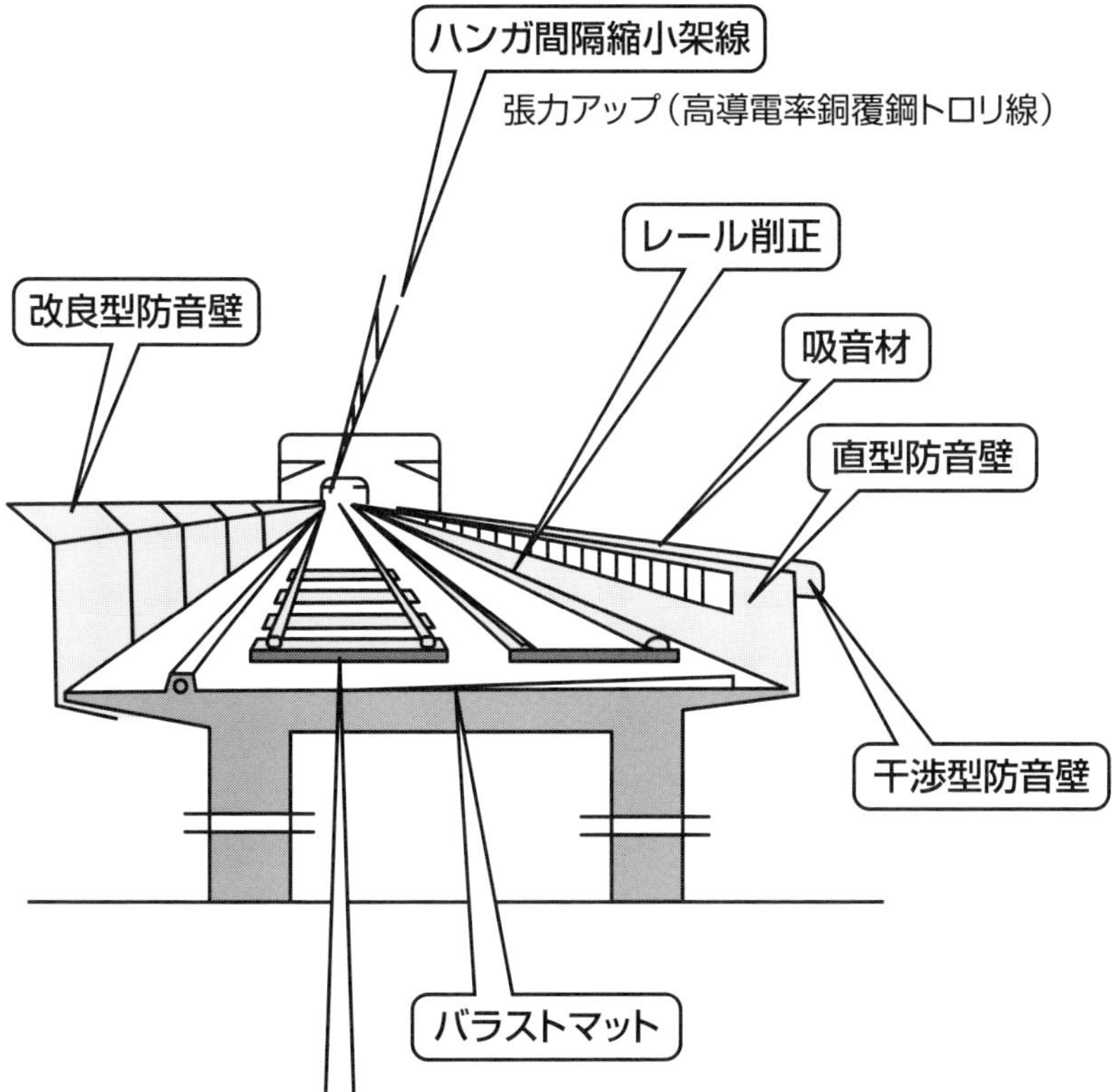

出典:『新幹線の30年』、東海旅客鉄道新幹線鉄道事業本部、1995年2月、793ページより一部改変

12

新幹線のテロ対策

テロへは巡回と監視カメラで万全を期す

残念ながら、近年、国内外で列車を標的としたテロが起き、新幹線も対策を講じる必要が生じました。新幹線で発生すると予想されるテロといいますと、走行中の列車内でのものと線路上でのものとに分けられます。現在、取られている対策を見ていきましょう。

まずは列車内での対策ですが、置き去りにされた不審物がないかどうか、車掌やパーサーによる巡回が頻繁に行われるようになりました。海外でごみ箱に爆発物を入れたという事例がありましたので、ごみ箱も念入りに調べています。

２００７（平成18）年7月1日から営業を開始したＪＲ東海とＪＲ西日本のＮ７００系には、各車両のデッキ部分や運転室の入口に合わせて60基もの車内防犯用カメラが設置されました。これらのカメラで撮影された映像は乗務員や総合指令所の指令員が確認することが可能とのことで、セキュリティーの向上に役立つと期待されています。

人海戦術で線路へのテロを防ぐ

線路上に障害物を置き、列車の走行に支障を来さないような対策も施されました。新幹線の線路に物を置き、列車の脱線を企てたとしましょう。線路のすぐ隣には電線をセンサーとした限界支障報知装置が設けられており、ここに障害物が触れると即座に列車が停止するしくみとなっています。この装置は本来、土砂崩れであるとか、並走する在来線の列車や跨線道路橋を行く自動車が転落した場合に備えて設置されたものですが、テロ対策にももちろん有効な装置となりました。

最も利用客の多い東海道新幹線の場合、線路沿いの監視体制も強化されています。線路沿いに人が立ち止まっていると、列車の運転士から係員に連絡が行き、現場に急行する体制が導入されました。

ＪＲ東海によりますと、運転士が線路沿いの人影を発見してから係員がやって来るまでの間は15分以内だとか。線路沿いでたまたま立ち止まっていた場合でも係員がやって来ますから、安全のためと協力したいものです。

テロ対策のいろいろ

限界支障報知装置

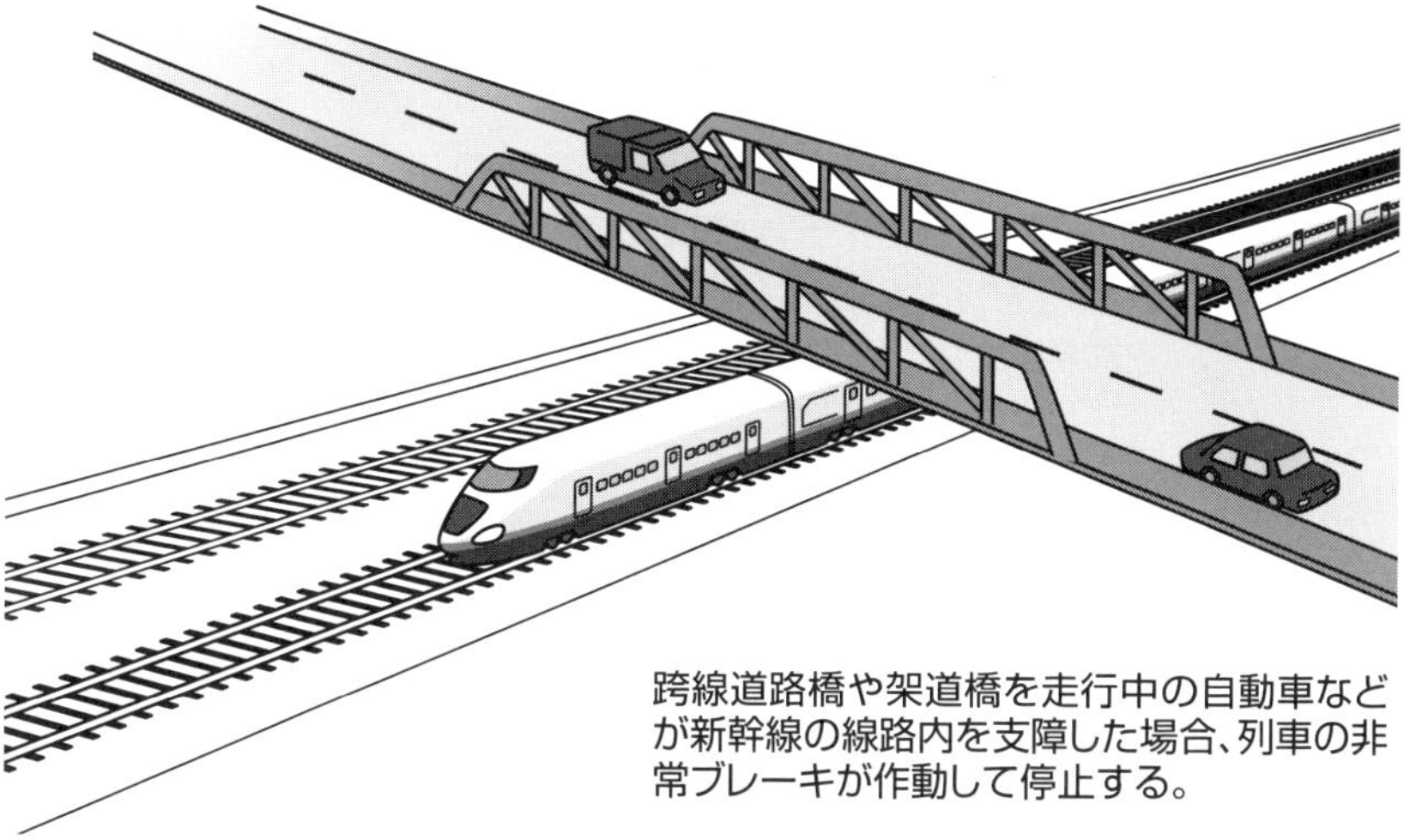

跨線道路橋や架道橋を走行中の自動車などが新幹線の線路内を支障した場合、列車の非常ブレーキが作動して停止する。

Column

新幹線と法律

東海道新幹線が計画された当時、それまでの鉄道では考えられなかったような高速運転を行うことから、ATCの導入や道路との交差を完全に立体化するなど、さまざまな安全対策が考えられ、そして実行されました。

しかし、いくら新幹線側で安全対策を徹底しても、意図的に安全運転を妨害する者に対してはなす術がありません。そこで東海道新幹線に対する意図的な危険行為を罰するために制定されたのが、「東海道新幹線鉄道における列車運行の安全を妨げる行為の処罰に関する特例法」(当時)という、長い名前の法律です。

この法律は、東海道新幹線の列車が200km/h以上という速度で走行できる性能を考慮して、鉄道営業法の特例を定めたものです。鉄道営業法とは鉄道事業者や事業者以外の人（鉄道の利用者だけでなく鉄道を利用しない一般公衆も含まれます）が守らなければならないルールを定めた法律で、列車の運転を妨害する行為に対しては罰金や懲役を科すといった罰則も定めています。しかし、超高速で運転する東海道新幹線では、妨害行為によって引き起こされる事故の規模も、ほかの鉄道に比べて大きくなってしまうおそれがあります。そこで、東海道新幹線に限定して妨害行為に対する罰則を厳しくした特例法が制定されたのです。

たとえば鉄道営業法第36条第2項では「信号機ヲ改竄、毀棄、撤去シタル者ハ三年以下ノ懲役ニ処ス」としていますが、この規定に相当する「東海道新幹線鉄道における（中略）特例法」の第2条は「東海道新幹線鉄道の用に供する自動列車制御設備、列車集中制御設備その他の運輸省令で定める列車の運行の安全を確保するための設備を損壊し、その他これらの設備の機能をそこなう行為をした者は、五年以下の懲役又は五万円以下の罰金に処する。」「前項の設備をみだりに操作した者は、一年以下の懲役又は五万円以下の罰金に処する。」としています。鉄道営業法と比べると懲役の期間が2年も長くなっています。新幹線は技術的に安全対策を充実させただけでなく、法律の面からも安全の確保を図っているのです。

なお、この法律は、全国津々浦々に新幹線を整備することをうたった「全国新幹線鉄道整備法」の制定にあわせて改正されました。法律名から「東海道」を削除して「新幹線鉄道における列車運行の安全を妨げる行為の処罰に関する特例法」に名前を変えています。

9章

メンテナンス

01

車両のメンテナンス1

新幹線の車両は定期検査を受けている

新幹線の車両は安全を確保するために国土交通省が定める定期検査を受けなくてはなりません。定期検査は3種類あり、期間または走行距離の短い順に並べると状態・機能検査、重要部検査、全般検査となります。

車両の検査は所有者であるＪＲ各社が実施する決まりです。ＪＲ各社とも、状態・機能検査を交番検査、重要部検査を台車検査と呼んでいます。また、これらの定期検査のほか、おおむね2日に1回程度仕業検査を行い、車両の故障や事故を未然に防ぐしくみが整えられました。

2日ごとの仕業検査、30日ごとの交番検査

まずは仕業検査の内容から見ていきましょう。この定期検査では車両の走行に欠かせない台車、モーターなどの動力装置、ブレーキ装置、ＡＴＣ車上装置といった保安装置などの動作状況を確認します。

近年登場した車両は、これらの装置の動作状況を運転室のモニター装置によってチェックできるようになりました。もちろん、実際に検査担当者がすべての機器の作動状況を外側から見て回り、万全を期すようにしています。ほかに消耗品の交換、注油なども行うこととなっており、所要時間は1時間から3時間程度です。

交番検査は走行距離3万km以内、または30日以内に実施されます。仕業検査で確認した装置のカバーを取り外し、試験装置や測定装置なども用いてより細かく動作状況をチェックする点が特徴です。

台車の場合、車軸や車輪に向けて超音波を当て、傷が付いていないかどうかを確かめます。仕業検査と同様、消耗品を取り換えたり、注油といった作業を実施することはいうまでもありません。交番検査の所要時間は8時間ほどです。

仕業検査と交番検査は各地に設けられた新幹線の車両基地で実施されています。10両や16両という具合に連結されている車両を1両ずつに切り離さず、編成を組んだままで定期検査を行っている点が特徴といえるでしょう。

車両の定期検査のいろいろ

検査周期

仕業検査

仕業検査は2日に1度行う検査です。

高速走行を終えたパンタグラフ、台車、足回りを中心とした部品の点検、ブレーキ装置やATC、ドア開閉装置など、重要な保安機器の動作チェックを主に仕業検査線で行う検査です。

交番検査

交番検査は走った距離が3万㎞、または30日以内に行う検査です。

パンタグラフ、駆動装置、電気制御装置、ドア開閉装置、ブレーキ装置、ATCなどの機器カバーを取り外し、内部の状態や動作、機能の検査確認を主に交番検査線で行う検査です。

台車検査

台車検査は走った距離が60万㎞、または1年6カ月以内に台車を解体し、細部にわたり検査を行います。

特に列車の命である車輪回りの検査には万全を期しています。車輪の検査は超音波による探傷と磁粉による探傷を行い、10ミクロンの傷も見逃しません。これらの検査を主に台車検査線で行う検査です。

全般検査

全般検査は走った距離が120万㎞、または3年以内に行うもので、検査中で最も大規模なものです。

細部について、車体と機器の検査を行い、新車さながらの状態にするものです。機器の動作確認試験やATCの機器検査などを行うことによって安全が保たれています。この検査は、台車検査線のラインで行いますが、台車・機器の検査などは鹿児島総合車両所で行います。

ここで取り上げた「検査周期」とはJR九州の800系に対してのもの。出典は『新幹線鉄道事業部のご案内』、九州旅客鉄道株式会社新幹線鉄道事業部(一部改変)である。JR他社の仕業、交番、台車、全般の各検査の周期も800系と同じだが、JR西日本の0系だけは検査周期が短い。台車検査は走行距離45万km以内または1年6カ月以内、全般検査は走行距離90万km以内または3年以内にそれぞれ受ける必要がある。

車両のメンテナンス2

台車検査で重要な装置が集まる台車を検査する

前項に引き続き、今回は台車検査（重要部検査）と全般検査の内容を紹介しましょう。

台車検査とは、走行装置である車輪や車軸をはじめ、動力装置であるモーター、さらにはブレーキ装置が取り付けられている台車を分解して実施する定期検査です。規則では1年6カ月（新車の場合は2年6カ月）以内または60万km（0系の場合は45万km）走行するごとに受けなくてはなりません。

検査の際はまず車体から台車を切り離し、続いて台車をほぼ完全に分解します。台車が取り外された車両には検査済みの台車が装着され、再び営業に就くケースが大多数です。

交番検査と同様、車軸や車輪に傷がないかどうかを念入りに調べます。この作業では超音波や磁気を帯びた鉄粉を用いて二重、三重にチェックしている点が特徴です。

また、モーターやブレーキ装置なども分解された後に検査を受け、耐久試験などのテストに合格して初めて組み立てることができます。異常が見つからなければ、台車検査の所要時間は10日ほどです。

装置類だけでなく車体も対象となる全般検査

全般検査は最も規模の大きな定期検査で、3年（新車の場合は4年）以内、または１２０万km（0系の場合は90万km）走行するごとに受ける必要があります。台車だけでなく、車体に取り付けられている電気機器類を取り外して検査を行う点が他の定期検査との相違点です。

車体そのものも強度や気密度などをチェック。車内の腰掛もすべて取り外して点検と清掃を実施し、検査が終わった後に車体を塗装し直します。全般検査に要する期間は10日から1カ月ほどです。

定期検査のほか、運転検査や臨時検査も随時実施しています。運転検査とは運転中の車両で行うもので、作動中の機器の状態、車体の揺れ、気密状態などを調べます。いっぽう、臨時検査とは車両に故障や事故が発生した場合に実施する検査です。こちらも必要に応じて行っています。

全般検査のしくみ

全般検査を受ける車両はまず車体と台車とが切り離され、それぞれ検査を行う。

寿命を迎えた車両のその後

車両の寿命はいつ訪れる?

超高速なうえ、長距離を走行するだけに、新幹線の車両は激しく傷みます。ＪＲ各社とも国土交通省が定めた定期検査を実施し、修繕工事も施していますが、製造されたときの状態にまで戻すことはできません。

新幹線の車両はいつかは寿命を迎え、引退を余儀なくされますが、一体どのくらい走ればそうなるのでしょうか。国鉄での例ですが、車両が8回目の全般検査を迎えると引退の措置が取られていました。距離でいうと0系ならば３６０万km、0系以外の系列ならば４８０万km走破すれば廃車となります。期間でいうと大体13年ほどとなり、ちなみに、13年という期間は新幹線を含む電車の法定耐用年数と同じです。減価償却が終わると同時に寿命を迎えるともいえます。

近年は機器の信頼性や修繕技術が向上したため、車両の寿命は延びました。ＪＲ西日本やＪＲ東日本では製造から20年近くが経過した0系や２００系がいまでも活躍しています。古い車両は新しい車両と比べて速度が遅く、各駅停車の列車に充当されることとなるので１日の走行距離が短くなる傾向になることからかえって長持ちするのです。

寿命を迎えた車両は解体される

寿命を迎えた車両はどうなるのでしょうか。残念ながら、そのほとんどは解体されてしまいます。というのも、新幹線の車両が引退するころには、車体はもちろん、機器類の大多数も再生できないほど傷んでしまっているからです。仮に使用可能だったとしても転用先はありません。在来線や民鉄などへ払い下げようにも車体が大きすぎて入線することすらできないからです。

解体作業はＪＲ各社の車両検査修繕施設で行われます。車両は車体と台車とに分けられ、それぞれガス切断によって最終的には１・５～２ｍ程度の大きさに切り刻まれていくしくみです。スクラップとなった金属の多くは売却され、リサイクルされます。また、取り外された機器や部品類のうち、例外的に腰掛などの一部は他の車両に転用されることもしばしばです。

車両を解体するしくみ

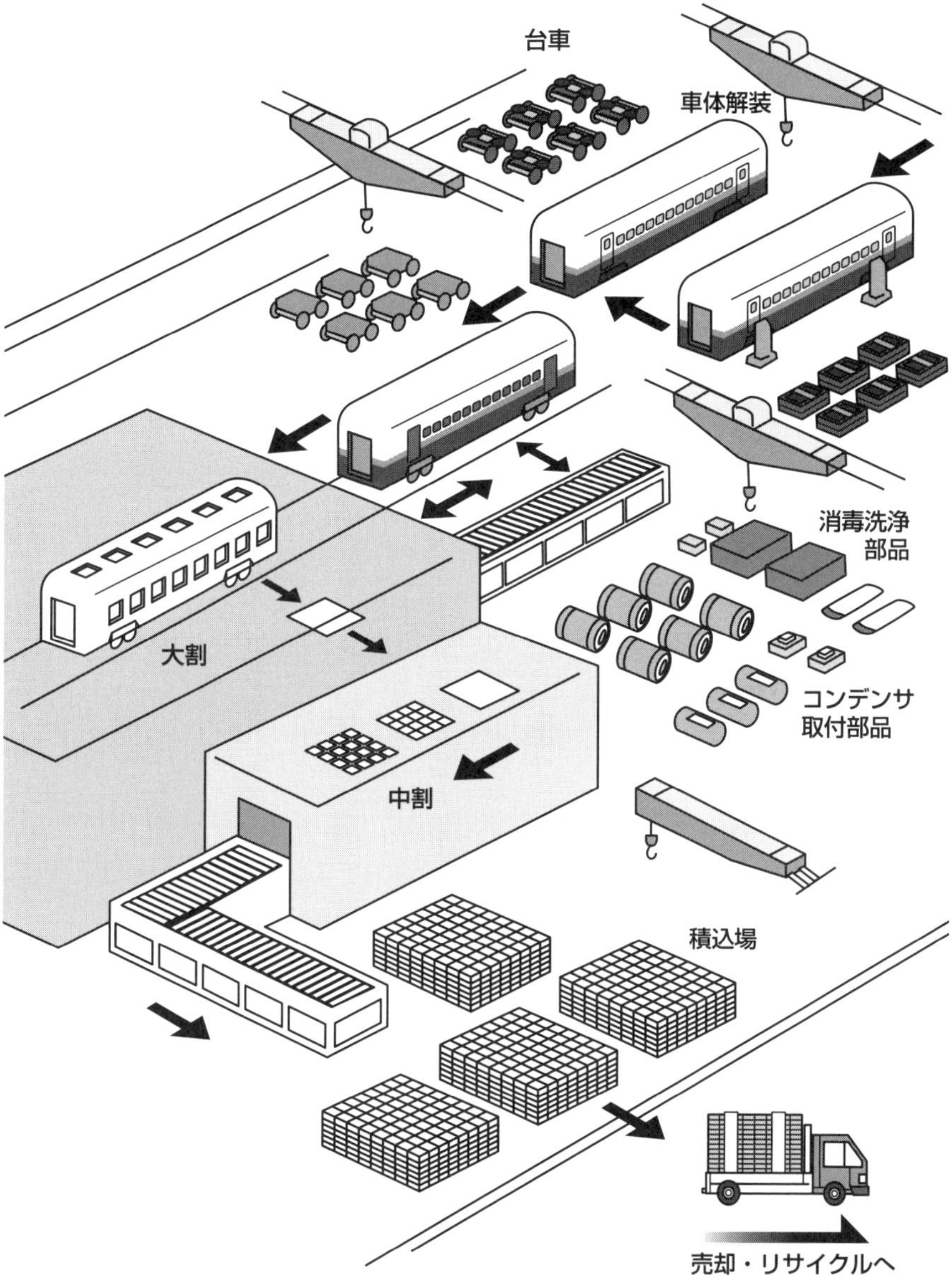

出典:『新幹線の30年』、東海旅客鉄道新幹線鉄道事業本部、1995年2月、244ページより一部改変

電気軌道総合検測車による測定1

電気軌道検測車を用いて測定を行う

線路や架線、ＡＴＣなどの信号・保安装置は、列車が何度も通過するうちに少しずつ消耗し、狂いが生じます。このため、必要に応じてメンテナンスを行わなくてはなりません。

メンテナンスの基準となるデータを収集する際に活躍するのはＪＲ九州を除く各社が所有している電気軌道総合検測車（ＪＲ東日本は電気・軌道総合検測車と呼ぶ）です。電気軌道総合検測車は日中、営業列車と同じ速度で運転され、線路や架線の状態や信号・保安装置の作動状況を測定しています。

ごくわずかな軌道狂いを瞬時に診断

ここでは線路の測定をどのように行っているのかについて紹介しましょう。

2本のレールやまくらぎ、その下のバラスト（砂利）やコンクリートから成り立つ軌道は、列車が大量に通過すると、その衝撃によって最大で1㎝ほどとわずかとはいえ、上下左右に動くことが避けられません。こうなると2本のレールが一緒にあるいは別々に落ち込んだり、横にずれたりといった軌道狂いが発生します。軌道狂いがもとで乗り心地は悪くなりますし、そのまま放置すると最悪の場合、脱線の原因にもつながりかねません。

7両編成の電気軌道総合検測車または6両編成の電気・軌道総合検測車には軌道の測定を担当する車両が1両組み込まれています。この車両に装備されている2基の台車にはセンサーが取り付けられ、さらには2基の台車同士を結ぶ弦も張られました。2本のレールの高低差はセンサーによって、左右方向のずれは弦によってそれぞれ測定されるしくみです。ただし、これだけでは誤差が生じるため、車両の下部にはレーザー光線が前後に通され、この線を基準に誤差を補正しています。

測定された結果は車内のモニター上に表示され、総合指令所やメンテナンスを担当する部署にも送られるしくみが採用されました。また、基準を超える軌道狂いが判明した際には後続の列車を徐行させたり、止めてしまうといった手続きが取られます。

ドクターイエローの測定項目（軌道）

ch	測定項目	記事
1	10m弦高低（右）	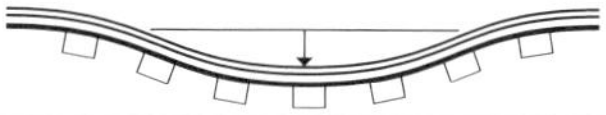
2	10m弦高低（左）	
3	10m弦通り（右）	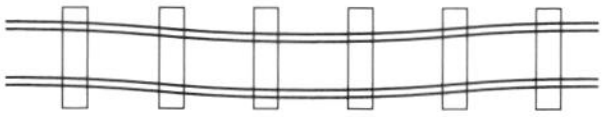
4	10m弦通り（左）	
5	軌間	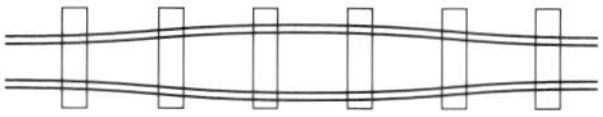
6	水準	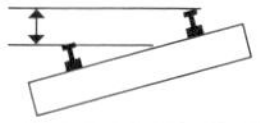
7	平面性	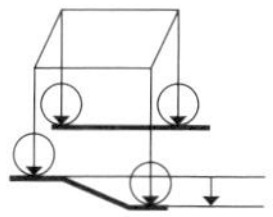
8	20m弦高低（右）	10m弦から倍長演算
9	20m弦高低（左）	
10	40m弦高低（右）	
11	40m弦高低（左）	
12	40m弦通り（右）	
13	40m弦通り（左）	
14	車体動揺（左右）	最後尾車両で測定
15	車体動揺（上下）	
16	長波長高低	
17	床下騒音レベル	

軌道を測定するしくみ

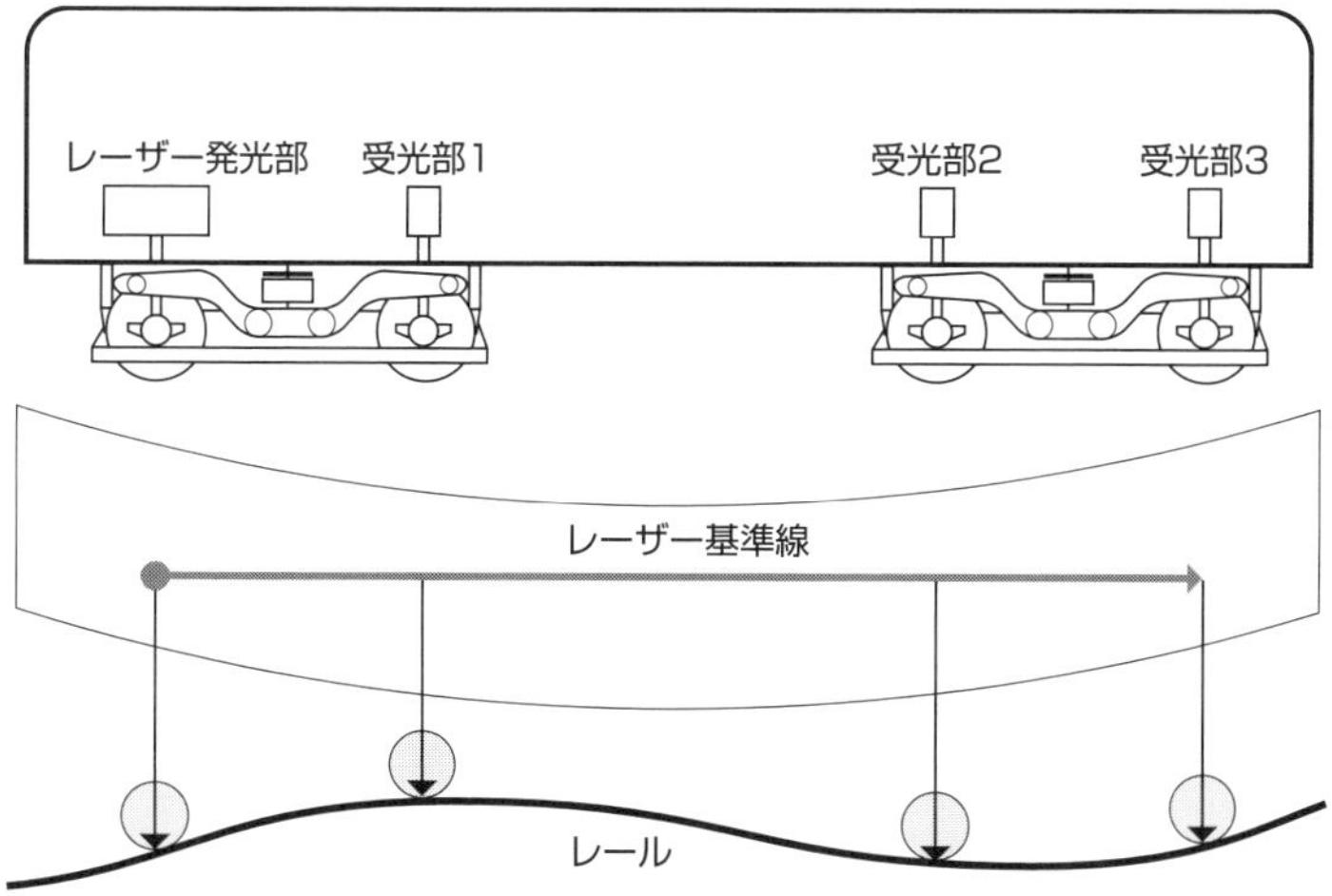

出典:JR東海の電気軌道総合検測車内の説明用映像より一部改変

電気軌道総合検測車による測定2

測定用のパンタグラフとレーザー光線で架線を検測

電気軌道総合検測車は測定だけに用いるパンタグラフを装備しています。これにより、架線のうち、パンタグラフが接触するトロリ線の検査と測定とが可能となりました。

測定用のパンタグラフによって集められるデータは多岐にわたります。トロリ線を流れている電圧や電流をはじめ、高さ、勾配（2本の架線柱での高低差）、偏位（左右にジグザグに張られているトロリ線の状況）、支障物の有無、交差部分の状況、上下方向の弾性などです。

トロリ線の摩耗状況は電気軌道総合検測車の屋根上からレーザー光線を発射することによって行われています。923形の場合、270km／hで走っていてもレーザー光線を50㎜間隔で当てて検測することが可能です。新幹線に用いられているトロリ線の直径は15・49㎜が標準で、場所によって異なりますが、残り8・5㎜～12・5㎜にまで摩耗したら取り換えられることになっています。

新幹線の架線にはおよそ20kmおきに力行切替セクションが設けられているので、変電所からの給電が正常に切り替えられているかどうかを調べることは重要です。電気軌道総合検測車は力行切替セクションでの切替状況をはじめ、どのくらいの時間（通常は0・3秒程度）で給電が変わっているのかもチェックしています。

ATC信号や列車無線の状況もチェック

新幹線のレールにはATC信号となる電流が流れており、線路上にはATCのはたらきを補足するためにさまざまなセンサーが設置されました。電気軌道総合検測車はこれらの作動状況を測定することができます。このほか、列車が使用する無線の状況をチェックすることも大切な役割です。

電気軌道総合検測車は1カ月に3～4回の頻度で全線を走り、検査と測定とを実施しています。駅には通過線と待避線とがあるため、走行パターンも速達列車と各駅停車の列車の二つあり、測定を行わない区間が発生しないような工夫がなされているのです。

測定用パンタグラフ

電気軌道総合検測車の測定用パンタグラフの近くには検査用のドームとビデオカメラが設置され、架線の状況を目視または映像で確認することもできる。

構造物の検査

構造物も定期検査を受けている

橋りょうやトンネルなどの構造物は国土交通省によって定期検査が定められています。新幹線の場合、橋りょうやトンネルは2年ごとに検査を実施し、しかもトンネルは10年ごとに詳細な検査を行わなくてはなりません。

構造物の検査の基本は目視です。したがって、担当者が一つ一つの構造物を訪れ、まずは肉眼で確認します。その際、チェックシートを用いた判定基準を設け、構造物の状態を客観的に判別することとしました。

東海道新幹線の判定基準を例に取りますと、健全なものをＳとし、以下、疲労や破損の程度に応じてＣ、Ｂ、Ａ２、Ａ１、ＡＡとランク分けされています。いうまでもなく、ＡＡと判定された場合はすぐに補修しなければなりません。

測定装置やパソコンを用いた科学的な検査を実施

コンクリート製の建造物の健全度は打音検査といってたたいて調査します。従来は担当者の経験に頼っていましたが、近年はさまざまな状態の打音がデータベース化されており、マイクで録音した打音をパソコンに取り込むと瞬時にコンクリートの状態を診断することができるようになりました。また、ひずみゲージなどを用いて構造物の応力を測定し、現時点での健全度はもちろんのこと、将来予想される劣化度も予測できるようになっています。

実はこうした科学的な検査方法が採り入れられたのはＪＲ化後のことです。また、トンネルの検査方法は山陽新幹線でコンクリートの剥落が多発した１９９９（平成11）年ごろを契機に進化を遂げています。

東海道新幹線でよく見られる鋼鉄製の橋りょう（鋼橋）も基本的にコンクリート製の構造物と同様の検査方法が採られています。ただし、鋼橋の場合、約8年に1回の割合でペンキの塗り替えを行わなくてはなりません。その際に足場を組むことから、ＪＲ東海は足場を利用してゆがみゲージなどの測定器具を用いた特別な検査を実施している点が特徴です。もちろん、定期検査も行われ、その際には詳細な目視検査が実施されています。

構造物の検査のいろいろ

トンネルでの打音検査

新幹線は長大トンネルが多く、また活断層を通過するものもいくつかあるので、定期的な打音検査が欠かせない。

高架橋の検査

コンクリート製の構造物が多い新幹線ではひずみゲージなどの精密機械を用いた検査も行っている。

レールのメンテナンス

レールに付いた傷を発見するレール探傷車

列車が超高速で走行するため、新幹線のレールは傷みが激しく、表面や内部に傷が生じることがあります。この傷を放置すると最悪の場合、破断しかねません。

ＪＲ各社はレールに付いた傷をいち早く見つけるため、レール探傷車という機械を導入しました。この機械は走りながらレールに向けて超音波を発射し、傷を探索します。レールに傷が発見された際、その度合いと位置を記録。すぐに担当者が現地を訪れ、測定機器を用いて精密検査を実施する決まりです。

精密検査によってレールの状態が診断され、補修や交換が実施されます。ちなみに、何㎞もの長さをもつロングレールの一部に傷が見つかり、交換が必要だと診断されたとしても、すべてを取り換えてしまうのではありません。傷が生じた部分だけを切断し、新品のレールを溶接してつなげるのです。

レール探傷車による検査は1年に2回行われ、装置の改良によって精度は高まりました。同時に、今日ではレールに傷を生じにくくする方法も研究され、実践に移されています。

レールの表面を研磨して傷の発生を抑える

摩耗によって凹凸が生じたレールの表面は滑らかに仕上げることで傷の発生を抑えられることが判明しました。こうして導入されたのがレール削正車です。

レール削正車には砥石が取り付けられており、走行しながらレールの表面を研磨することができます。東海道新幹線では1年に1回レールの削正を行っており、その量は０・１㎜。同じ頻度で削正を行っている東北新幹線の場合は０・14～０・17㎜です。

新幹線の線路に用いられている60㎏レールの場合、車輪が接触する頭部の高さは49㎜あり、通常は11㎜摩耗したら交換されます。したがって、レール削正車の研磨によってレールの寿命が縮むということはまずありません。むしろ、傷が生じにくくなることからレールの寿命が延び、さらには列車の騒音や振動の低減という効果も生まれたのです。

レールのメンテナンスのいろいろ

レール探傷車がレールの傷を発見するしくみ

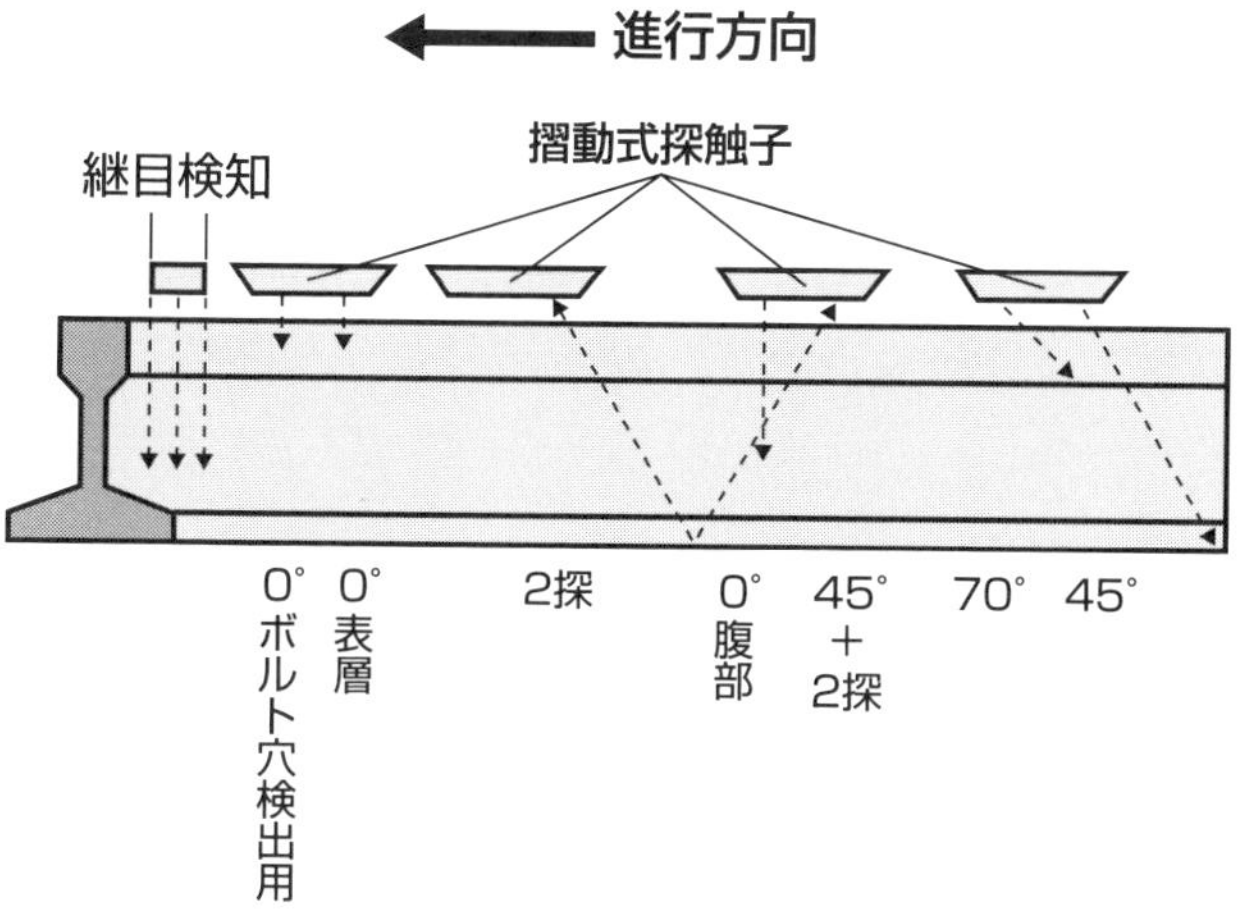

出典:『新幹線の30年』、東海旅客鉄道新幹線鉄道事業本部、1995年2月、724ページ

レール削正車によるレールの研磨

出典:日本機械保線株式会社のホームページより

軌道のメンテナンス

軌道の種類によってメンテナンスの方法は異なる

バラスト、スラブ、直結と、大別して3種類が採用されている新幹線の軌道のうち、スラブ軌道と直結軌道はほとんどメンテナンスの必要がありません。これらの軌道で軌道狂いが見つかった場合には、ゴム製のパッキンをレールとスラブあるいはまくらぎとの間などに挿入して調節しています。

最もメンテナンスの手間がかかるのはバラスト軌道です。バラストは列車の通過によって徐々にバラストが崩れ、軌道狂いが発生します。また、バラスト自体も車両の重みや衝撃によって摩耗し、土砂が混入して軌道狂いを進めてしまうからです。

バラスト軌道のメンテナンスの実際

バラストが崩れた際に実施する作業はむら直し作業です。タイタンパーといって振動を与える機械を人が操作してバラストをまくらぎの下に集めます。近年は小型タンパーという車両の形をした機械によって自動的に行われるようになりました。

むら直しでは部分的に補修しますが、ある一定の区間を総合的に整備する作業を総つき固めと呼びます。このとき活躍するのはマルチプルタイタンパー（マルタイ）というやはり車両の形をした機械です。マルタイはレールとまくらぎを持ち上げ、その下に生じた空間にバラストをかき込んでいきます。この作業は1年に1回以上行う決まりです。

バラストに摩耗が発生した場合は取り換えるほかありません。古いバラストの回収から新しいバラストの敷設までの一連の工程はバラスト作業車が担当します。この機械は一晩の作業で大体75mの区間のバラストを新品に交換可能です。

さて、従来はこれらの作業が実施された後、列車は徐行しなければなりませんでした。バラストにすき間が生じるため、列車の通過によってバラストが沈んでしまうからです。しかし、いまでは道床作業安定車が振動を与えてあらかじめバラストを沈下させるため、徐行の必要はなくなりました。

軌道のメンテナンスのいろいろ

タイタンパーによる突き固め

この写真はマルチプルタイタンパの先端を写したものですが、担当者が手に持って作業する際に用いるタイタンパの先端もこれと同じです。

バラスト作業車によるバラストの取り換え

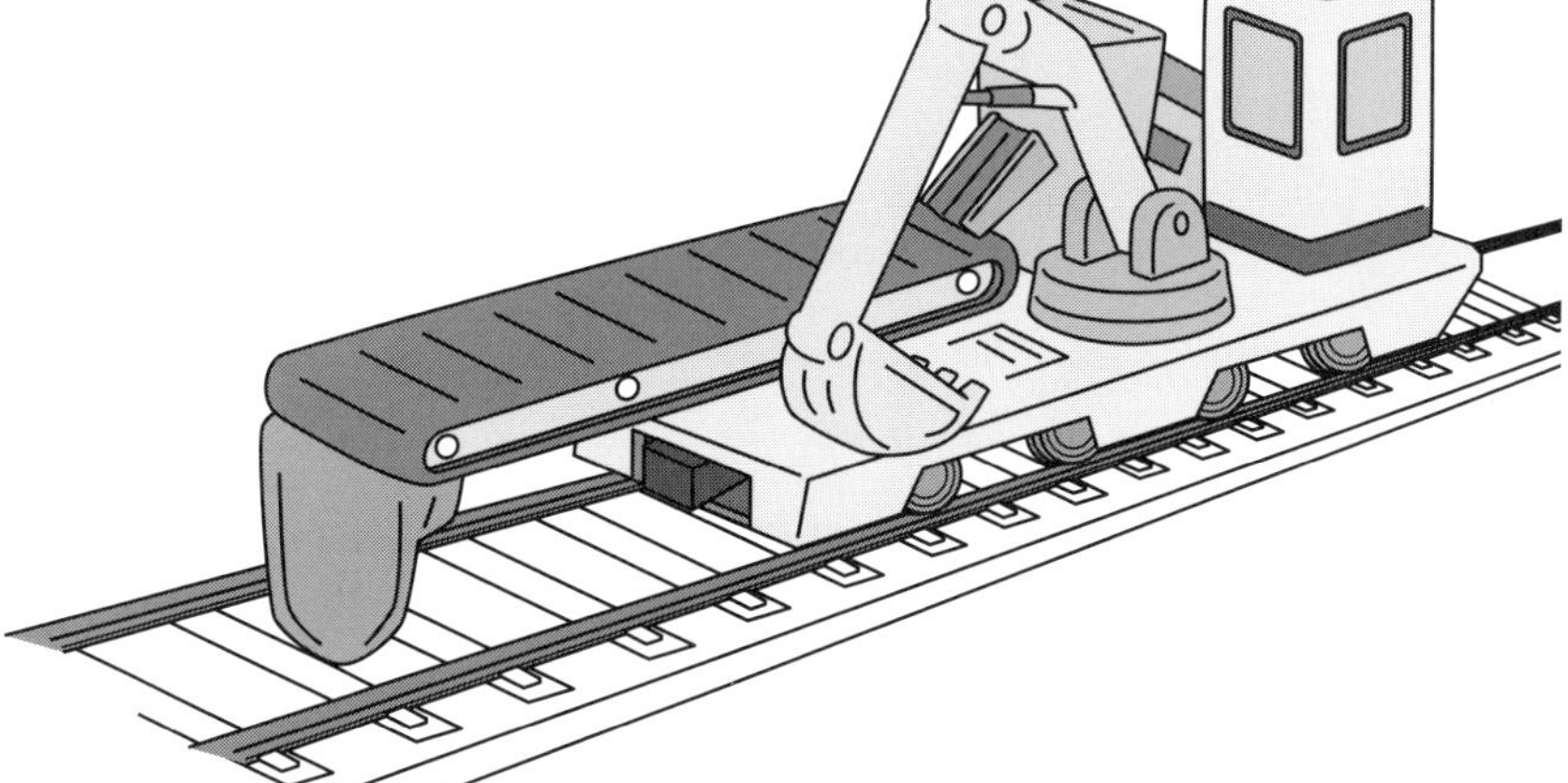

架線のメンテナンス

トロリ線の張り替えは自動化が進む

電気軌道総合検測車による測定の結果、トロリ線が基準値まで摩耗していると診断された場合はすぐに張り替えなければなりません。とはいえ、レールとは違い、トロリ線の交換作業は少々手法が異なります。摩耗した部分だけを切断し、新品のトロリ線をつなぐという手法を採ることができないからです。このため、１区画当たり大体１km前後の長さで張りめぐらされているトロリ線全体を取り換えなくてはなりません。

張り替え作業を人力で行うとなると大変な手間と時間を要します。新幹線に用いられている架線はトロリ線だけで１km当たり約１・５tと相当な重量があり、さらにトロリ線を約９・８kN（１t）から約19・６kN（２t）と強い力で張らなくてはならないからです。

こうした作業を効率よく進めるため、架線延線車が導入されました。この機械は古いトロリ線を巻き取り、新しいトロリ線を必要な力で張る（延線）といった一連の作業を自動的に行います。１分間当たりおよそ40ｍのトロリ線を巻き取ることができ、延線の際も同様の能力で作業を進めることが可能です。

巡視や検査の際には高所作業車が活躍

架線をつり下げている支持物、あるいは支持物に架線を固定する金具類の検査も怠ってはなりません。検査は、列車に乗車してあるいは徒歩による巡視によって行っています。

高い場所にある設備を検査あるいは補修する際に用いられるのは高所作業車と呼ばれる機械です。これらの機械にはブームと呼ばれるクレーン装置が取り付けられています。ブームの先には担当者が乗り込むことができる作業床が設けられており、レール面から15ｍ程度の高さまで上昇可能です。

なお、電力設備の検査やメンテナンスの範囲は線路上にあるものだけとは限りません。電力は線路から離れたところにある変電所から送電されているからです。したがって、これらの設備についても定期的に巡視し、必要に応じて補修作業が実施されます。

架線のメンテナンスのいろいろ

トロリ線の張り替え

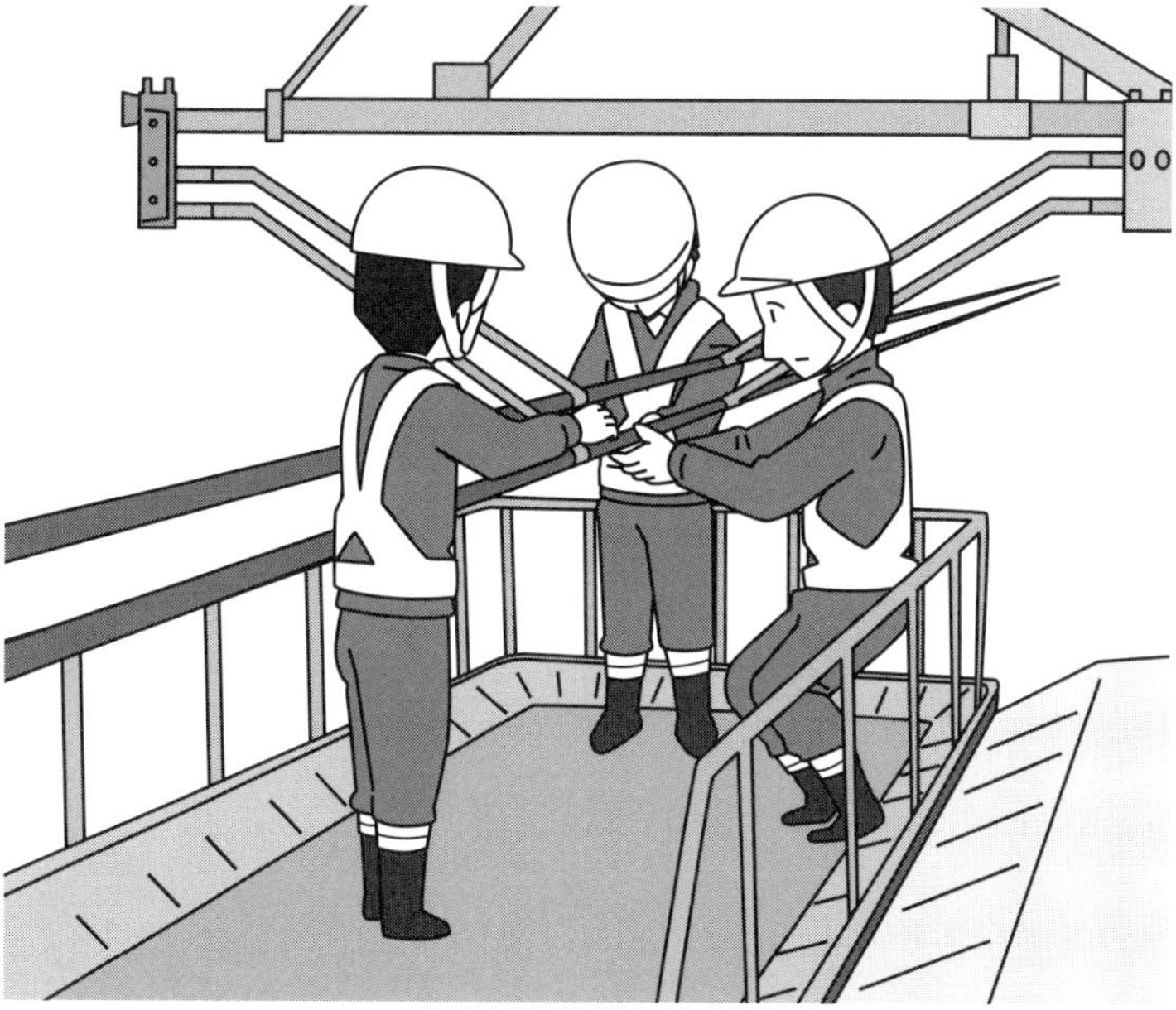

架線の補修

高所作業車を用いた検査

構造物の改築

新幹線の構造物には耐用年数がある

新幹線の構造物にはいつの日か寿命が訪れます。永遠に使用できるものではないのです。

開業から40年余りが経過し、新幹線のなかでも輸送量が最多の東海道新幹線は構造物の疲労が最も激しいといわれています。たとえば、東海道新幹線に１４７０カ所、延長54・７１５kmにわたって敷設された鋼橋は耐用年数を70年として設計されました。あと30年ほど先の２０３４（平成46）年には寿命を迎える計算です。ところが、現在の東海道新幹線の列車の本数は設計時に想定された本数を上回っており、耐用年数よりも早い時期に寿命が訪れるかもしれません。

高架橋などに使用されている鉄筋コンクリートでは大気中の二酸化炭素の影響で中性化が進行しており、鉄筋まで到達すると腐食が始まります。調査の結果、およそ10～15年先には鉄筋が腐食すると予測されており、早急な対策が必要です。

このほか、トンネル内のコンクリートや盛土部分なども、通常実施しているメンテナンス作業だけでは対処できなくなる時期が到来すると予想されています。したがって、構造物を全面的あるいは部分的に改築するといった大規模な改修工事をいずれ実施しなくてはなりません。

その日に備え、大規模な改修工事を計画

国土交通省の指導に基づき、ＪＲ東海は東海道新幹線の改修工事を計画し、２０１８（平成30）年4月から開始する予定です。いまのところ、具体的にどのような方法で行うのかについては明らかにされていません。とはいえ、鋼橋の架け替えが必要だと診断されたとしたら、何日間か列車を運休させて工事を実施することは避けられないでしょう。

費用は東海道新幹線の改修工事だけで総額1兆１０７０億円が見積もられています。また、代替輸送機関の確保など、さまざまな問題が生じることでしょう。しかし、新幹線による安全で円滑な輸送を今後も続けてもらうためにはやむを得ないのです。

新幹線の改修（東海道新幹線を例に）

1 東海道新幹線は開業以来40年以上を経過

2 年間に車両が走行する距離は約7億2000km

↓

メンテナンスによって安全は確保されているが、老朽化と酷使による消耗は避けられない

3 改修計画の立案

▶**長期間にわたる運休**

↓

新線として開業を目指すリニアモーターカーや東京・金沢・新大阪間の北陸新幹線を活用する

▶**資金の確保**

↓

国土交通省の指導に基づき約1兆1100万円の資金を積み立てる

↓

積立金は当面の間、法人税の課税対象とはならず、余裕をもって積み立てを行える

Column

これからできる新幹線

■東北新幹線と九州新幹線の全線開業がほぼ同時期に実現

ただいま、4つの新幹線が建設工事の真っ最中です。早速紹介しましょう。

2010（平成22）年度末に東北新幹線の八戸─新青森間、2011年春に九州新幹線博多─新八代間がそれぞれ開業の予定です。前者はJR東日本、後者はJR九州によって運行されます。

東京と青森との間の所要時間は現行で約4時間30分。新幹線の完成で3時間20分程度に短縮されます。さらに、JR東日本はいま、最高速度320km/hで走行可能な車両を開発中です。実現すれば、東京─新青森間は2時間台へとスピードアップされるかもしれません。

いっぽう、後者が開業すれば博多駅で山陽新幹線と、新八代駅で九州新幹線新八代─鹿児島中央間とそれぞれ接続します。JR九州は山陽新幹線と九州新幹線との直通列車を運転したいとの意向です。その場合、新大阪と鹿児島中央との間の所要時間は3時間40分程度となると見込まれており、現在の約6時間20分と比べると2時間40分もの短縮となります。

■北陸新幹線と北海道新幹線もただいま建設中

2014（平成26）年度末には北陸新幹線長野─金沢間が完成し、長野─上越（仮称）間はJR東日本が、上越─金沢間はJR西日本が運行する予定です。長野駅では通称長野新幹線と呼ばれている北陸新幹線がすでに高崎と長野との間を結び、東北、上越の両新幹線との乗り入れを行っています。完成後は東京─金沢間の列車が運転されることでしょう。いま東京と金沢との間の所要時間は4時間前後ですが、新幹線なら3時間程度となるはずです。

新青森と新函館との間を結ぶ北海道新幹線は2015（平成27）年度末の完成を目指しています。運行はJR北海道が担当し、この区間は35分ほどで結ばれる予定です。津軽海峡を通り抜けるにはすでに開業している海峡線の青函トンネルを通ります。新幹線開業後もこのトンネルには在来線の列車も走り続けることが決まりました。レールの幅の異なる車両を走らせるため、青函トンネル内の線路には3本のレールが敷かれます。

10章

新幹線の各種サービス

01

運賃と料金の計算のしくみ

すべての基本は「運賃」

新幹線の運賃・料金制度は特別なものだと考えがちですが、実際は在来線と同じくJR各社共通のルールに基づいています。まず乗車する区間に応じた運賃を支払って乗車券を購入しなければなりません。運賃は乗車駅と降車駅との間の営業キロに基づいて計算されます。新幹線の営業キロは、「新幹線は在来線の複々線化である」という考え方によって、並行する在来線と基本的に同一です。たとえば、東京―新大阪間は東海道新幹線経由でも東海道線経由でも552・6㎞となります。ただし、実際の距離（実キロ）はかなり短く、515・35㎞しかありません。

並行在来線が第三セクター化された長野新幹線では実キロ＝営業キロとされ、東北新幹線の盛岡―八戸間、九州新幹線の新八代―川内間もそれにならっています。

新幹線に乗るには特急料金も必要

新幹線の列車はすべて特急で、乗車する場合は運賃のほかに特急料金が必要です。これも利用区間の営業キロに応じて計算されます。自由席特急料金は座席の指定をしない前提で、指定席特急料金から割り引かれます。また、グリーン車に乗る場合はさらにグリーン料金が必要です。これは設備使用料金に当たるので、大人、子どもとも同一の料金です。

なお、東京以外の各新幹線駅で改札口を出ずに同方向の列車を乗り継ぐ場合、特急料金、グリーン料金は利用全区間を通して計算できます。ただし、大宮での東北―上越両新幹線相互間、高崎での上越―長野両新幹線相互間の乗り換えには適用されません。

山形、秋田新幹線の特急料金は、福島、盛岡までの新幹線特急料金＋在来線区間の特急料金で計算する決まりです。しかし単純加算ではなく、在来線分が約30～60％割引された額が設定されました。

九州新幹線は現在、一部区間のみの開業という特殊な状態にあるため、鹿児島線の特急「リレーつばめ」と「つばめ」とを乗り継ぐ場合、割引が適用される通しの特急料金が設定されています。

運賃と料金の計算のいろいろ

在来線の営業キロを運賃計算に使用するケース

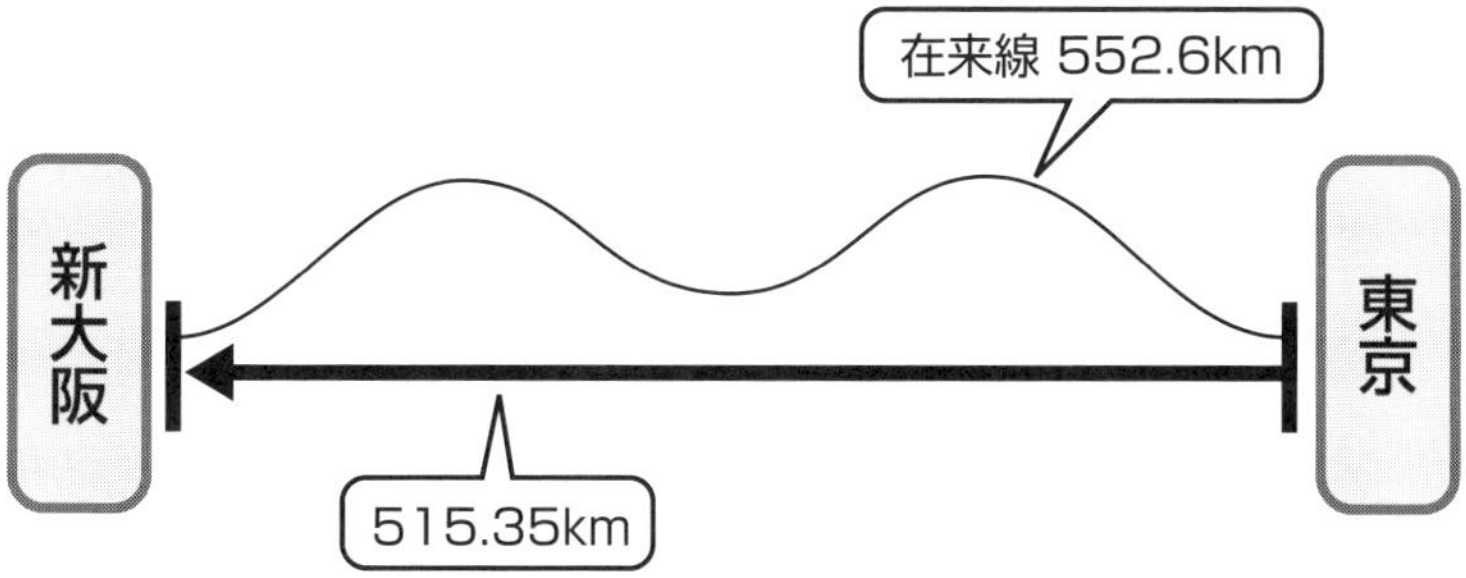

新幹線の実キロを運賃計算に使用するケース

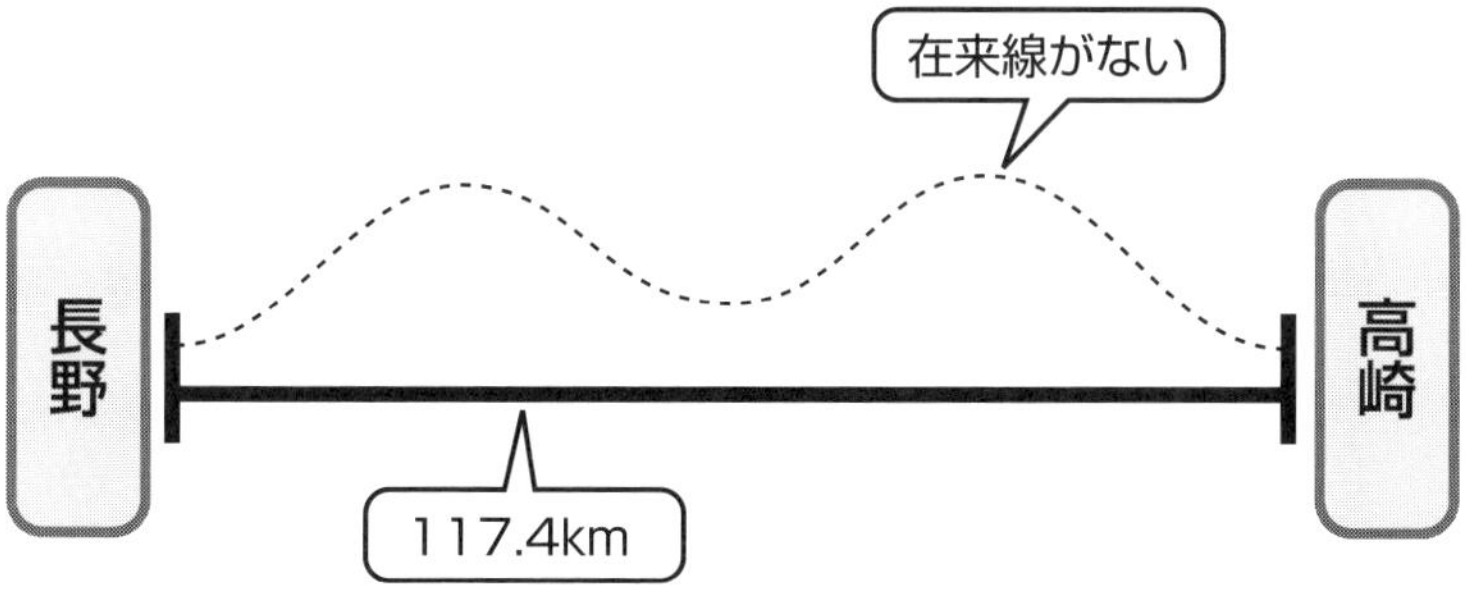

料金計算例

東京―新大阪間の特急料金

指定席（通常期）	5540円（「のぞみ」を利用）、5240円（「ひかり」「こだま」を利用）
自由席	4730円（「のぞみ」「ひかり」「こだま」を利用）

東京―新庄間の指定席特急料金（通常期）

本来ならば、東京―福島間の4610円と福島―新庄間の2290円を加えた6900円となるところ、実際には在来線部分の特急料金を約53%割り引いた1070円を加えた5680円と設定されている。

博多―鹿児島中央間の指定席特急料金（通年）

本来ならば、博多―新八代間の2180円と新八代―鹿児島中央間の2910円とを加えた5090円となるところ、実際には在来線部分の特急料金を約47%割り引いた1150円を加えた4060円と設定されている。

02

マルスとみどりの窓口

JRの指定券類を一元的に管理する「マルス」

新幹線をはじめとするJRの列車の指定券類を管理するためにマルス（MARS：Multi Access seat Reservation System）と呼ばれる旅客販売総合システムが構築されました。ホストコンピューターは東京都の国分寺市に置かれ、JRグループの一員である鉄道情報システム株式会社（JRシステム）という企業が保有、運営しています。

JR各社や主要旅行代理店などでは、端末機からホストコンピューターにアクセスして空席の有無を照会し、指定券などを発券するので、発券場所による差は一切ありません。現在では、利用客が直接操作して指定券類を購入する端末機、つまり、指定券自動券売機も大都市圏を中心に設置されるようになりました。

みどりの窓口とは、マルスの端末機が置かれたJR駅、駅の旅行センター、旅行代理店の窓口に付けられた愛称名です。いまでは乗車券や定期券をはじめ、航空券やテーマパークの入場券に至るまで、マルスによって発券することができます。指定券類だけの販売に留まらず、JRのきっぷ類の窓口＝みどりの窓口といっても差し支えありません。

自動化・無人化が進む特急券の販売方法

東海道新幹線が開業したとき、マルスはすでに稼働していましたが、まだ試験的な段階だったため、新幹線の特急券はすべて手作業で発券されていました。コンピューターによる発券となったのは1965（昭和40）年10月1日のことです。当時のマルスでは列車名、券の種類などは手書きやスタンプで対応していました。現在は禁煙席、喫煙席の指定はもちろん、号車、席番を指定しての発券や、満席の場合の代替案の表示などが可能となるほど多機能化しています。空きさえあれば、購入客の希望通りの席が即指定できるのです。

指定券自動券売機のなかには、購入客が車内の空席表示を自分で見て、座席を指定することもできるものも増えてきました。JR東日本では有人のみどりの窓口を閉鎖し、券売機で代替する駅も増えてきました。

「マルス」なら空席状況もすぐにわかる

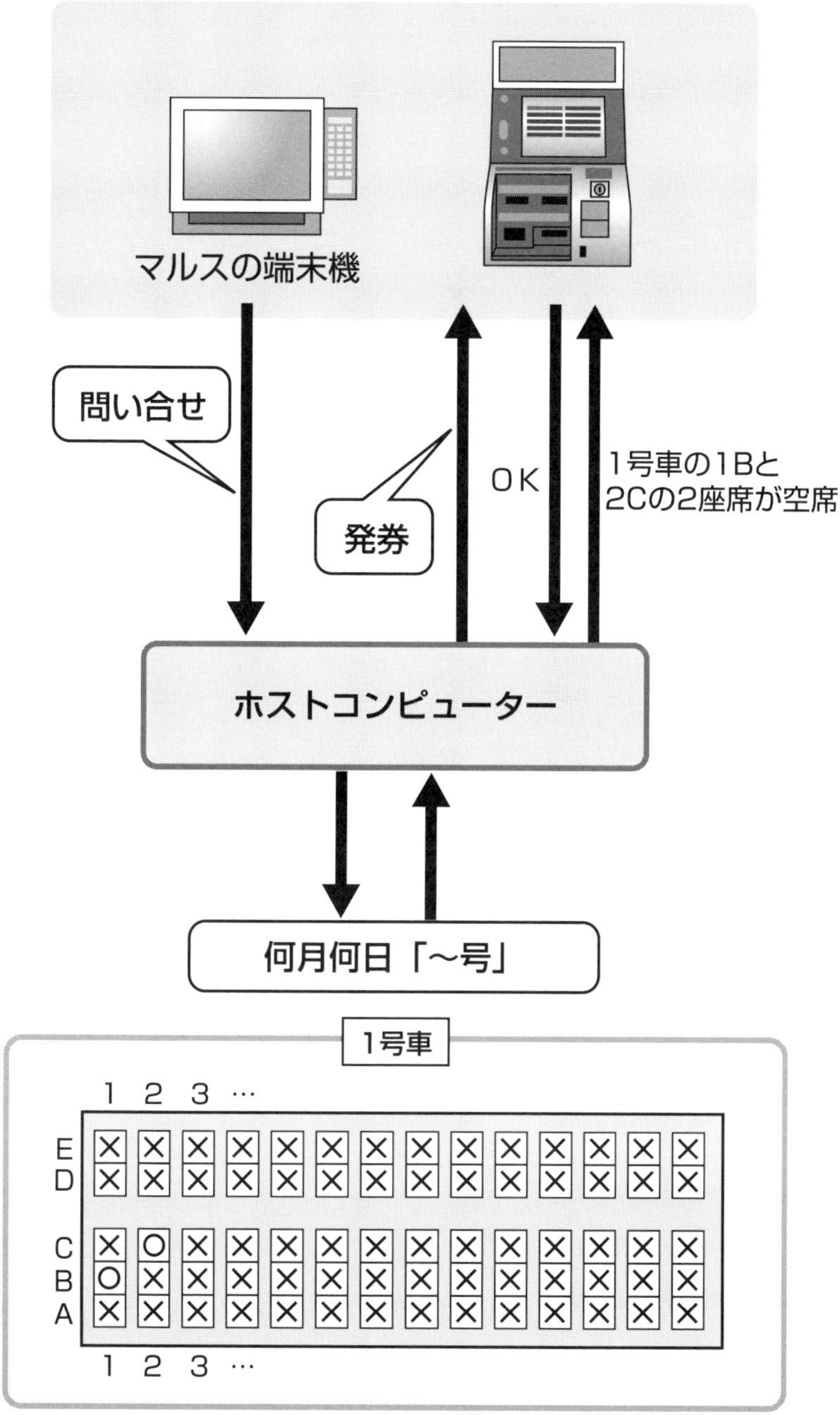

03

インターネット予約サービス

「エクスプレス予約」を東海道・山陽新幹線で展開

パソコンや携帯電話からきっぷの予約、購入ができるインターネット予約サービスは、近年、急速に広まりました。新幹線の特急券についても例外ではありません。新幹線全線を含むＪＲ全社が共同で運営している予約システムとしてはサイバーステーションがあります。これはマルスを運営するＪＲシステムによるインターネットプロバイダーサービスのサイバーステーションに加入している会員が対象です。空席照会だけなら会員でなくても利用できます。

東海道・山陽新幹線のエクスプレス予約はＪＲ東海のクレジットカード、エクスプレス・カード、ＪＲ西日本のクレジットカード、J—WESTカードの会員向けサービスです。カードの年会費が必要で、乗車前に駅できっぷを受け取る必要がありますが、特急券を割引料金で購入でき、指定席の変更が何回でも可能といったメリットがあり、ビジネスマンの人気を集めています。近い将来、携帯電話に送られた指定席情報だけで乗車できるチケットレスサービスも始まる見込みです。

全国の列車が対象のＪＲ東日本「えきねっと」

これに対し、ＪＲ東日本のえきねっとは主要なクレジットカードを持っていれば、会員登録（無料）のみで利用できます。新幹線をはじめとする全国のほとんどの特急の指定席の予約が可能ですが、きっぷを受け取ることのできる場所はＪＲ東日本の駅と旅行センターのびゅうプラザに限られている点が難点かもしれません。東北・山形・秋田・上越・長野の各新幹線の特急券を駅の自動券売機で受け取った場合、えきねっと割引も適用されます。

ＪＲ西日本のｅ５４８９はJ—WESTカード以外のクレジットカードでも会員登録（無料）のみで利用可能ですが、山陽新幹線をはじめとするＪＲ西日本エリア内限定の予約サービスです。ＪＲ九州のインターネット予約もＪＲ九州Ｗｅｂ会員への登録（無料）が必要で、新幹線では九州、山陽、東海道の各新幹線に限って特急券などの予約、購入ができます。

マルスシステムのネットワーク

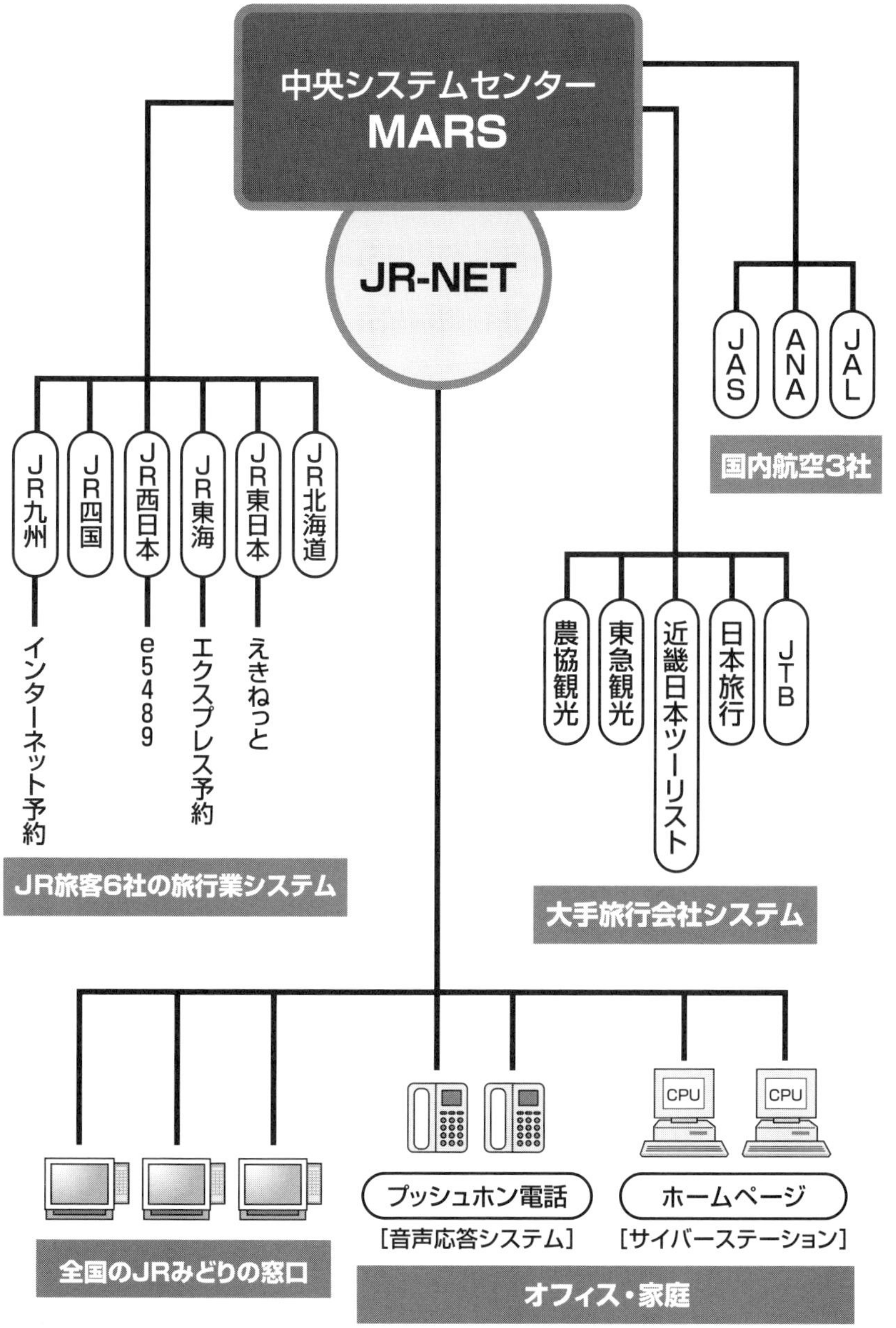

出典:鉄道情報システム株式会社のホームページより

新幹線の情報サービス

ビュフェの公衆電話からスタート

日本における列車内の電話サービスは昭和30年代に近畿日本鉄道の特急や東海道本線の「こだま」などで始まりました。東海道新幹線でも１９６５（昭和40）年6月1日からビュフェ内に設けられた公衆電話のサービスがスタートしています。ただし、当初は基地局との間は列車無線を利用し、交換手を通すシステムだったため、非常に手間と時間がかかるうえ、通信容量もきわめて限られたものでした。

１９８９（平成元）年3月9日、東海道新幹線に漏洩同軸ケーブル（LCX：Leaky Coaxial Cable）の設置工事が完了し、状況は一変します。通信容量が増大し、１列車当たり8回線まで同時に通話が可能となったため、ＮＴＴのカード式公衆電話が約2両に1カ所、デッキ部分に取り付けられるようになったのです。

その後、携帯電話の普及で公衆電話の利用客は大幅に減り、電話機の一部は撤去されました。しかし、各社とも客室内では携帯電話での通話を禁止しているため、３～4両に1カ所の割合で公衆電話が設置されています。

ビジネス利用の多い新幹線では、電子メールやインターネットを利用する人が多く、携帯電話も常時利用できることが望ましいといえるでしょう。このため、携帯電話会社の協力を得て、トンネル内などで電波が圏外となる状態は解消され、東海道新幹線ではほぼ全区間で通信と通話が可能となりました。さらに東北新幹線の東京—仙台間でも工事が予定されています。

１００系に始まる列車案内情報装置

東海道・山陽新幹線１００系から開始された新しいサービスの一つに、客室出入口上部に設けられたＬＥＤ式の列車案内情報装置があります。これはＬＣＸを通じてニュースや天気予報などを流すとともに、列車名、停車駅などの案内も同時に行うものです。今後は列車無線の回線を利用し、Ｎ７００系の車内でインターネットが利用できるようになります。通信速度は地上から車内までが最大２Ｍｂｐｓ、車内から地上までが最大１Ｍｂｐｓの予定です。

情報サービスのいろいろ

05

新幹線の割引きっぷ

各種の回数券はおなじみ

新幹線の割引きっぷ（トクトクきっぷ）で、最もなじみが深いものは新幹線回数券でしょう。6枚つづりで、グリーン車用、指定席用、自由席用があり、東京都区内―大阪市内には20枚つづりの新幹線回数券20もあります。金券ショップで売られているいわゆる「ディスカウントチケット」は、この新幹線回数券のバラ売りであるケースがほとんどです。

九州新幹線で使えるつばめ2枚きっぷは、2枚つづりの回数券ですから、往復の利用で使い切ることができます。JR九州独自の割引きっぷといえるでしょう。

往復割引きっぷは種類が多く、新幹線福岡割引きっぷ（大阪市内―福岡市内）などがあります。同じJR東日本の路線であることを活かし、東北方面からは新幹線指定席での往復と乗り降り自由な首都圏のフリーエリアを組み合わせたタイプのフリーきっぷが数多く設定されています。

事前購入割引の考え方を採り入れたユニークなきっぷとしてひかり早特きっぷがあります。乗車日の1週間前までに購入することが必須で、指定された「ひかり」にのみ有効という制約がありますが、東京都区内、横浜市内と名古屋、京都、大阪、神戸各市内の相互間などに設定があり、約12％の割引になっています。

きっぷではないぷらっとこだま

「こだま」の普通車指定席またはグリーン車の利用に限り、大幅に割安となるぷらっとこだまもよく知られているといえるでしょう。これは、添乗員なし、1人での参加も可能な片道型の旅行商品（会員制ツアー）で、割引きっぷではありません。

東海道新幹線沿線のJR東海ツアーズとJTBの窓口でのみ、利用日の前日まで販売されるもので、JR各社のみどりの窓口では販売されていない商品です。また、山手線など、東海道新幹線以外の路線も利用できません。変更や払い戻しの条件は、団体旅行としての約款に基づきます。国際線の格安航空券や、ツアーバス（格安バス）と同じしくみといえます。

さまざまなきっぷと旅行商品

東京―新大阪間の金額を比較

正規料金	運賃8510円+指定席特急料金（「のぞみ」利用。通常期）5540円=1万4050円
のぞみ指定席回数券（6枚セット）	6枚セットで8万2500円、1枚当たり1万3750円→正規料金と比べて300円おトク
新幹線回数券20（20枚セット）	20枚セットで26万4800円、1枚当たり1万3240円→正規料金と比べて810円おトク
ひかり早特きっぷ	普通車指定席用で1万2000円→正規料金と比べて2050円おトク

のぞみ指定席回数券、新幹線回数券20とも有効期間は3カ月。ひかり早特きっぷは乗車日の1週間前までに購入することが条件で、発売席数にも限りがある。当然のことながら、「のぞみ」には乗車できない。

旅行商品

ぷらっとこだま

東京―新大阪間を利用した場合、エコノミープラン（普通車指定席）で1万円。確かに安いが、利用できる列車は「こだま」に限られ、しかも利用できる列車と区間は限定されている。一度購入すると変更はできず、いったん取り消した後（10%の手数料が必要）、再購入しなければならない。

JR東海ツアーズの日帰りツアー

往復利用となってしまうために単純に比較できないものの、JR東海ツアーズは「日帰りで楽しめる大阪の旅」と題して「のぞみ」の普通車指定席で往復できる格安ツアーを用意している。旅行代金は2007（平成19）年10月現在、1万9100円～2万1400円なので、片道で最安9550円で利用可能だ。ただし、ぷらっとこだま以上に利用できる列車が限られており、しかも往復とも指定席が確保できなければ出発できない。

06

新幹線の愛称名

「ひかり」「こだま」は公募に基づいて決定

新幹線最初の愛称である「ひかり」と「こだま」は一般公募で決まりました。約2万票を集めた「ひかり」が1位となり、スピード感から文句なく超特急に採用されています。投票数は10位だったものの、光と音とのバランスがよいことから、各駅停車の特急の愛称は「こだま」となりました。

東北・上越新幹線開業時の愛称は、東北新幹線が「やまびこ」「あおば」、上越新幹線が「あさひ」「とき」でした。これらも公募による愛称名です。投票では「やまびこ」は東北新幹線向けの5位でしたが、在来線の特急として親しまれていたことから決まりました。投票数2位の「あおば」は沿線の仙台を連想させることから名付けられています。いっぽう、「とき」は上越向けの1位、また「あさひ」は投票では18位でしたが、明るいイメージからそれぞれ選ばれました。

ＪＲ東日本は地域密着型だがたびたび愛称を変更

国鉄からＪＲとなり、最初に生まれた愛称は「のぞみ」でした。これは公募ではなくＪＲ東海に設置された３００系新愛称名検討委員会で決定されています。過去にこの愛称を使用した在来線の列車はなく、新幹線に初めてオリジナルの愛称が誕生しました。

山形新幹線の「つばさ」は奥羽線の特急からの転用です。１９９５（平成7）年12月1日には「あおば」の区間列車が「なすの」となり、初めて具体的な地名が採用されています。１９９７（平成9）年10月1日には「とき」のうち、東京―越後湯沢間に運転される列車が「たにがわ」と命名されました。秋田新幹線の「こまち」、東北新幹線の「はやて」も「のぞみ」同様にオリジナルの愛称です。

長野新幹線の「あさま」は「やまびこ」や「つばさ」と同じように、従来在来線の同じ区間で活躍していた特急の愛称が一夜にして同じ方面に向かう新幹線へと移りました。九州新幹線の「つばめ」も同様です。なお、「なすの」「たにがわ」を除くＪＲ東日本とＪＲ九州の列車名も、公募の結果に基づいて命名されています。

愛称名の公募の結果

東海道新幹線の開業時

順位	列車名
1位	ひかり
2位	はやぶさ
3位	いなづま
4位	はやて
5位	富士
6位	流星
7位	あかつき
8位	さくら
9位	日本
10位	こだま

東北新幹線の開業時

順位	列車名
1位	みちのく
2位	あおば
3位	はやて
4位	いなづま
5位	やまびこ
6位	ひびき
7位	つばさ
8位	流星
9位	あさひ
10位	きたぐに

上越新幹線の開業時

順位	列車名
1位	とき
2位	雪国
3位	いなづま
4位	こしじ
5位	えちご
6位	はやて
7位	ひびき
8位	やまびこ
9位	ふぶき
10位	さど

長野新幹線の開業時

順位	列車名
1位	しらかば
2位	あさま
3位	ちくま
4位	しなの
5位	やまなみ
6位	アルプス

九州新幹線の開業時

順位	列車名
1位	はやと
2位	さつま
3位	みらい
4位	さくら
5位	つばめ

（網掛け）は採用となった列車名

Column

運賃と料金の変遷

■2等級制からモノクラス制度へ改訂

1964（昭和39）年の東海道新幹線開業時、国鉄の運賃は等級制でした。特急料金も三段階で、東京―新大阪間を約3時間で走る超特急（設定無し）をA料金、約4時間で走る超特急・特急（「ひかり」）をB料金、約5時間で走る特急（「こだま」）をC料金としていました。東京―新大阪間で「ひかり」の2等車を利用すると、運賃1180円+B特急料金1300円=2480円でした。

1965（昭和40）年にはスピードアップにより、「ひかり」がA特急料金、「こだま」がB特急料金の適用となりました。1969（昭和44）年には長年続いた等級制が廃止され、運賃が値上げされると同時に一本化されています。1等車はグリーン車、2等車は普通車となりました。この当時、東京―新大阪間で「ひかり」の普通車指定席を利用すると、運賃2230円+A特急料金1900円=4130円が必要でした。

■同一料金を経て「のぞみ」が再び別料金に

1972（昭和47）年の山陽新幹線岡山開業で「ひかり」と「こだま」との特急料金が基本的に一本化されました。1976（昭和51）年には大幅値上げがあり、東京―新大阪間が運賃4300円+特急料金4000円=8300円にまで上がっています。その後は毎年のように値上げされ、国鉄末期には運賃8100円+特急料金5000円=1万3100円に達しました。

JRとなってからは安定した経営状況を反映して、消費税の導入や税率の変更に関わったケースを除いては、運賃・料金の改訂は行われていません。そのなかで、1992（平成4）年登場の「のぞみ」には新しい料金が設定され、久々に東海道新幹線の特急料金が2本建てとなりました。当時、東京―新大阪間の「ひかり」の指定席特急料金5140円に対し、「のぞみ」は6090円と比較的大きな差でした。この「のぞみ料金」は2003（平成15）年の品川駅開業で「のぞみ」中心ダイヤとなった際に引き下げられ、現在では「ひかり」の指定席特急料金に対して300円増しとされています。

参考文献

書籍

日本国有鉄道編、『東海道新幹線工事誌土木編』、東海道新幹線支社、1965年
日本国有鉄道東京工事局、『東海道新幹線工事誌』、1967年
東京幹線工事局編、『東海道新幹線工事誌』、東京第二工事局、1965-1966年
静岡幹線工事局編、『東海道新幹線工事誌』、東京第二工事局、1965年
日本国有鉄道、名古屋幹線工事局共編、『東海道新幹線工事誌名幹工篇』、岐阜工事局、1965年
日本国有鉄道大阪第二工事局編、『東海道新幹線工事誌』、1965年10月、日本国有鉄道大阪第二工事局
『山陽新幹線新大阪・岡山間電気工事誌』、日本国有鉄道大阪電気工事局、1973年
日本国有鉄道新幹線建設局編、『山陽新幹線岡山博多間工事誌』、日本国有鉄道新幹線建設局、1977年3月
日本国有鉄道大阪工事局編、『山陽新幹線工事誌　岡山・大門間』、日本国有鉄道大阪工事局、1975年3月
日本国有鉄道広島新幹線工事局編、『山陽新幹線工事誌　大門・小瀬川間』、日本国有鉄道広島新幹線工事局、1975年3月
日本国有鉄道下関工事局編、『山陽新幹線工事誌　小瀬川・博多間』、日本国有鉄道下関工事局、1976年3月
『東北新幹線工事誌　大宮・盛岡間』、日本国有鉄道、1983年
日本国有鉄道東京第三工事局編、『東北新幹線工事誌　大宮・雀宮間（総合試験線区間を除く）』、日本国有鉄道東京第三工事局、1984年3月
日本鉄道建設公団盛岡支社編、『東北新幹線工事誌　盛岡・八戸間』、日本鉄道建設公団盛岡支社、2003年3月
日本鉄道建設公団編、『上越新幹線工事誌　大宮・新潟間』、日本鉄道建設公団、1984年3月
日本鉄道建設公団北陸新幹線建設局編、『北陸新幹線工事誌　高崎・長野間』、日本鉄道建設公団北陸新幹線建設局、1998年3月
鉄道建設・運輸施設整備支援機構鉄道建設本部九州新幹線建設局編、『九州新幹線工事誌　新八代・西鹿児島間』、鉄道建設・運輸施設整備支援機構鉄道建設本部九州新幹線建設局、2005年3月
『新幹線の30年』、東海旅客鉄道株式会社新幹線鉄道事業本部、1995年2月
国土交通省鉄道局監修、『平成16年度　鉄道統計年報』、政府資料等普及調査会、2006年3月
国土交通省鉄道局監修、『平成十八年度　鉄道要覧』、電気車研究会、2006年10月
国土交通省鉄道局監修、『注解鉄道六法　平成18年版』、第一法規、2006年10月
『新幹線信号設備』、日本鉄道電気技術協会、2002年4月
『ATS・ATC』、日本鉄道電気技術協会、2001年7月
新幹線運転研究会編、『新幹線』、日本鉄道運転協会、1984年10月
田中宏昌・磯浦克敏共編、『東海道新幹線の保線』、日本鉄道施設協会、1998年12月
高速鉄道研究会編著、『新幹線』、山海堂、2003年10月
日本規格協会編、『JISハンドブック　鉄道』、日本規格協会、2005年6月

定期刊行物

『JREA』各号、日本鉄道技術協会
『Rolling stock & machinery』各号、日本鉄道車両機械技術協会
日本鉄道施設協会編、『日本鉄道施設協会誌』各号、日本鉄道施設協会
東芝ドキュメンツ株式会社編、『東芝レビュー』、東芝技術企画室
『日立評論』各号、日立評論社
『土木技術』各号、山海堂
『東洋電機技報』各号、東洋電機製造
『ひととき』各号、ジェイアール東海エージェンシー

編者略歴

梅原　淳（うめはら　じゅん）

1965（昭和40）年6月6日、東京に生まれる。大学卒業後、三井銀行（現在の三井住友銀行）に入行。その後、雑誌編集の道に転じ、交友社月刊「鉄道ファン」編集部、あいであ・らいふ月刊「頭で儲ける時代」編集部、文化放送ブレーン月刊「ナース専科」編集部を経て2000（平成12）年からフリーランスとなる。現在は鉄道ジャーナリストとして書籍の執筆や雑誌への寄稿を中心に活動中。また、旅行、写真といった分野の書籍や雑誌の編集、執筆にも携わり、新聞やテレビ、ラジオでのコメントなども行う。主な著書に『新幹線の謎と不思議』（東京堂出版）、『新幹線不思議読本』（朝日新聞社）などがある。

ビジュアル図解
まるごと！　新幹線

平成19年11月15日　初版発行

編　者 —— 梅原　淳

発行者 —— 中島治久

発行所 —— 同文舘出版株式会社

東京都千代田区神田神保町1-41　〒101-0051
電話　営業03（3294）1801 編集03（3294）1803
振替00100-8-42935

　ISBN978-4-495-57751-3
印刷／製本：シナノ　Printed in Japan 2007